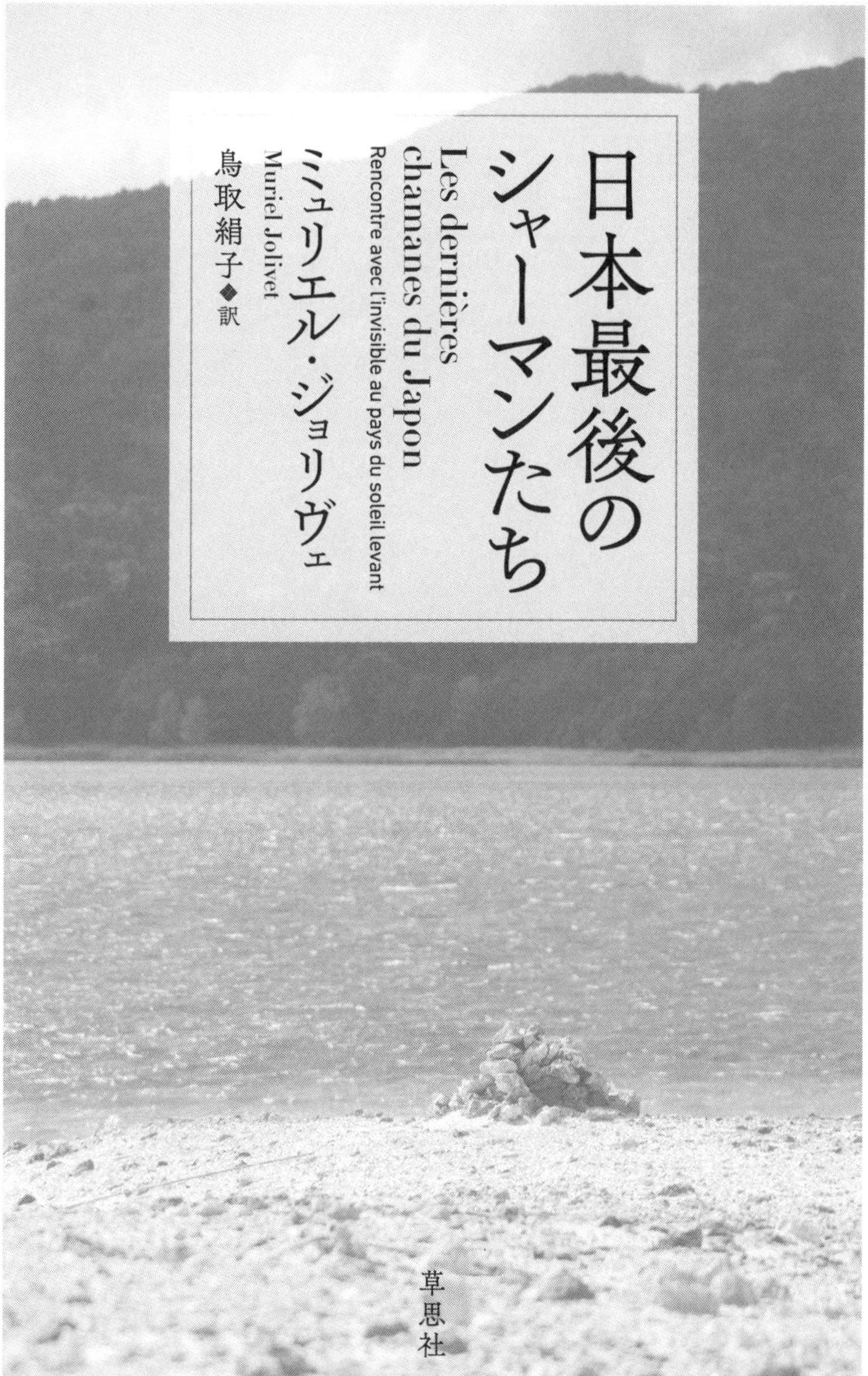

日本最後のシャーマンたち

Les dernières chamanes du Japon

Rencontre avec l'invisible au pays du soleil levant

ミュリエル・ジョリヴェ

Muriel Jolivet

鳥取絹子◆訳

草思社

LES DERNIÈRES CHAMANES DU JAPON
Rencontre avec l'invisible au pays du Soleil-Levant

by

Muriel JOLIVET

日本最後のシャーマンたち　【目次】

第2部　沖縄

第3部　東京ほか

［編集部注］

・〔 〕亀甲内の小さな文字は訳者による注記を示した。

「現代社会の大罪は、目に見えないものを拒否することである」

——ジュリアン・グリーン〔フランス生まれのアメリカ人作家〕

「鳥は飛ばねばならぬ、人は生きねばならぬ」

——四国のお寺の入口にあった坂村真民《さかむらしんみん》の詩

「生きるとは、この世でいちばん稀なことである。たいていの人はただ存在しているだけである」

——オスカー・ワイルド

「結局のところ、作家であるということは神経症の一つの形。あるいは、少なくとも、自分の責任で受け入れた病気の一つである」

——ベルナール・ヴェルベール〔フランスのSF作家〕

「人間は、生まれた瞬間から死亡率100パーセント」

——メメント・モリ〔ラテン語〕

「命がある限り書きたい」

——瀬戸内寂聴

「書くことは、話さないことでもある。沈黙することである。音を立てずに叫ぶことである」

——マルグリット・デュラス

序文

『魔女』の本で、ミシュレが言っていたのは、中世前期の女たちは、一人で農場や森にいたということだ。(……)男は、十字軍や主《あるじ》の戦争に行っていた。それだから女たちは、一人で、キツネやリス、鳥たち、木々と話すようになった……。

——マルグリット・デュラス『語る女たち』より

なぜシャーマンの本を書きたいと思ったのか?

人生は長く、そして長く静かな大河であることは決してない。みんなそれぞれに体験するように、私が辛い思いをしていたときや、大切な友人が大変なとき、日本の女友だちはきまって私に、誰それさんのところへ行けばいろいろなことがわかって楽になるとすすめてくれた。誰に相談したらいいかわからないとき、好奇心も手伝って、私も神さまと交信できるというシャーマンに会いに行くことがあった。そんな女性たちが仕事場にしていたのは、東京の郊外だったこともあるが、私が会ったシャーマンのように都心の大きな駅の近くに居を構えている人もいて、彼女は私に、急須にお茶を入れるようにごく自然に——しかも私から頼んでもいないのに——どうしたら私が自分の指で人の身体や写真を透視し、心身で痛みのある部分を当てられるかを教えてくれた（以来、私は娘に飼い犬を透視してほしいとせがまれている！）。

私が拙著『東京スケッチ（Tokyo instantanés）』（二〇一二年）で紹介しているのは、首の痛みを治してほしいと思ってシャーマンのところに行った女友だちの話だ。首の痛みは亡くなった愛犬ラブラドールが首のまわりに巻きついているのが原因と言われた彼女は、「犬がまだそばにいることがわかって本当に嬉しい」ので、その痛みならいくらでも我慢できると言った。シャーマンはそんな彼女を必死でさとし、逆に、犬が行くべきところへ行けるよう助けなければならないと言った。シャーマンが犬を「解き放す」と、痛みは魔法のように消えた。このシャーマンは瞬間的に神がかり状態になって、顔をゆがめ恐ろしい形相になるのが特徴だった。彼女はその直後に行方不明になり、駅から数分の立地にあった蔦《つた》のからまる小さなアパートから消えてしまった。これら忽然と行方不明になる人たちは——私のところに匿名のメールが送られてくる霊媒師も含め——気が変になったと解釈されることもある。

もう一つ、私がいつも興味をそそられていたのは——それについては既刊の拙著三冊（『東京スケッチ』、『日本の打明け話（Confidences du Japon）』（二〇一四年）、『日本の日常の出来事（Chroniques d'un Japon ordinaire）』（二〇一九年）でも書いているのだが——日本人は西洋では突飛に見える話題を驚くほど自然に話すことだ。たとえば、誰かがあなたに——コーヒーは砂糖入りとブラックとどちらが好きですか？　と聞くように——「霊感はありますか？」と普通に聞いてくる。知人の女性の一人は、自分の飼い猫と彼女の女友だちが里親になった猫の話を延々としたあと、ごく普通に、家の前にある踏切で自殺したばかりの女性の「訪問」を受けたという話をした。あらわれた霊は赤い服を着ていたと言い、これはあとで聞き込み捜査に来た警官によって確認されたそうだ……。私たちが沖縄の久高島《くだかじま》で会った神人《カミンチュ》も、突然、その部屋でポルターガイストの音を聞いたかと聞いてきた。

大学で私が担当していた会話の授業で思い出すのは、超自然現象の話になるととくに会話が活発になり、学生たちが自分の霊感を音楽の才能を話すように自然に話していたことである。なかの一人、青森出身の女子学生は、この才能は家系で、母から娘へと受け継がれていると話していた。彼女には霊が見え、大学の廊下でも見えるというので、私たちは不安でざわざわした。別の女子学生は毎晩、「金縛り」にあって動けなくなると言っていた……。この現象は、西洋ではむしろ睡眠麻《ま》痺《ひ》の部類とされ、超自然現象だから反抗しても虚しいとされてきた。日本では時間をかけて慣れ、共存してきたようである……。

お告げ

もう一人、その後音信不通になった知人女性に連れられて、東京郊外に住むある女性に会いに行ったことがある。その女性には守護神と交信する能力があり、毎日、人から頼まれて問題の相談に乗っているということだった。写真で見る彼女は着物姿で、背筋をピンと伸ばし、見るからにどこにでもいるおばあちゃんで、ニコニコ笑っている。信者はその写真をバッグに入れてお守りにしているそうだ。絶頂期には、相談は朝の七時から始まり、終わったのはやっと夜の十一時。無料だったが、寄付は拒まなかった。

こういう人たちの役割は、金を払ってでも希望が欲しい人たちを勇気づけ、ケアすることである。相談に押しかける大勢の人のなかには、どうでもいいような問題もあった。魚屋を開業する若い夫婦に、どんな看板がいいかとか、どういうタイプの車を買ったらいいかと聞かれても、「神さま」は返答に困るのではないだろうか。肉体的、精神的に本当に苦しんでいる人たちを考えると、失笑してしまうのだが、しかしその女性は、仲介役の息子を介して、ばかばかしいことから深刻な問題にまで自然にすらすらと答えていた。当時九三歳――九七歳で死去――の彼女が客からの相談を聞く時間は、午前十時から十二時までと、午後の二時から五時まで。相談は人前で行なわれ、順番を待つ人々は大部屋で待機し、そこで私はメモを取った。「神さま」の答えは、人々に「我慢しなさい」、「離婚してはいけません」（モラハラの場合でも）と命令することが多く、私にはこの国の道徳観――儒教的であるのはいうまでもなく――に非常に合っているように思えた。伴侶の男性より二〇歳近く年上で、世間からあれこれ言われていた女性は、肩身の狭い思いから解放されてみるみる元気になっていた。「神さま」は、折を見て、親孝行をする必要性についても必ず言及する。親が子どもを苦しめていてもそうだ。まさにその状況にいた相談者は、「親はみんな子どもを愛している」

と言われていた！

　神の使者であるはずの彼女は、時に心ここにあらず――さらには耄碌《もうろく》している――という印象で、本当に話を聞いているのかわからなかった。横に座っていた息子が、メッセージを相談に来た人たちに伝える役だった。彼女（神さま？）から特別に言うことがないときは、一言「祈りなさい！」と言っておしまい……少し軽い感じだったのは否めない。もう一つ引っかかったのは、神の使者である彼女に直接相談できないことだった。息子を通さなければならなかったからで、彼は六四歳、小声で相談された悩み事を、大声で――耳の遠い人や、軽い認知症の人にするように――母親に伝えていた。まるで公開相談に参加しているようだったが、そうして心が裸にされることになると話は違ってくる――私には身体が裸にされるより暴力的に思えた。待っている人たちは一言も聞き漏らさず、しかし全員が聞いていないふりをしていた……。

　彼女に相談し、祈ってもらうために、時に遠方から来る人もいた。福岡から来た女性は、一〇〇キロ近くかけて、息子を授からなくて困っていると相談しにやって来た。彼女にはすでに娘が三人（二一歳、一九歳、四歳）いて、三番目は男の子だったらいいと思っていたのだが、しかしもう四三歳、夫も義理の両親も身内も、彼女が子作りを「また始める」ことに反対していた。問題はそれを試みる価値があるかどうか？　例によって、神の使者は何も聞いていない風だったので、息子が問題を整理して再び言葉にした。「もしこの方が四番目の子どもを妊娠したら、男の子が生まれるチャンスはありますか？」。それに対する答えは「もっと自由にして待ちなさい、そしてそのことについて夫や母親ともう一度話し合いなさい。少し時期尚早です！」だった。さらに小学校の先生になりたがっている二一歳の娘について、中学か高校の教師のほうがいいのではないかと聞くと、返ってきた答えは娘自身でよく考えるように……だった。

私は、自分が「神さま」でなくとも、同じようにうまくできるのではないかと考えはじめていた。

ガンで苦しんだり、その痛みを怖がる人たちは自己責任にされる。というのも「ガンになるのはあなたの精神状態や考え方に起因するからです。イライラしたり、他人を批判するとガンに『やられて』しまいます。ガンをつくるのは人間とストレスの関係です」。もしすでに手遅れの場合、治療が効果的であることを神さまに頼むだけ……。

九州からわざわざお礼を伝えるために来ていた四〇歳代の女性アナウンサーは、仕事を続けていくことを受け入れてくれるソウルメイトと出会えるよう頼んでいた……。

当然ながら、シャーマンへ近づくことも大変な仕事で、単独で取材をしようとしても、「マネージャー」がいると途中で妨害され、取材ができないこともある。それが「最後のイタコ」と言われる松田広子のケースで（後述）、私は彼女には一九九九年と二〇一九年に恐山《おそれざん》で会っているのだが、二〇一七年に八戸で取材するのを「マネージャー」に断わられている。

霧のロンドン

何をするにもきっかけとなるものがある。私の場合、それは三浦清宏の著書『イギリスの霧の中へ——心霊体験紀行』（南雲堂、一九八三年）だった。一九八七年、『長男の出家』で栄《は》えある芥川賞を受賞した小説家で心霊研究者の三浦は、特異な経歴の持ち主で、明治大学の教授時代、一年間の研究休暇をイギリスで過ごし、想像しうるかぎりの霊媒師の研究をした。私も一年間、ロンドンで研究休暇を過ごしたとき、まったく偶然にサウスケンジントンにあるスピリチュアルの学校「カレッジ・オブ・サイキック・スタディーズ大学」の前にいたことから、そこの講義にいくつも出席し、その一つが「チャネリング」の交霊会だったことを覚えている。一週間ごとに多くの質問が提起され、そこで耳にしたのが、ベルグレイヴ・スクエアにある「英国スピリチュアリスト協会」だった。私はそこへ一回、イギリス人が「交霊会」と呼ぶ会があったときに行ってみた。何人かの故人が——霊媒師を介して——出席者の一部にメッセージを送り、それが自分宛だとわかった参加者は涙声になっていた。私はメッセージを受け取らなかったのでがっかりしたが、しかし選ばれた人たちは動揺していたようだった。

日本とイギリスはお互い島国（車が左側通行なのも同じ！）という特徴があり、有名なロンドンの霧は墨絵に描かれる濃霧と比較することができるだろう。それとは別に、日本語は全体に霧のかかったような言語で、言葉に曖昧なニュアンスを入れたほうが日本語風になる。イギリスにいるとよく考えるのだが、島国であることが実際、精霊——またはゴースト——を出没しやすくしているのではないだろうか。イギリス人は自宅の庭に咲く花の話をするように妖精の話をする。いまでも覚えているのは、スコットランドのある古城を訪れたときのことだ。幽霊は出ますかと聞くたびに、ガイドや警備員が真面目な顔をして、濃紺のビロードの服を着たレディがよくバルコニーで肘をついていると、情熱的な物語を延々としてくれたのだった。

日本の霊に近づくのは難しい

「霧のロンドン」の精霊の本に話を戻すと、じつは著者の三浦からは、同じテーマで研究を進めたいという手紙を送った私を気落ちさせるような返信をもらっていた。私はそれを大切に保存していた。彼の説明によると、この種の研究が難しいのは、日本にはイギリスの「心霊現象研究協会」や、「英国スピリチュアリスト協会」に相当する組織が存在しないからということだった。日本にあるのは「日本心霊科学協会」だけで、そこでは心霊現象や超心理学に関連する資料なら調べられるということだった。この協会のサイトによると、中心的な活動は心霊現象を科学的に研究することで、たとえば日本で人気の念写（超自然的な写真など）についての研究などだ。またこの協会には霊媒師や宗教上の人物の研究をするグループもあり、精神医学的に憑《つ》き物を研究する心霊医療調査グループもある。毎月発行される機関誌『心霊研究』では、シャーマニズムから霊媒師、憑き物現象など、さまざまなテーマを扱っており、『新・心霊科学事典』という事典も発行している。

いずれにせよ三浦が難しいと考えているのは、日本では、見えない世界は神道や仏教に通じ、そこに各地方の民間伝承が加わるところにある――各地方にはそれぞれ特有の土着信仰や霊界、守護神、守護霊があるからだ。たとえば「山伏」は、自然のなかで苦行や禁欲生活をして神秘的で精神的な力を取得するのだが、これらの修行は仏教や神道の秘教でも要求されている。修行僧は霊界の

天狗の面。富士山麓の富士浅間神社。

存在を信じており、それは彼らに固有のもので、門外不出とされている。その儀式は極秘で、秘密結社を連想させる。そして三浦は、これら三つの分野の共通点を観察する研究が不足していることを残念に思っていた。

物事をさらに複雑にしているのは、三浦によると、日本には自然霊もあることだ。最も知られているのは天狗霊や龍神、狐《こ》霊《れい》、狸霊《たぬきれい》で、ほかにもたくさんある。それゆえ「お祓《はら》い」のとき、霊媒師は霊に人間の霊なのか動物霊なのかを聞くのである。したがって見えない世界は、日本では仏教の密教や神道、アニミズム、自然霊や動物霊に属するものとなる。それはそれとして、三浦が考えるのは、精神世界は人間によって想像または創作されたものだとしても、そこには固有の実態があり、短絡的に空想上の分野に追いやるべきではないということだ。まずはこれらの霊の実態を認めることが望ましく、私が社会学や精神分析学の枠組みに縮小して研究するのは残念なことだと考えていた。彼は霊媒現象や怪奇現象を明確にするのは難しいと思ったようで、それよりは私が研究するなら占いやお告げ、口寄せに限定したほうが賢明だろうと考えていた。つまり、日本人の霊性のあり方を把握しようとすれば、そこに日本人の精神病や憑依《ひょうい》につながる問題も加わり、彼にはほとんど不可能にみえたのだ。

私はこの手紙を二〇〇四年に受け取ったのだが、正直なところ、かなり落ち込んだ。そのとき不思議と思い出したのが、フランス国立東洋言語文化学院での最初の授業で、日本語の教授が私たちにズバリ、日本語のように難しくて複雑で難解な言葉を習得しようとするには、少し頭がおかしくならなければならない（言葉どおり）と言ったことだった。それにもかかわらず、私は最後のシャーマンたちをインタビューする決心をした。彼女たちの話を聞くことで、非常に複雑な日本の神世界に――もともとは中国やインド由来の神が、朝鮮を経由して最終的に日本の神さまになった――容赦なく首を突っ込むことになってもかまわなかった。

非常に広い意味でのシャーマン……

この研究では、「シャーマン」を非常に広い意味でとらえ、超感覚や超知覚能力のある人をすべてカバーしている。ちなみにほとんどのシャーマンはほかの職種で仕事をしている。タロット占い、催眠療法、写真カウンセラー、人生相談、神の媒介者――沖縄では、ずばり「カミサマ」――、チャネラー、口寄せ（故人との対話）、民間治療師などだ。また沖縄では、ノロとユタ、カミンチュとカミサマの区別は曖昧になっているとしても（「私は全部です」と言う人もいた）、ほとんどは持って生まれた才能の持ち主で、あなたの人生の現在や過去が本に書かれているようにはっきり見え、多くは電車にでも乗るように気軽に天体の世界にワープしていく……。

そんな彼女たちの多くと私は友人になり――とてもいい友だち――、一緒にコーヒーを飲みながらいまでも楽しい時間を過ごしている。一緒にいると、彼女たちの話題は尽きず、スマホでスピリチュアルな写真を見せてくれたりして、退屈することがない。彼女たちが惜しみなく明かしてくれる霊的な話を聞く特権を持つには、日本風に静かな物腰で、事を荒立てずにアプローチしなければならなかった。私の誠意はあえて示す必要はなかった、というのも、彼女たちにはインタビューを引き受ける前に「見えていた」からだ（多くの人はあとで私に言った）。

しかしここは日本、その前に私が日本語を普通に話せ、言語に合わせて文化も身につけ、つまり、日本の女性らしくふるまえること――相手をせかしたりせず、忍耐強く、礼儀もわきまえている、つまり、行儀がいいこと――を、仲介者を通して保証しなければならなかった。多くの人は自分のことをぽつりぽつりとしか話さず、いちばん面白い話が聞けるのは非公式に何度か会ったあと、録音レコーダーを持っていないときばかりだった。そういうときは帰宅してすぐ、なんでもなさそうに思える話の詳細をその前のインタビューに書き加えたのだが、それによって最初に思い描いていたアプローチの仕方が一八〇度変わることもあった。

こうして出会った女性たちはみんな熱い心の持ち主で、人間味にあふれている。私が頼んでもいないのに突然、私を診断して透視し、催眠療法をすすめ、心ばかりの食べ物のお土産をくれた（リンゴ一個、高級日本茶のパック、花を浸した日本酒、私の健康のために有機の味噌）。なかの一人は、私が体調を崩していたことがわかると、私に「気」を送ってみるから受け入れるようにと言った。

正直に言うと、効果はあったようで、そのあとすぐ体調がよくなった。だからといって、その才能で自分たちに降りかかる試練を免れることはなく、彼女たちも多くの辛い体験をしているのは私たち人間全員の定めでもある。医者が自らの病気を診断するのに同業者の意見を必要としているように、彼女たちにも裏切りや不正から自分たちを守る魔法の薬はなく、多くの人と同じように、離婚や死別、病気を体験している。

幽霊について

「日本は世界で最も幽霊がよく出る国の一つである」と書いたのは、アメリカ人作家で、日本の民間伝承や幽霊に詳しいザック・ダヴィッソン〔水木しげるや松本零士の漫画の翻訳でも有名〕だ。彼の前に同じことを考えていたラフカディオ・ハーン（日本名は小泉八雲）も、『霊の日本』という本を出版している。日本には幽霊やお化け、化け物と並んで「物の怪《もののけ》」や「妖怪」など百を数える化身がいるからだ。また「妖怪学」（『妖怪学新考――妖怪からみる日本人の心』小松和彦著、講談社、二〇一五年）や「幽霊学」（『幽霊学入門』河合祥一郎編、新書館、二〇一〇年）という言葉もあるように、妖怪や幽霊が学問になっている。妖怪は比較的認定しやすいようだ。というのも、怒りや苦しみ、悲しみ、復讐など、さまざまな理由でこの世を捨てきれない幽霊や霊のことだからである。

百物語怪談会

少し驚くが、江戸時代に非常に人気のあったのが「百物語怪談会」の名で知られる遊びだ。これは身の毛もよだつ会談を百話語るもので、一つの話が終わるごとに蠟燭《ろうそく》が一本消え、百本目が消えると、超自然的な霊があらわれるというものだ。この遊びは肝試しの起源とも言われ、またたく間に人気が出て、社会のあらゆる階層に広がっていった。私はハワイでこの種の夕べに参加したことがあるのだが、そのときは怖いより眠いだけだったことを覚えている。そこでは百話目の話が終わっても何もあらわれなかったのだが、有名な時代劇のテレビドラマ『大奥』では、百本目の蠟燭が消えると大奥の一人が殺されていた……。

歌舞伎、とくに能はさまよう霊に取り憑かれている

女性をだまし、見捨て、虐待した者に不幸あれ！　フランスでは諺《ことわざ》で「復讐は冷やして食べるのがいちばん」〔復讐は熱く反応するよりも、長い時間をかけて冷えた状態でするほうが効果的で満足できるという意味〕と言われるように、ひどい侮辱を受けた者が死後、時間をかけて亡霊となってあらわれれば、相手を恐怖で震えあがらせることができるという。日本の能や歌舞伎の演目には裏切られた女性が多く登場し、恨みを理由に出没している。すぐに思い浮かぶのが『四谷怪談』で、裏切られた女性が幽霊となって何度もあらわれ、加害者を恐怖に陥れる物語だ。「お岩」は相当に執念深い女性だった

東京・四谷近く左門町にある於岩稲荷田宮神社。

於岩稲荷田宮神社の前にある日蓮宗の陽運寺。神社に対抗してお岩信仰の本家を要求している。

ようで、この古典歌舞伎が上演される前には必ず、役者たちが四谷左門町にある於《お》岩稲荷《いわいなり》田《た》宮神社《みやじんじゃ》に参拝するのが習慣になっている。お岩の霊を供養するためで、そうしないと舞台で事故が起きるのだそうだ。

歌舞伎には幽霊の話が山のようにあり、なかには女性が化け猫に変身し、夜中にこっそり行燈《あんどん》の油をなめる場面もある……。また主人公が刀の霊に取り憑かれ、その霊に動かされて通りがかりの者すべてに斬りつける物語も多い（たとえば『蘭平物狂《らんぺいものぐるい》』）。

能に出没する幽霊

能の演目の大半は幽霊物で、能面の隙間から漏れ出る不気味な声はまさに幽霊を連想させる。能面をかぶった「幽霊」のほとんどは何か仕返しをすることがあり、最後に僧侶があらわれて、数珠《じゅず》をこすりながら念仏を唱え、幽霊のお祓いをして解決することになっている。

超自然的な世界は、村上春樹や吉本ばなな（『とかげ』新潮社、一九九六年）といった多くの現代文学の作家の作品にも見られるものだ。私が思い浮かべるのは、坂東眞砂子の小説で、映画にもなった『死国』（マガジンハウス、一九九三年）で、タイトルは四国と死をかけたものだ。このホラー作品の舞台となっているのは四国で、死者を蘇らせるには、八十八カ所の霊場（千四百キロ）を死者の歳の数だけ時計と逆回りに巡るという儀式が土台になっている。

また、幽霊とは一見関係のないように見える映画『鉄道員《ぽっぽや》』――主演は高倉健――では、幼くして亡くなった娘が、生きていればその年齢になった頃に何度もあらわれている……。

日本には百以上の妖怪が出没

話はだいぶそれたが、ここで中国から朝鮮を経由してきたものが多い不思議な化け物、妖怪に話を戻そう。物事が複雑になるのは、日本ではお化けや化け物が幽霊と同じに見られていることだ。ところが化け物には、動物や植物、鉱物に由来するものや、無機質の物体の発散物に由来するものまである。

そこへ新しくあらわれたのが物《もの》の怪《け》で、宮崎駿のアニメ「トトロ」もこの部類に入るだろう。同じく『千と千尋の神隠し』で千の後をついていく黒い影は、間違いなく妖怪だろう。超自然的な力を持ち、古い歴史を持つ妖怪は、悪意のある悪戯《いたずら》好きが多く、人間をからかって怖がらせては楽しんでいる。最も知られているのが鼻の長い天狗や、赤や青の角《つの》をつけた悪魔の一種の鬼で、鬼は黒澤明の映画『夢』にも出てくる。

動物も妖怪に変身することができる。人気上位にいるのがキツネ、タヌキ、ヘビ、ネコ（化け猫で有名なのが、尻尾が二股に分かれる猫又《ねこまた》）、そして犬神《いぬがみ》だ。非常に力のある犬神は、頭部だけを出して生き埋めにされたもので、近くに置いた食べ物の匂いで狂わせた人間に取り憑く力がある。日本に尻尾の短いネコが多いのは、古来、尻尾が長いと妖怪の猫又になるという迷信があったからと言われている。化け猫の化身の一つが、客を招き入れる「招き猫」だ。妖怪は楽器のような物にも入り込むことがあり、忘れられ放っておかれたことを嘆く琵琶（琵琶牧々《びわぼくぼく》＝琵琶を弾く法師の姿をした妖怪）や、琴（琴古主《ことふるぬし》）、三味線（三味線長老）、提灯（提灯お化け）などの妖怪や、先に述べた刀の霊もそうだろう。また、草履《ぞうり》に片目のついた「化け草履」も「付喪神《つくもがみ》」と呼ばれる妖怪の部類に入り、東北地方の民間伝承として有名な座敷童《ざしきわらし》やカッパも妖怪とされている。

無機質の物にも魂がある

二〇一八年五月二日付の『ジャパン・タイムズ』の記事に、千葉の幸福寺（日蓮宗）の僧侶が、犬のロボット・アイボの供養を行なったことが書かれていた。この供養のために、寺には八百体の亡くなったアイボが送られてきたそうだ。アイボの元飼い主の女性の一人は、アイボの魂のために祈ることができるのを知って「安心した」と語っていた。別れなければならないと思うと涙をおさえることができなかったからだそうだ。供養されたあとのアイボは、修理用の「臓器」提供者になることが明らかになっている。私はペットロス症候群の話は聞いたことがあるが、この「死の悲しみ」がロボットにまで広がるとは想像もしていなかった。たまたまペットロス症候群に浸っていた日本人の女友だちにこの記事を送ったら、彼女からは「物」……つまり犬のロボット・アイボにも魂があるのは当たり前という返事がきた。いずれにしろ現代の供養「サービス」は人形やぬいぐるみにも行なわれており、しかも無料とはほど遠く、とくに女の子の節句の雛人形は段ごとに高くなる値段が設定されている。

ちなみに物を対象にした供養はハサミ（美容師が感謝を込めて）や刃物（剃刀《かみそり》、ナイフ、包丁）、針（針供養）、写真アルバム、故人が残した私物（日記、卒業証書）のほか、財布やバッグ、ランドセルから鏡、掛け軸から動物の剝製（毛皮のコートも！）、さらには仏具（仏像、数珠、仏壇、位牌）や神道（神棚）にまで広がっている。仏教の寺の供養に神道の神棚が含まれているのは少し驚きだが、しかしこれは日本の宗教が寛大なことの証拠でもある。供養してもらう物は郵送で送ることができ、料金は物の大きさによって分類されている。ある団体（ワールドギフト）は人形やぬいぐるみを発展途上国で再利用する（焼却する代わりに）ことを提案、しかしそれも供養としてのみ行なうことを約束している。

人形にも魂がある

日本人形には魂があるとされているので、これも大切に扱わなければならない。持ち主の魂が乗り移ることがあるからだ。もちろん、動物は供養をしてもらう権利はあるのだが、しかしいちばん驚いたのは、高野山にシロアリの墓石があることだ。建てたのはシロアリ駆除の会社だった……。

木にも魂が

植物については、わが家の窓辺にあった楡《にれ》の木を伐採したあと、私たちは庭師に呼ばれ、切り株に供物（謝罪？）として酒を注ぎ、浄めの塩をおいた。おそらくまだ成長しつづけ、地域の鳥の止まり木でいたかった木に許しを請うためだったのだろう……。もしこの儀式をしなかったら、木は私たちに取り憑き、復讐するのだろうか？

木はときに「ご神木」と言われることがある。事実、寺や神社の境内にある木はすくすく育って立派である。生きた木に彫刻をされるのは非常に珍しいのだが、彫られたのが「生き木地蔵」となると木にも責任がある。なにしろ木とともに地蔵も成長し、一〇センチまで高くなることがあるからだ。いわゆる「開眼式」は、仏像に仏陀の魂を入れる儀式だが、地蔵にも魂が入っているはずだから、木の責任はより重くなる。友人の僧侶（三好祥晃）に連れられて、愛媛県にある生き木地蔵の一つを見に行ったとき、彼はその前で長く念仏を唱えていた。そのとき、一緒に行ったシャーマンのマリア（第3部「東京ほか」のシャーマンの項で紹介）は、これ以上ないほど自然に「お地蔵さまはとても嬉しそうだった」と言っていた。

ほかには「夫婦」と言われている木もある。その一つが、富士山の麓、富士浅間神社にあり、二本の檜《ひのき》が根元で一本になっていることから「夫婦檜《めおとひのき》」と呼ばれている。

生きた木に彫られた「生き木地蔵」(四国・愛媛県)。彫られた地蔵は木とともに成長し、10センチほど高くなることも。

山梨県・北口本宮富士浅間神社の「夫婦檜」。

鉱物にも魂

石や岩、山も負けてはいない。あとで述べるが、座間味島《ざまみじま》（沖縄）で出会ったノロ（シャーマン）が持っていた石がゲストハウスの電気の流れを妨害していて、石自身が太陽の当たる場所に移動してほしいと願っていたようだ。その石からのメッセージを彼女が受け取り、庭の日の当たるところに置いたとたん、ゲストハウスが明るくなったという。

像にも魂

日本では、像にも服を着せる。寒い季節に毛糸で編んだ小さな帽子をかぶせるのだ。マフラーとレインコートを着せられた像がなくなったときは、夕方のニュース番組で取り上げられ、多くのコメントの対象になっていた（二〇一八年四月十九日）。

東北地方の幽霊

死者に語らせる「イタコ」で有名なように、東北地方は幽霊が多いことでも知られている。岩手県が起源とされている「座敷童」は、五歳ぐらいの子どもの幽霊で、妖怪の部類に入り、日本家屋の座敷に取り憑いているというよりは「住んでいる」。というのも、悪戯っ子のように住人の物をあれこれ動かしてはいても、その家族に幸せをもたらすとされているからだ。しかし文化人類学者の小松和彦は、この伝説と子殺しを比べている。この妖怪はすぐに消えるとはいえ、家中を不幸にすることもあるからだ。

津波後の幽霊

二〇一一年三月十一日の東日本大震災後、東北学院大学教授〔現在は関西学院大学〕で社会学者の金《かね》菱清《びしきよし》は独創的な考えを抱き、ゼミの学生に震災で発生した幽霊の調査をするように提案した。噂で「タクシーの運転手が『幽霊の客』を乗せ、言われるまま完全に崩壊した目的地に向かうと、途中で客が消えていた」という話をたくさん聞いた学生の一人、工藤優花さんは、タクシー運転手百人にインタビューして卒論を書いた。なかの一人の運転手が語ったのは、石巻市（とりわけ甚大な被害を受けた街）でタクシーに乗り、津波で完全に崩壊した南浜地区へ行ってくれるように頼んだ女性の話だった。運転手がそこには瓦礫《がれき》しか残っていませんよと言うと、「私は死んだのですか？」と言う女性の声が聞こえた。彼が確認のために振り向くと、誰もいなかった……。

毛糸の帽子をかぶる子どもの像。

私がすごいと思ったのは、客がいなくなったにもかかわらず、運転手は現地でわざわざ車から降りて見えない客のためにドアを開け、荒廃した現場でしばらく手を合わせてから戻った……という話だ。工藤さんは、タクシーはたぶんコミュニケーションに最適な場所なのではないかと考えている。よく言われるのは、人は予知する時間もない悲劇的な状況で亡くなると、「あの世へ行く」のが非常に難しくなるということだ。

あの震災で一万五八九七人が亡くなり、二五三四人がいまだに行方不明（二〇一九年三月八日現在）という事実を知ると、東北にこれらの苦しむ霊が出没してもなんら不思議ではない。仮設住宅に住む人たちもまた、自宅の座布団に亡くなったはずの隣人が「まるで生きているように」座っているのを発見し、その人たちに「あんたはもうこの世にはいないんだよとは、どうしても言えなかった」と語っている。

大震災から二年後、東北学院大学が行なった調査によると、なんらかの超自然的で不思議な体験をしたことがあるかの問いに、二七六人中六九人があったと答え、幽霊に関しては四九パーセントが信じ、五一パーセントが信じないと答えている。それとは別に、超自然的現象の研究をテーマにする聖心女子大学の社会心理学教授、小城英子《こしろえいこ》によると、不思議な話を信じないのは怖いからと言う人たちは……裏を返せば信じているという。いっぽうで、質問した人の六パーセントが幽霊をすでに見たことがあると答えていた。ほとんどは知らなかった人（七七人）で、続いて祖父母のどちらか（二四人）、亡くなった両親のどちらか（一七人）、家族の誰か（一六人）、友人または知人（九人）だった。しかし「あの世」を信じるかの問いには、五九パーセントが信じないと答え、信じているのはわずか三三パーセントだった（ちなみにこの結果は、立花隆〔後述〕が『臨死体験』の上巻〔文藝春秋、一九九四年〕で紹介しているギャラップ社の調査と近い）。この調査の記事で紹介されていたのが、東京在住の四一歳の女性の証言だ。彼女はある日二歳の息子に、階段に座っている男の子と遊んでいいかと聞かれたのだが、その日家にいたのは、息子と二人だけだった……。

ここで私が思い出すのは、数年前にテレビで聞いた若い未亡人の証言だ。彼女はまだ幼い息子が、突然、どこかを指差して「パパが来た！」と興奮して叫ぶことがあると言っていた……。

死者と共に生きる

日本では、死者は埋葬してしまう欧米に比べると、ずっと身近にいる。仏壇のある家が多く、その中に納められている死者の位牌に向かっていろいろなことを話しかけているのだ。死者の好物や、さらには缶ビールをお供えすることも忘れない。墓地は街の真ん中、寺の周辺にあり、わが家から最寄り駅までの一キロのあいだに三カ所もある。最近では、大切な死者といつも一緒にいられると、家に置く墓まで販売されている。

死者と電話

死者に話しかけるのが普通なら、電話をすることもありなのではないだろうか？　こんな考えを抱いたのが、定年後に岩手県大槌町に移住した佐々木格《いたる》氏（二〇一九年十月三十日に取材）で、海に面する自宅の庭の丘に電話ボックスを設置した。「風の電話」と呼ばれるこの電話は、電話線がつながっていないのが特徴だ。私が読んで非常に感動した『風の電話――大震災から6年、風の電話を通して見えること』（風間書房、二〇一七年）で、彼は二万五〇〇〇人以上の人が津波の犠牲者に話すために訪れたと語っている。「パパ、聞こえる？　なぜ死んだの、なぜなのか私に言える？」。動揺してどうしたらいいかわからない人たちが、心のうちを吐き出せるよう、佐々木はノートを置いた。これはその抜粋である。「……息子の誕生日が明日二十三日です。生きていれば明日で五歳になります。電話を通して『お誕生日おめでとう』が言えました。ありがとうございました。息子に届いたと思います」（二〇一五年二月二十二日）。高野山から一五人ほどの僧侶が彼のもとを訪れ、この電話ボックスが悲しみに暮れる犠牲者の心をどんなに癒したかを伝えている。

私には霊能力がないとはいえ、私たちの人生が死で終わってしまうと想像することはできない。また、すべてはよい道で、全体として同じ方向に導いてくれると考えている。私たちがこの地上にいる意味と使命を理解しようとする道である。私が取材した日本のシャーマンの一人は、私の使命は「遠く離れた二つの文化を近づけること、新大陸と先住民の文化の架け橋となったポカホンタスのように……」と言った。私としてはその使命を実行するだけである……。

第1部　イタコ

二〇年がたってしみじみ思うことは、どんなに科学が発達して暮らしが豊かになっても、人の思いは変わらないということです。

——南部八戸イタコ六世代・松田広子（『最後のイタコ』より）

東北のイタコ

日本の女性シャーマンを考えるとき、一般的に頭に浮かぶのは、死者と対話する能力（口寄せ）で知られる東北地方、青森（とくに八戸と陸奥）の「イタコ」である。郷土史家の江刺家均《えさしかひとし》は、口寄せは縄文時代からあったと考えている。「当時の人たちが、目に見えない災いから身を守るために、特殊な力を持つ誰かに相談して、災いを未然に防ぐ試みをしていた。それが、死者の霊と会うためにどうすればいいか、ということにつながっていって、いまでいう『口寄せ』が生まれた」（南部伝承イタコ、「東北STANDARD」より）

盲目の女性たちの悲しい運命

イタコになることは、生まれつきや、病気または事故で目が見えない女性たちに与えられた受け皿の一つだった。盲目の女性が東北地方に比較的多いのは、貧しい食糧事情が原因とされることもある。寒い地方で、雪が多く、食べ物が不足していたからである。語り継がれていることによると、受け皿としての「イタコ」の前は、五年に一度、「口減らし」のために子どもを殺していた。「口減らし」という言葉は、子殺しを正当化するために使われた「間引き」と同じ意味である。

社会階層のいちばん下に追いやられた盲目の女性たちは、蔑《さげす》まれ、娼婦や物乞いと同じようにみなされていた――障害を因果応報とされていたのである。

いっぽう学術研究者のヴィルヘルム・シファーは、宗教学者の堀一郎を引用して研究をさらに進化させ、「遊女」という言葉と「遊行する女性」を結びつけている。その生活様式はいわゆる旅芸人と近く、旅芸人自体、一時的な売春と関連づけられていた。

瞽女《ごぜ》〔盲目の女性芸能者〕はまた別の受け皿だった。「門付《かどづけ》」――人家の門口に立って芸能を見せ、金品を受け取る旅芸人――で知られるこの女性たちは、雪深い東北地方を、目が少し見える案内役の女性の肩に手を置いて三、四人が続き、一日に二〇キロを歩いてまわっていた。彼女たちは民家の門口に立ち止まり、三味線に合わせていわゆる瞽女唄を歌っていた。家人が与えたのは米一合のことが多く、彼女たちはそれを托鉢僧《たくはつそう》のように布袋で受け取っていた……。石を投げられることもあった。身を守ることができなかった彼女たちは、痛いとは一言も言わずに避難した。

最後に、目の不自由な人たちに与えられた伝統的な仕事は――いまもそうだが――マッサージ師（按摩《あんま》）や鍼師、灸師だった。

差別され、社会の底辺で生きる

イタコは二重に差別されていた。目が見えないことに加え、仕事が死に関係することで、社会階層のいちばん下に追いやられたままだった。それに対して一つ、妥当と思われる解釈がある。それはアメリカの人類学者、マリリン・アイヴィーが提案するもので――日本の資料では見当たらない。それテーマがタブーと言わないまでもデリケートだから――、イタコという言葉は実際、長く日本の社会で差別されていた部落民の「穢多の子（エタノコ）」を意味するというものだ。

1999年7月、恐山大祭で出会ったイタコの滝浪ソダさん、75歳（当時）。

イタコの仕事

イタコは生者と死者のあいだをとりもつ仲介者と同義語になったとはいえ、伝統的にはお祓いや（健康や家族のために）、守護神の「オシラサマ」を呼び出して神にお伺いをたてる仕事もしていた。

青森生まれの滝浪《たきなみ》ソダ――一九九九年時点で七五歳――は、一九歳から修行して、三年後に独立したと、あるインタビューで語っている。ソダさんは結婚して、子どもが二人いた。彼女の話によると、四〇年前の一九五九年にはその地区に四十何人かのイタコがいたが、そのうちの半分は亡くなってしまったそうだ。口寄せを依頼するほとんどの人は、死者があの世で成仏していることを聞きたがっている。というのも、口寄せには生者を慰め、死者を供養するという二重の効果があるからだ。死者は呼んでくれた人に感謝の言葉を述べ、あの世に帰っていく前に助言を惜しまない。

別のイタコが口寄せをしているドキュメンタリーで、私が拾い上げてメモした一節がある。それは伝統にのっとって、死者が「三途の川」から呼んでくれた人に感謝したあと、相談に来る人たち全員が「口寄せ」で聞きたいと願っている言葉だ。「極楽浄土でよい屋敷に住んでいるの、安心してください」

恐山——死のテーマパーク

恐山《おそれざん》は聖なる山（霊場恐山とも言う）で、いわゆる「山岳信仰」あるいは「修験道《しゆげんどう》」（山へこもって厳しい修行を行なうことで悟りを得る信仰）に通じるところがある。和歌山県の高野山や京都近郊の比叡山と並んで日本三大霊場の一つとして崇敬されており、民間信仰では、死者の霊は山へ行く（「人は死ぬと、お山さ行く」）とされていることから、この山が恐山であることは間違いない。こうして恐山は「死者の住む山」または「仏の山」と同義語になってきた。青森県下北半島の中央に位置する標高約九〇〇メートルの山は、死のテーマパークに似ている。地熱活動が非常に活発なこの荒れ果てた地には、蒸気やガスが充満し、硫黄《いおう》の匂いがして、地獄を思い起こさせる。

この不気味な地が、お盆の時期に、死者と対話する（イタコを介して）場所に「選ばれた」のはそれが理由だ。唯一の制限は、死者は少なくとも百日前にあの世へ行っていることで、若い霊や「新仏《しんぼとけ》」は、呼んでもらうにはまだ弱すぎるか、ふらふらしているのだそうだ。ちなみにイギリスの日本学者、カーメン・ブラッカーも「オールド・ゴースト」と「ニュー・ゴースト」を区別している。

いっぽう、巡礼地の入口にある恐山菩提寺本坊の曹洞宗・円通寺は、イタコが境内の外にいるのは大目に見ているが、案内板にはわざわざ「恐山の寺とイタコには何の関係もありません。恐山寺務所へイタコについての問い合わせ等をされないようお願いします」と明記している。したがって、彼女たちは寺の外にテントを張り（イタコマチ）、いっこうに減らない要望に応えている。なぜなら、年二回、旧暦のお盆と秋分に開催される恐山大祭には、いまも少なくとも二万人が訪れているからだ。

これらの日付は、春と秋の年二回、山に入る信仰〔お山参り〕と関係がある。春先は、農民たちが稲田や耕作地を守ってもらうために入山して山の神を迎え、秋は、収穫に感謝して神を山の頂上まで送って行ったのだ。山登りは午前三時半に始まり、一二人からなる一団が頂上の菩提寺——高寺《たかでら》——に着いたのが八時頃。観音さまに団子をお供えしたあと、一行は温泉（寺の前にいまもある）につかり、それから団子を下寺《したでら》と言われる村の寺へ持ち帰り、位牌の前に置いた。したがって恐山は、死者と対話できる特別な場となる以前は、修験の場であり霊場で、人々は豊穣を祈っていたのである。

寺の僧侶たちは、イタコが門前にテントを張るのを「大目に見ている」とはいえ、むしろ無視し、軽蔑していると言っていい。しかし、おかげで寺に隣接する宿坊に客が来る恩恵にあずかっており、年二回の大祭（七月二十日から二十四日までと、十月の第二週末）のときは満室だ。ちなみに七月二十二日は寺の大祭の日で、大行列があるのだが、僧侶たちは参拝客がおもに口寄せのために来て

７月22日の円通寺の大祭。イタコとは何の関係もない。

いるのを知っている。

彼らはまた、客が宿坊に泊まるのは、そこで行なわれる口寄せの機会を逃さないために……朝の四時から列をつくるためであることも知っている。それが証拠に、朝いちばんの七時のバスで来た人たちは、一二時間も灼熱の太陽と湿気のなかで並んだのに、順番が来なくて口寄せをしてもらえなかったと証言している。列に並んだ人たちは熱中症にならないよう、場所を確保しつつ、交代で休憩室に行って休んでいる。

多くの要望に応えるため、いまやわずか二人だけになったイタコが一日八〇人に会っているのだが、一二時間連続して仕事をしても、一回の口寄せは約一五分。一人で四人まで死者を呼んでもらえるので、場合によっては一時間もテントを独り占めされることになる……。したがって、口寄せを確実にする唯一の方法は、現地の宿坊に泊まることなのだ。

イタコ不足？

イタコに話を戻すと、現在問いかけられている問題は後継者不足である。彼女たちがシャーマンとして不足していくのか、あるいは、伝統的に非常に厳しい訓練を受ければ、実際に死者と対話して、お祓いができるようになるのか？　という問題だ。南部八戸イタコ六世代の松田広子――目は見えるのだが、使命感から一九歳でこの道へ――は、著書『最後のイタコ』（扶桑社、二〇一三年）でこう書いている。「私の住む八戸市では、昭和四十年代までは、各町内にたいていひとりはイタコが暮らしていました……その頃の八戸にはまだ病院が少なく、風邪やちょっとした体調不良であれば、イタコのところへ行くこともありました。だから、何かあるとすぐに高熱を出して寝込んでいた幼い私が、イタコのお世話になったのも、決して特別なことではなかったのです。……その夜から高熱が出て、何日も下がりませんでした。病院へも行きましたが、いっこうによくなりません。そんなときイタコは『この子の病気は、先祖の霊が原因だよ』と言って、その場でお祓いをしてもらい家に帰ると、私の熱は嘘のように下がっていました。……病院から、これ以上手

松田広子著『最後のイタコ』

の施しようがないと言われ、サジを投げられた病気のときも、イタコにお祓いをしてもらうと、いつもはだるい体がスッと軽くなりました」（『最後のイタコ』より）

これが自ら「最後のイタコ」と宣言する松田広子のケースで、両親が定期的に連れていってくれたイタコが、のちに彼女の師匠になった人である。病院では、彼女が何度も熱を出す理由を説明できなかったのだ。

絶滅危惧種

明治政府が日本の近代化のために「祈禱師」を排除し、医学を推奨しようとしていた一八七三年頃、イタコの数は二〇〇人ほどだった。この魔女狩りがうまくいかなかったのは、お国のために死んだ兵士（日清戦争の日本人兵士の死者は約一万三八〇〇人、同じく日露戦争は約八万四〇〇〇人）と対話したいという要望が減ることはなく、とくに遺体が見つからなかったケースが多かったからだ。同じ現象は、二〇一一年三月十一日の大震災後にも起きている。大津波に襲われ、現在もまだ遺体が見つかっていない人が二五三四人もいるからだ（二〇一八年十二月十日現在）。前述の松田によると、イタコは一九八〇年代にはまだ三〇〇人前後いたそうだ。

年二回の恐山大祭をみると、二〇〇〇年にはまだ一〇人のイタコが口寄せをしていたのだが、二〇一五年には三人になり、二〇一八年はわずか二人になっている。それでも要望はつねにあることから、彼女たちは前述したように、七月の大祭の五日間を通して、一日に八〇人にも会っている……。

私が一九九九年七月の大祭に行ったとき。実際に寺の門前には一〇個のテントがあり、待ち時間も短かった。当時すでに高齢だったイタコたちの大半は老人ホームに入所するか、亡くなっている。伝統的に厳しい修行を強いられる仕事にはもう魅力がなく、とくに目の不自由な人たちのために視覚特別支援学校（盲学校）が建設されて以来、職業訓練を受ければほかの選択肢もあり、福祉制度も整っているからだ。

いずれにしろ松田広子は、彼女自身が本に書いているように「絶滅危惧種」に属しているのは間違いのない事実である。

イタコは何をし、どんな仕事なのか？

松田は著書で、イタコの仕事は死者に話をさせることだけではないと強調している。そして、一般にどの仏教の宗派にも神道にも加盟していないと反駁するのだが、その仕事は神仏の影響を強く帯びている。というのもイタコも祈ることで、神道や仏教の神や地域の守り神を呼び出しているからだ。また松田はとくに人生相談の役割を強調し、心理学の「カウンセラー」のようなものだとも言っている。彼女が一八歳で師匠の林ませのところに入門したとき、相談に来る人の多さと、みんなほかの誰にも言えない思いを語っていたことに驚いている。こうして松田は立ち聞きしながら師匠の忍耐力に魅了され、彼女を第二の母と思い、愛情を込めて「かか様」と呼ぶまでになったのだ。

師匠は昼間、二、三十人の人から悩みを聞いたあとでも、「子どもが熱を出した」「おなかが痛くなった」と電話が入ると、夜中でも枕元に駆けつけた。

松田が同じくイタコの重要な仕事として二つ書き加えているのは、祈禱とお祓いである。幼少時代を通して病弱で、原因不明の発熱に襲われていた松田は、途方に暮れた母親に毎週末、林さんのところへ連れて行かれ、治してもらったと語っている。そしてお祓いでどれほど楽になったかを思い出している。その力に感銘して――師匠はまた入院が必要だったほどの重い髄膜炎が治るのも助けた――、彼女はそのあとをついていく決心をした。

修行

慣習として、経験を積んだイタコは一人または数人の住み込み弟子をとり、仕事を一から教える代わりに、弟子は掃除や洗濯などの辛い家事をすることになっている。松田自身はそういう機会がなく、修行時代も自宅から通っていたそうだ。目が見えることも含め、自らの意思でイタコになることを選択した彼女のような弟子は過去にはほとんどいなかった。

師匠は――もちろん弟子もそうだが――目が見えなかったので、伝達は口述で行なわれ、状況に応じて（病気の治療、呼び出し、口寄せなど）多くの祈りや経文を覚えなければならなかった。さかのぼること一九九九年のインタビューで、当時七五歳のイタコ立石雪江さんは、一四歳で弟子入りしたとき、六人いる弟子のなかでいちばん年下だったと語っている。また、昔は下北だけで四〇

かつて「口寄せ」は公開の場で行なわれ、各村を巡回していた。写真を見ると、もっぱら女性たちが参加していることが観察できる（青森県立郷土館で撮影）。

人のイタコがおり、その数にはお祓いを専門とする「別当」または「カミサマ」は含まれていなかった。この二つは競合していたことから競争が厳しく、イタコは別当と一緒にされることを嫌っていた。立石さんも「私たちはちゃんと修行したんですから」と区別する。経文を覚え、祭文を唱えてさまざまな神さまを降ろし、「オシラサマ」を呼び出して遊ばせる（後述）ことがイタコにとっていちばん大切な仕事だったのだ。

村の巡回

イタコの仕事には、割り当てられた村を歩いて巡回し、神さまを降ろしてお告げを伝えることも含まれていた。地元の神社や集会所、あるいは当番で宿を提供する個人の家で、その一年のお告げを伝えたのだ。そこには各家から一人が集まっていた。また春になれば、「オシラサマ」を呼んでお告げを伝え、そのあとは、各家の氏神さまを呼んで、その家の占いをした。村人との結びつきは非常に強く、イタコはそれによって生きていたのである。

当時、下北半島を巡回していた二人のイタコは、二人とも老人ホームに入所した。したがって一九九〇年代以来、この地域には誰もいない。

一九一八年頃の承認儀式

正式にイタコになる前の約二週間、弟子たちは修行の最後に五穀を断つ「穀断ち」や、火を通した食べ物を断つ「火の物断ち」、塩や塩味を断つ「塩断ち」など、いわゆる「断ち行」をして身を浄めなければならなかった。それに加えて肉や魚を断つ「精進潔斎《しょうじんけっさい》」や、冷水で身体を浄める「水《み》垢《ご》離《り》」の儀式もあった。

正式なイタコになる前の儀式は、三つの軸で組み立てられていた。寒さに対する耐久力（水垢離の儀式で）をつけ、睡眠と食べ物を自ら断つことである――意識を失うまで行なうことで、修行者の守り神が降りてきてその名前が明らかになった。民俗学者の柳田國男の弟子である桜井徳太郎が書き留めたものによると――元ケンブリッジ大学教授で日本の民間宗教が専門のカーメン・ブラッカーが『あずさ弓――日本におけるシャーマン的行為』（秋山さと子訳、岩波書店、一九七九年）で紹介――、これ以上ないほど厳しい儀式の一つである。

伝統的に、娘を修行に出す決心をしたのは両親で、生理が始まる前の一二歳頃からが多かった。家に障害者がいるのは不名誉――さらには恥――と思った家族は、他人の目から娘を隠していた。したがってイタコになるのは、合意のうえでの自由選択でも使命でもなく、生き残りのための問題だったことは強調しておくことが重要だろう。

桜井によって描写された儀式は、松田広子が著書で書いているものとは比べものにならないほど厳しい苦行である。桜井が紹介するのは、たとえば一二歳で修行に入った鈴木つや子のケースで、彼女は儀式に入る前の一〇〇日間、いわゆる丑《うし》の刻（午前一時から三時）に起きて川辺まで行き、両肩それぞれに冷水をバケツで一二杯浴びなければならなかった。それが終わると、稲荷神社に行って蠟燭《ろうそく》に火をつけ、般若心経を唱えなければならなかった。目が見えなかったのでつねに暗闇のなかで生きていたとはいえ、彼女にとって丑の刻に神社の境内へ行くのはまさに恐怖だった。同期間、彼女は――家族も――肉や野菜などのいわゆる「刺激物」も断たなければならなかった。儀式の一週間前になると、行はさらに厳しくなり、五穀や塩、火を通した食べ物を断ち、真冬でも暖房に近づくことは許されなかった。毎日、少なくともバケツ一〇〇〇杯の冷水を両肩に浴び、その間、般若心経を一〇〇〇回、観音経を二一回唱えつづけなければならなかった。苦行は夜明けから始まり、終わるのが夜遅く、志願者は眠ることも許されなかった。体験者のおもな意見は、最初の二日間はとにかく耐えられなかったというものだ。厳しい寒さに、睡眠不足と断食が加わり、まさに最後の力を振りしぼるようだった。関節があちこち痛くなり、冷水のバケツを持ち上げて頭から浴びる力もないほどだった。ところが三日目になると、痛みは魔法のように消え、代わってエネルギーと熱気に満ちあふれ、儀式の最後までどんな試練にも耐えられるように感じたという。

もう一つ、桜井（そしてブラッカー）によって紹介されたのは、津軽地方のチチイヤエのケースだ。彼女の場合、専用に建てられた小屋のなかで一週間、暖房一つない極寒のなかで水垢離（経文やマントラをできるかぎりの大声で唱えながら、一日に七回、バケツ三杯の水を両肩それぞれにかける）をしなければならなかった。その間、睡眠も奪われた彼女は、肉も魚も野菜も塩も口にすることができなかった。彼女は寒さと疲れで死んでしまうと思ったのだが、しかし一週間後、不動明王の力と信仰を受け取ったと言っている。

また津軽生まれで、一九一八年にこの儀式を受けたナラナカは、寒さと睡眠不足、断食で、半分トランス状態になり、そのとき彼女の目の下に神があらわれては消えたと語っている。

これらの証言で一致しているのは、死ぬかもしれないと思ったときに突然、外部の力に満たされ、それで命を維持するだけでなく、さらにはエネルギーを授かって、儀式を最後までやり抜く気持ちにさせるという事実だ。

『シカゴ・タイムズ』（一九九二年十二月十八日号）の記事では、一九九二年に七四歳だった川守田トヨが、視力を失って三年後の一七歳で修行に入ったと語っている。したがって承認儀式は一九三五年のことになる。師匠になるための苦行は七日間続き、その間、彼女は白装束に身を包み、観音経を唱えながらの水垢離を三〇回して身を浄めなければならなかった。「意識を失ったとき、神が身体に入ってきたのがわかった」

彼女はインタビューのなかで、客のほとんどは――おそらく重い病気にかかっている――病気が治るかと聞いてくる、と語っている。そんな客たちに、彼女は「苛高数珠《いらたかじゅず》」（お祓いのための数珠）を当て、治す資格があるのは医者だけだが、「でも治る助けになるよう祈ることはできる」と言っている――このニュアンスが興味深い。また二八年前にすでに、川守田には弟子を確保するのが難しくなったことがわかっていた。それほど修行は厳しすぎるものになっていた。

松田広子の修行

一九九一年、一九歳で独り立ちした松田は、一九一八年当時に比べていちじるしくゆるやかになった承認儀式を紹介している。彼女によると、修行は早くて一年でできるが、しかし大量の経文や祭文を覚えなければならないことから、普通は三年から五年は必要だそうだ。「神さまや仏さまをこの世に降ろすために、何十種類にも及ぶ経文や祭文をすべて覚えなければなりません。……たった一〇秒で終わる短い経文もありますが、いちばん長い祭文は一時間を超える長さです」（『最後のイタコ』より）

教える側も、ましてや弟子も読み書きができなければ、覚える作業は簡単なことではなかった。「師匠が一節唱えたあと、弟子は何度も何度も復唱して、そうやって、確実に自分の身体に染み込ませていくのです。それは気が遠くなるほど、地道な作業でした」（同）。経文のなかには、すでに見たように般若心経や観音経に加え、神道の祝詞《のりと》があり、お祓いや占いの方法も覚えなければならなかった。うまくできなかったり、覚えが遅いと、体罰を受けるか、途中で親元に送り返されることもあった。

言霊《ことだま》

松田は、経文をノートに書き写して覚えることができたので、恵まれていたのは認めており、目が見えずに聞くだけで覚えたイタコたちの努力を心から称えている。「(目が見えても)大変な作業でした。でも、不思議と苦にはなりませんでした。学校の勉強は嫌いだったのに、経文の勉強はいくらやっても飽きることがありません。経文にもいろいろあり、体調不良ひとつとっても、体の部位や症状ですべて違います。頭痛、眼病、風邪、肩こり、水あたり、虫歯、腰痛、膝痛、高血圧、ヤケド……。(……)オシラ様遊びの神事で唱える祭文は、一時間以上にわたる長さで、東北の家々の守り神『オシラ様』にまつわる物語が描かれます。(……)日本には『言霊《ことだま》』という考え方があります。言葉に魂が宿り、力を持つという考え方です。言葉が神様や仏様のご加護を呼び、私たちイタコに力を与えてくれます。心を込めて経文や祭文を唱えることで、イタコは神や仏の世界と交信し、相談者と見えない世界との橋渡しをします」(『最後のイタコ』より)

師匠上がり、または弟子上がり

松田は、一年間(その前に見習い修行として、高校時代の週末も修行に当てていた)の修行期間を経て一人前になった。正式なイタコになる儀式の前の三日間は全身白装束で、一日に三回、身を浄めるために水垢離の儀式をしなければならなかった。それに加えて朝昼晩、一〇八回ずつ五体投地《ごたいとうち》〔五体つまり両手、両膝、額を地面に投げ伏して礼拝すること〕と般若心経を唱える行もあった。これらの修行は、水垢離を除いてすべて一畳の畳の上で行なわれた。「それでも、やるべきことがたくさんあるので、体を休める間もありません。しかし、昔の師匠上がりは一週間から三週間かかり、さらに厳しいものだったそうです。水垢離や断食、読経によって、神さまが降りてくるまで心身を追いつめ、時には失神したり、放心状態になることもあったといいます。イタコは、神や仏と交信する巫業《ふぎょう》と呼ばれる仕事です。師匠上がりは、神仏に仕える覚悟、身を捨てて人に尽くす覚悟、そして神や仏の言葉を自分の身で受け止める覚悟、さらにはイタコとなる体を、しっかりと完成させる最終関門なのです」（同）

「私も緊張と疲労で、次第に意識が朦朧《もうろう》としてしまいました。言われたことをこなすだけで精いっぱい。目の前のこと以外、何も考えられなくなりました。辛いわけではありません。でも、普段とはまったく違う自分です。陶然としてきて、時には、いま自分が何をやっているのかさえ、わからなくなりました。どんな状態になっても、修行を終えるためには、とにかくやり続けるしかありません。ただひたすら、無事に勤め上げることだけを考えた三日間でした。三日目、無事に師匠から『ユルシ』が出ました。『ユルシ』とは、一人前のイタコとして許してもらえること。つまり免許皆伝です。（……）三日間続いた緊張は、達成感に変わっていました。体はとても疲れています、でも、心はいままでに感じたことのない幸せな気分に包まれていました。もしかすると、長距離ランナーが体験するランナーズハイのような状態だったのかもしれません。これから一人前のイタコとしてやっていけるんだ！　ただひたすら、嬉しい。その思いだけを胸に、私は師匠の元から家に戻りました。師弟関係は、この日まで。次の日からは、一人のイタコ同士。つまり、お互いが商売敵《しょうばいがたき》。師匠だから、弟子だからといって、頼ることはいっさいできません。独り立ちしたら、誰にも頼らず自分で自分を磨いていく。それが、イタコの世界の決まりなのです」（同）

こうして彼女は、正真正銘のイタコとして認められ、ついに師匠から、イタコが仕事をするうえで重要な道具類を与えられるのである。

儀式道具の伝達

オダイジ

この長さ二〇センチほどの筒は、その名のとおり非常に「大事《ダイジ》」なものである。というのも中には最後の試験を終えたときに師匠が入れた免状が入っているからだ。筒の中身は秘密で、誰にも見せてはならないとされている。松田の筒には、一九本の竹棒を麻の紐で縛ったものと、熊野大社の八咫烏《やたがらす》のお札《ふだ》が入っている。ちなみに一九は彼女が独り立ちしたときの年齢である。この筒は専用の布で包んで紐がつけられ、イタコはどんな儀式のときも背中に背負っている。

いっぽう民俗学者の柳田國男は、管（竹筒）につきまとう秘密っぽさから、民間伝承の憑き物の一種「管狐《くだぎつね》」と結びつけている。竹筒のなかに入るほどの小さなキツネが民間魔術や修験道、さら

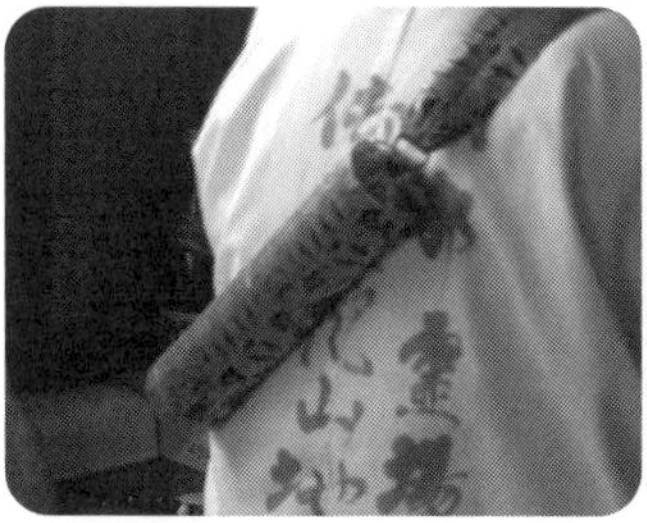

中村タケさんのオダイジ。

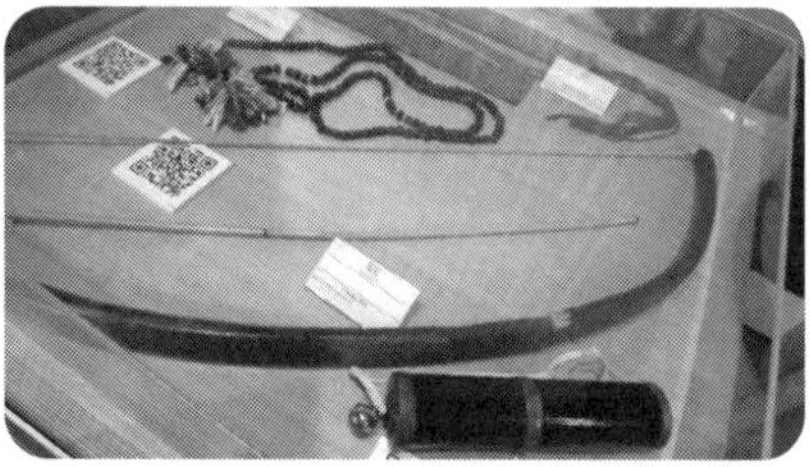

青森県立郷土館に展示されている「苛高数珠」「袈裟」「梓弓」「オダイジ」（青森県立郷土館で撮影）。

には妖術と結びつけられ、使い手の霊能者に魔力を与え、人々や家族全体に呪いをかけ、さらには殺すこともできるというものだ。使い手の袖の下に隠れたこの管狐――妖怪の部類に入る――は、使い手の問いに答えたり、彼に予言やお告げを告げさせたりできたという。

苛高数珠《いらたかじゅず》

激しくこすって高い音を出させる「苛高数珠」――長さは一・五から二メートル――は、イタコをトランス状態にして死者と交信できるようにするための最高の道具である。直径一・五センチほどのムクロジ（無患子）の珠三〇〇個でできている数珠は、仏教徒が使うもっと小粒の一〇八個（仏教でいう煩悩の数）の珠からなる数珠とは異なっている。「オダイジ」とともに、神や仏と接触するために欠かせない道具で、経文を唱えることで魂がそのなかに入る――魂《たましい》入《い》れ――とされている。

両端には、いまや保護種になっている日本カモシカの骨や鹿の角、猪やほかの動物の牙、熊の爪、鷹の爪、狼の骨、小哺乳

中村タケさんの苛高数珠。

ムクロジの苛高数珠（青森県立郷土館で撮影）。骨や古銭、小哺乳動物の上顎がついているのがわかる。

動物の上顎（何の動物かはわからないことがあるが、多いのはキツネ）などがついている。さらには貝殻や珪化木《けいかぼく》、天然石のスモーキークォーツ、あいだには穴のあいた古銭もはさまっている。牙や爪は「魔除け」で、憑き物や悪魔をお祓いするためのもの。子どもの「疳《かん》の虫」や夜泣きを鎮める効果もあるとされていた。江戸時代末期から明治にかけての古銭「天保銭」は、なかでもとくに冥土で三途の川を渡るためのお金である。

イタコは習慣として、口寄せの最後に客に数珠を当て、悪霊から守るためのお祓いをして終えることになっている。

法衣と袈裟

イタコにつきものといえる白い木綿の法衣《ほうい》は、この世とあの世の交流の仲介役で、首にさげる刺繡《ししゅう》入りの袈裟《けさ》は師匠から受け継いだものであることが多い。

その他、五〇本の竹の占い棒「筮竹《ぜいちく》」や、計算をするための細い棒「算木《さんぎ》」は、占いのときに使われる。

オシラサマと遊ぶ

イタコの重要な仕事の一つである「オシラサマ遊ばせ」のオシラサマとは、桑の木に大ざっぱに彫刻された二本の棒で、一本は女性の顔、もう一本は馬または男性の顔になっている。布を着せられ、首のあたりを鈴で束ねられているのだが、毎年、新たに布が重ねられることから、各家に先祖代々伝わるオシラサマの年代がわかるようになっている。「オシラサマ遊ばせ」と呼ばれる儀式は、中国から来た長い物語と関係があり、それによると、昔、ある長者の娘が父の飼っている馬に恋をしてしまった。娘が馬に、もし人間だったら結婚したいと言ったところ、今度は馬も娘に恋をしてしまった。しかし、馬が食欲をなくした原因を知った父は怒り狂い、馬の首を切ってしまった。そのあと、娘は馬と一緒に天に飛び立ち、神になった。この昇天により、天から大量のカイコが降ってきたという。

この不思議な物語との関係を長期にわたって研究した「Shamanism in Japan（日本におけるシャーマニズム）」（『Folklore studies』誌、南山大学、一九六二年）の著者、ウィリアム・フェアチャイルドは、起源はシベリアやアイヌ（アイヌに存在する「シラツキカムイ」という木の人形）の伝統にまでさかのぼるとし、前述の郷土史家の江刺家均は、「オシラサマ遊ばせ」のおもな機能は「五穀豊穣」や「大漁」の祈願で、家族を飢餓から守るためだったと説明している。地域によって形が変わっているのは観察できるものの、オシラサマは青森県や岩手県、宮城県の北部で広く崇拝されていた。もともとはカイコの養蚕と関係があったオシラサマは、地域によって変更すべきところは

これらのオシラサマ（青森県立郷土館に展示）は、ある魚屋の女主人が所蔵していたもの。布の長さに関係なく、棒の長さは30センチ以下。

変更され、漁師なら「大漁」を、農民なら「五穀豊穣」を祈願する神さまになったのである。

江刺家によると、一月十五日に、イタコが家族親族のために祈禱し、占うために来て、集まった家族や村人たちの団結を強めるための儀式だった。誰かが、なんであれ一族や地域の秩序を乱したら、オシラサマはイタコを介してその者の行動をたしなめ、さもないと大変なことが起きると警告した……。いっぽう松田は、オシラサマを座敷童のような守護神と結びつけている。なぜなら、家のなかに居座って守り神となり、子孫代々の繁栄を約束しているからである（「南部伝承イタコとオシラサマ」より）。

梓弓《あずさゆみ》

とくに津軽地方で使われていたこの梓弓は、霊を呼び出すための重要な道具の一つだった。弓を上に向け、弦を細い竹の棒で続けざまに叩くことで、霊を弓に宿らせ、それを持つイタコにメッセージを伝えたと言われる。この弓の持つ聖なる力については、松田も中村タケも何も言っていなかった。

神秘的な小道具

これらの神秘的な小道具は師匠から受け継いだものも多く、一部は二〇〇年前のものもある。それらは小さな「柳行李《やなぎごうり》」に入れて恐山大祭に運ばれる。

ところで私は「外法箱《げほうばこ》」（仏教とは関係のない箱という意味）のことは誰からも話を聞かなかった。これは宝箱の代わりとなる秘密の箱で、前述のカーメン・ブラッカーいわく、「犬神」と結びつく陰湿な魔術の物語と関係があるようだ。これも前述したように、この習慣は犬を生きたまま頭だけ出して土中に埋め、抜け出せないようにするものだ。哀れな犬の苦しみは延々と続く、というのも、少し離れたところに肉を置き、その匂いで犬が最後には狂ってしまうからだ。数日後、犬の頭は血がのぼったところで切り落とされ、大勢の群衆が興奮して見守るなか、土中に埋められる。しばらくして頭は回収され、外法箱に入れられた。そこへ毎日、イタコが食べ物を供える代わりに、犬は死者のあいだで起きていることを詳しく教えていた。いったん神になると、犬の霊は人のなかに入り込み、その人に奉仕して、奴隷になるとされている。この不吉な習慣は、恨みを持つ犠牲者が相手に呪いをかけるために使われるとされていた。この話から、「狐憑き」や、陰陽師《おんみょうじ》が使って操るという「式神《しきがみ》」を連想せずにはいられない。

承認式・守護神との結婚（神憑式《かみづけしき》）

松田は梓弓について触れていないうえ、承認式での守護神との結婚についても言及していないのだが、それは前述した民俗学者、桜井徳太郎の証言で、カーメン・ブラッカーによって紹介されたなかには書かれている。

昔は、イタコに守護神となる神が乗り移ったあと、両親や師匠、その弟子たちが立ち会いのもと、「神憑式」なるものが行なわれていた。そのときイタコは木綿の白装束から、振袖の豪華な赤い着物に着替えている。桜井とブラッカーが引用しているのは、そのあと普通に結婚したあるイタコのケースで、守護神と「精神的に」結婚したときの強烈な印象とは比べものにならなかったと言っている。実際、それは生きながら死ぬことで――白装束は死別を象徴する――、トランス状態のときに指名された守護神に霊感を受けて守られる、別の人生に生まれ変わることを意味していた――それを象徴するのが、あとで着た豪華な着物で、そのあとに続くのが酒盛りの宴だった。

ブラッカーが言及しているのは、年長の弟子が周囲をまわりながら経文を唱えることによって神が乗り移るケースである。この場合、年長者はイタコ候補者が意識を失い、トランス状態になって、乗り移った守護神の名前が明らかになるまで唱えつづけることになる。

「死者との対話」の流れ

七月二十日から二十四日の恐山大祭では、「口寄せ」のだいたいの流れをつかむことができる。まずイタコは依頼者に接触したい人の名前と生年月日、亡くなった日を聞いたあと、呪文を三分間ほど唱え、そのあと死者の霊がイタコに憑依《ひょうい》するとすぐ交信が始まる。続く三分から五分のあいだ、死者はとぎれることなく話しつづけるのだが、最初は決まって、依頼者がわざわざ遠くから来てくれたことに「遠いとこ、よう来た」とお礼を言い、それから「先にいってしまって、申し訳ない」と謝りつつ、何かあったら夢に出てくるからと約束する。続いて、災難がくるかもしれないから気をつけるように、あるいは感情移入したかのように「人間関係で悩むことがあっても」とほのめかし、故人はあの世でちゃんと見守っているから安心するようにと言う。

それから突然、イタコは話題を変え、故人に何か聞きたいことはないかと客に尋ねる。質問は一回しか許されていないのだが、しかしその答えには客の心を慰める効果があり、動揺させることも多い。

私の口寄せ

一九九九年の恐山大祭に行ったとき、テントからテントへと歩きながら、「口寄せ」を観察するのに疲れた私は、せっかく来たのだから、参加して観察したほうがいいと思い、順番待ちの列について、祖母——十数年前に亡くなった——が私になんと言うかを聞いてみることにした。

このときのイタコが松田広子（当時は二七歳）で、この体験で私はかなり心を揺さぶられた。以下は彼女が私に言ったことの抜粋で、最後の個人的すぎる部分は省略している。


本当は死にたくはなかったのだけれど、わが身の寿命はこれまでと思い、泣く泣くこの世を去ったものである。……朝、起きたときに、ちょっと身体がだるいなと思ったけれども、目の前が貧血を起こしたときのようになって、けれども、倒れたときに痛みすら感じなかった、そしてわが身はあの世へ旅立ったのである。……みんなが泣いている姿を見てびっくりし、悔しかったし、わが身もみんなのそばにいてあげたかったのに、残念である。けれども、あの世でみんなのことを見守っていますから、安心してくだされ……。

最初は、自分が死んだことに気づかなかった。家に帰ったり、家のまわりを散歩したこともあったけれど、わが身がこの世のものではないことに気づき、神のもとへ旅立ったものである。私のことをここの恐山に呼んでくださって、本当にありがとう。まさか呼んでくれるとは思っていなかったし、それに自分のことのように心配をしてくださって、けれども、あの世でみんなのことを見守っているし、それに楽しく暮らしていますから、安心してくださるよう、よろしく頼みます。孫も苦労していないかなと思ったりしたけれども、勉強も頑張っているみたいだし、いろいろと頑張っているみたいで、わが身も一安心しています。

何か聞きたいことあるかな？

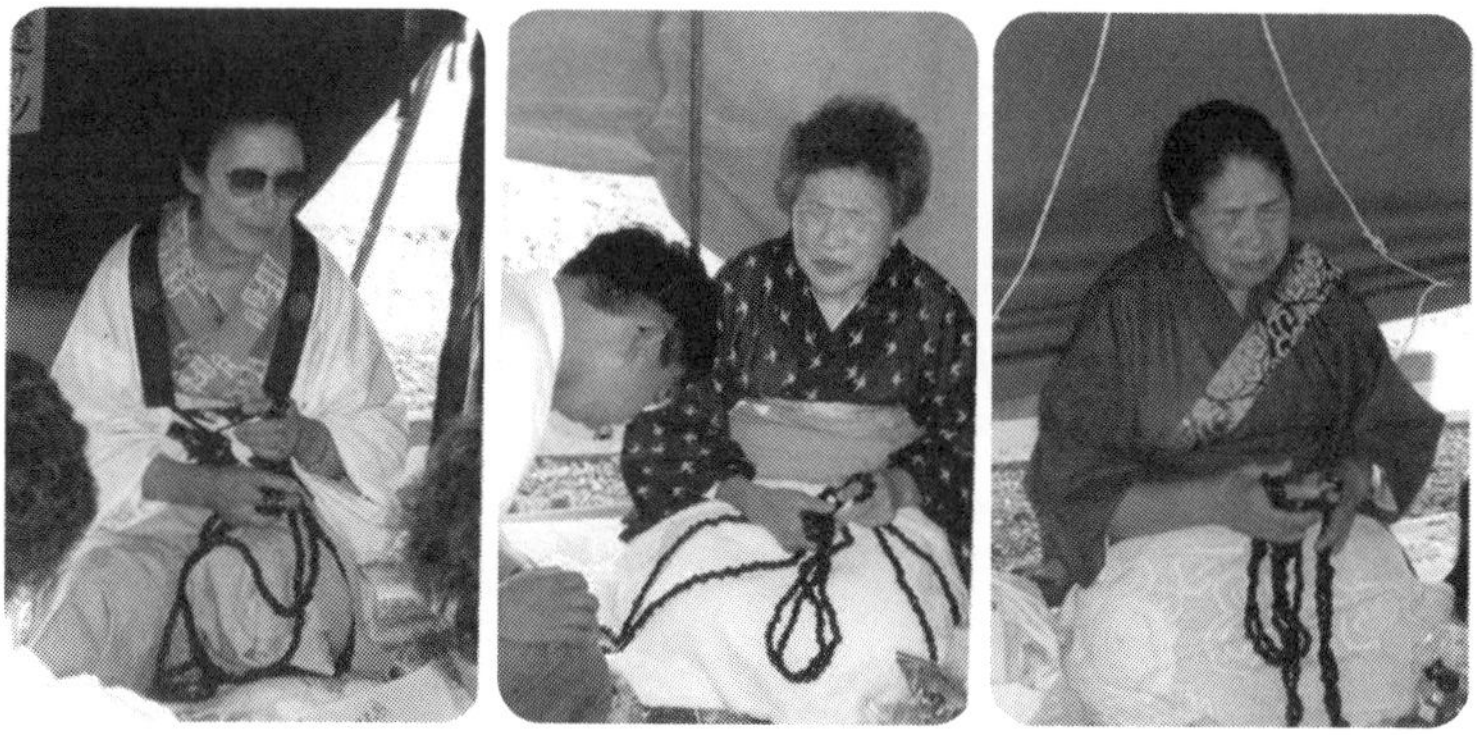

死者に語らせようと腐心するイタコたちの顔に感動！　1999年７月、恐山・菩提寺の門前にはまだ10人ほどいたが、現在は２人しかいない。

あの世へ帰る前（「もうそろそろ帰るね。いいかな」）、祖母は私に、もっと自分を大事にするようにと励まし、自分のやりたいことをやってみたらいい、書くことをやめることはできないと思う……と言った。

みんなと同じように、私は目を赤くして松田のテントを出た。その場ですぐに祖母のメッセージを書きとめたのだが、私の問いに対する祖母の鋭い答えに心の奥深くで動揺したのは事実で、いまでも読み返すたびに涙が出てくる。一緒に行った日本人の友人もまた、テントから動揺して出てきた。彼は亡父を呼び出してもらったのだが、交信中の声は、生前の父と同じイントネーションと言葉遣いだったそうだ……。

大勢に反対する意見

前述のカーメン・ブラッカーは、著書『あずさ弓――日本におけるシャーマン的行為』のなかで懐疑心を隠さない。というのも、彼女が観察した口寄せではトランス状態が認められなかったからだ。以下は、彼女が調査した三つの定型化された図式である。

――戦死した兵士がおおむね同じことを言う。たとえば、国のために犠牲になった苦しみも、靖国神社（祖国のために死んだ霊を祀るため、一八六八年、明治天皇によって創設）に祀られることで癒される、など。

――子どもたちは全員、賽《さい》の河原で赤鬼に追いかけられるが、しかし地蔵の服の下に隠れる、など。

――彼女はまた、呼び出された霊のすべてが、多くの時間を費やし、これでもかこれでもかと「呼んでもらった」お礼と喜びを表明し、暗闇から抜け出したこの休息の時間がどんなに素晴らしく、現在の生活がどんなに悲しいかを伝えることも観察している。

「イタコたちが、呼び出した人からのメッセージを伝えると称して、修行中に暗記して覚えた一連の言い回しから最適なものを選んでいるのは明らかだ」とカーメン・ブラッカーは書き、「口寄せ」は死者を供養する地域の民族芸能から出たものだが、これ以上俗っぽい「見せ物」はないとしている。そうして彼女は死者に対するレクイエムと同一視している。私としてはむしろ「グリーフケア」〔悲嘆ケアとも。身近な人を亡くして悲しみに暮れる人を支援すること〕と比べたいところだが、いずれにしろ、親しい人を亡くした人たちの苦しみをケアするものである。

大がかりな茶番？

はたしてこれが「見せ物」――さらには大がかりな喜劇――（私はこの視点には必ずしも共感しないが）なのかどうか、確認する議論を続ける前に、私なりに、この反対意見を擁護することから始めよう。まずは、死者を「意のままに」呼び出せることが「不思議」に思えることだ。というのも、ほとんどの霊媒者は――フランスでもどこでも――、死者との接触は一般にやって来る姿が見えず、ましてや「頼んで」来てくれるものではないと言うからだ。そう考えると、一日に八〇人までの死者を呼び出すのは、肉体的にも精神的にも不可能ではないかと思ってしまう。しかしそれが現に七月の恐山大祭で行なわれていることで、そこでは二人のイタコがいっこうに減らない要望に懸命に応えていることでもある。

金になる？

明治政府が組織的に呪術師狩りを展開したとき、霊能者は人々の信じやすさにつけこみ、死者から生者に復讐や「たたり」があるという恐怖を利用して、大儲けしていると非難された。じつはイタコは、自宅での口寄せは一回につき五〇〇〇円しか受け取らない。時間は二〇分ほどで、注連縄《しめなわ》――神聖な境内の境界を示し、悪霊をつかまえるとされる――のついた小さな祭壇の前で行なわれる。それでも礼儀として知っておいたほうがいいのは、神仏には果物やお菓子、酒、蠟燭や線香などのお供えをするということだ。そして忘れてならないのは、長いあいだ、この仕事は目が見えない女性の唯一の生き残り手段だったことと、一九五〇年代初頭以来、組合がつくられて、統一料金で保護されているということだ。

ざっと計算するだけで、五日間の口寄せの収益がわかるだろう。現在、イタコは二人しかおらず、一日に八〇人を五〇〇〇円の料金で見ると、一日の平均収入は四〇万円、五日間続く七月の大祭では二〇〇万円になる。十月はそれほど人出は多くないが、それでも一日八〇人の客をキープすれば、二つの大祭で三〇〇万円ちょっとが、八日間ぶっ通しの重労働の成果だ。二〇二〇年のようにコロナ禍で大祭が中止になれば、収入はゼロになる。

昔のように村の巡回はもうしていないので、いまではそれが彼女たちのおもな収入源である。ちなみにそれ以外のとき、自宅で一日に三回の口寄せ（料金は相談の長さにより五〇〇〇円か一万円）をするとして、月に二〇日間仕事をすれば、概算で収入は四五万円から五四万円になる。松田のブログを注意深く読むと、旅行代理店と提携する「パック」があり――シーズンオフ――、近くのリゾートホテルでの一泊二食付きと一回の口寄せで、けっこう高い料金（三万二四〇〇円から三万六七二〇円）が設定されているが、おそらく旅行代理店のほうが利益が大きいだろう。この口寄せは（料金込み）二〇分以内と明記されているが、お金さえあれば灼熱の太陽の下、順番がくるあてもなく列をつくる必要がないというわけだ。この場合、順番は決まっており、時間をオーバーしてはならず、動物との交信や写真を撮ることも受けつけていない。

受け皿？　神の啓示？

最後に、ぜひとも強調しておきたいのは、イタコになるのは神の啓示ではなく、「受け皿」だということだ。私が聞いたあるイタコのインタビューで、彼女は「繰り返し夢を見た」とか「神のお告げ」とか言っているが、しかしこれは伝統的に、目の見えない女性たちが家族の世話にならないための仕事の場だった。彼女たちの才能が本物なのか、訓練で発達させたものなのかはまだわからない。松田広子は「憧れの職業」と語っているが、それは啓示よりは好み、使命感のほうに近い。

彼女自身、イタコへの憧れがある日、突然湧いてきたことに驚き、「神さまが降りてきたにちがいない」と言う人もいるそうだ。「『イタコになるように、天から選ばれた』と言う人もいます。もしかすると、何者かから無意識のうちに『選ばされた』のかもしれません。何が正しいかは、私にはわかりません。また、あえて追求する必要もないでしょう。特別な理由も、不思議な因縁もいりません。イタコという職業が、幼い頃から身近に存在して、イタコによって健康な体を取り戻した。そして、友だちが保育士やパン屋さんに憧れるように、ごく自然にイタコに憧れるようになり、ごく自然に将来の仕事として選んだ……」（『最後のイタコ』より）

それでも……

私はカーメン・ブラッカーを心から尊敬しているのだが、それでも一部のイタコがほかの人より人気があるのはどう説明したらいいのだろう？　人気があるということは、彼女たちには何かそれ以上の力があるということで、恐山に一〇人のイタコがいた頃は、テントの前にできる列の長さで人気度がわかった。いちばん長い列につく人たちがこぞって言っていたのは「当たる」、つまり、占い（死者からのアドバイス、警告など）が「正しかった」ことを意味していた。

恐山で呼び出されたすべての故人と同じように、私の祖母も、形式どおり、まず最初に遠方からはるばる対話しに来てくれたことを感謝したが、私に与えてくれたきわめて個人的な忠告が思いやりにあふれていたのを、どう説明すればいいだろう？　また、一緒に行った友人の父親が、生前そっくりの言葉遣いをしていたのも、どう説明できるだろう？

人々が求めに来るもの

二万人もの人々が――とくにお盆の時期――いまも恐山に殺到しているということは、彼女たちがつねに現に存在する要望に応えるという、重要な役割を果たしている証拠である。人々が死者から聞きたいのは、ちゃんと成仏している――仏教の八大地獄のなかの一つ、火で炙《あぶ》られたり、寒さのあまり死ぬことではなく――ことだとしても、津波で多くの死者と行方不明者を出した二〇一一年三月十一日の大震災後、残された人々のＰＴＳＤ（心的外傷後ストレス障害）に応える役割もあることは、認めざるをえないだろう。僧侶や精神科医、小児精神科医たちはいまもなお、生き残った人々に残る心理的な後遺症の拡がりには力が及ばないと告白する。前述した、佐々木格が津波の犠牲者のために自宅の庭に設置した電話ボックスも、不思議と「口寄せ」の役割を連想させる。彼は二万五〇〇〇人以上（その後さらに増えて二〇二二年現在は四万五〇〇〇人）の訪問客を迎え入れ、そのなかには高野山からわざわざこの行為に感謝を伝えに来た一五人の僧侶もいた。電話線はつながっていなかったが、残された人たちにとっては故人への思いを言葉にし、それまでの辛い気持ちを吐き出すことができたのだ。イタコはそれに加えて、死者の声と、生存者の問いかけに対する答えを与えていると言えるだろう。

前述の江刺家均は、彼女たちの役割を総合してこう言っている。大昔から、医者は身体を治してきたのに対し、イタコは神さまや死者との交信を通じて、対話によって癒し、慰め、解決してきた……。

偽物に御用心……

「イタコ」の仕事は、誠実さを欠いた人間にどうしてもつけ入られるところがあるのだが、「本物」は現在、二～四人しかいないことから、見抜くのも簡単である。まず「偽物」は恐山にはあえて行かない、というのも、「本物」は組合をつくり、すでに見たように、料金を統一しているので、簡単にバレてしまうからだ。また「偽物」は電話占いを行ない、高額な料金（二〇分間で六〇〇〇円から八〇〇〇円）を要求する。「本物」は電話による口寄せは絶対にしない。自宅か恐山でするだけである。

最もひどいのは、男性で自称プロだと言っている人がいることだ！

社会を熱心に観察する

松田はおそらく自分の意見を書きとめることができた唯一のイタコだろう。彼女の視力は正常だったからだ。彼女が語るところによると、修行を始めた頃――一九九〇年代はじめ――、毎日、二、三十人の人が、師匠の林ませのところにお祓いの依頼や、体調不良や病気の相談で来ていた。腰痛や頭痛、長引く風邪などだ。また、悩みの相談では、就職問題はもちろん、家族問題（嫁姑問題や、子どもの結婚など）も多かった。しかし彼女の観察では、時代を経るにつれて精神的な問題や、人生の悩みに関する問題が指数関数的に増えている。相談に来るのは、引きこもりの問題や不眠症、鬱病、幻覚や幻聴の悩みを抱えた人、自殺願望のある人……。これらの人たちはほとんどが真面目で、それゆえストレスから心を病んでいる……。彼女は、精神科医による治療や入院が必要と判断した人には、きちんと専門家に相談するか、病院へ行ったほうがいいと忠告している。「人生は、自分の思いどおりにはならないのが普通です」と語り、人任せにして生きてはいけないことを強調する。というのも「自分の人生を生きるのは、あなた自身です……」（『最後のイタコ』より）だからである。ちなみに精神科医の斎藤学《さとる》も、一九九九年に私が受講した「男らしさの病」についての講義で、これとまったく同じ言葉を使っていた。

占いは「娯楽」ではない、軽く扱ってはいけない

松田はまた、一部の客が思いもかけない場違いな質問をして、彼女を困らせると嘆く。たとえば、

――今朝、私が食べた朝食のメニューは何でしょう？

――いま、介護中なんですけど、親は何歳まで生きますか？

――亡くなったペットを呼び出してください。

――行方不明になった息子を探してください。

彼女は改めて、イタコはこの世とあの世をつなぐ役で、お祓いや神事を行なうことはしても、行方不明者を探したり、亡くなった動物と交信することは役割に入っていないことを伝え、……二番目の質問の老親からいつ「解放されるか」については、コメントを控えている。そして松田の観察によると、ここ一〇年ほど、人々は楽な方法を求めている。「自分の考えを持たず、イタコにすべてを委ねようとする人、自分は何もしなくても、お手軽に悩みが解決すると勘違いしている人が増えているように感じます。（……）そんな人は、もし望んだ結果が出なければ、『イタコのアドバイスのせいで失敗した』と責任転嫁をするでしょう」（『最後のイタコ』より）。彼女はまた、結局のところ私たちはみんな幸せを求めているのに、決して手に入らないことも観察している、というのも、そこには必ず何かが働いているからだ……。彼女の言葉は自分の経験に基づいている、なぜなら四〇歳になる前に離婚して、一人で二人の子どもを育てているからだ。

現場で職を身につけた精神分析医

「『僕は、どんな仕事をすればいいですか?』『私は、どの学校に入ればいいでしょう?』。そんな質問をされる方も、丁寧にお話を聞いていくと、心の底には何らかの目標や希望を持っています。どの方も自分のなかには答えを持っているのに、普段は意識しないために気づいていないだけなのです。相手の心に寄り添ってお話を伺っていくと、みなさん自分の本当の願いや目標に気づき、自分で自分の道を選んでいきます」(『最後のイタコ』より)

これらの言葉で驚かされるのは、彼女が物事を正しく判断する能力を身につけていることで、心理学者が言うことと一語一句同じであることだ。

心理学者と同じように、彼女は言葉が解放することを認めており、そして数珠を誰かの身体に当てることは、それ自体はお祓いなのだが、肉体的な接触には精神にまで及ぶ治療効果があると言っている。とくにイタコと一対一の閉じられた空間では、心がオープンになる。「相談者はイタコに話しているのではありません。イタコは神さまや仏さまの代理人、亡くなった親族や神さまに向かって、人には言えない自分の思いを語っているのです」(同)

民間治療師?　健康な精神に健康な肉体?

松田は自分には限界があることをはっきりと言っている。みんなが「早く治りたい」とか「この痛みをどうにかしたい」と考えるのは当然としても、彼女自身は魔法のように治すことができないのを認めているからだ。お祓いですぐに症状が改善することもあるが、しかしそれは例外で、心と肉体はつながっていることをあらわしていることでもある。

彼女はまた、手を当てて火傷《やけど》などを治したり——これはシャーマンが持つ多くの才能の一つ——、患部（虫歯、腱鞘炎、弱視、高血圧など）の症状を和らげることができると言い、それぞれの痛みに合った経文や祈禱の仕方についても語っている。イタコ——伝統的に目が見えない——が視力の衰えを治すことができるとは興味深い。

「相談のなかでいちばん多いのが、人間関係の悩みかもしれません」（『最後のイタコ』より）と彼女は認めているが、ここで浮き彫りになるのは、人間関係の相談がこれだけ多いとしたら、人の「和」がいかに大変かということだろう。

彼女はまた、相談者の被害妄想ではない場合、自分の問題を「人のせいにする」、嘆かわしい傾向があることも観察している。とにかく「あの人が悪い」という言葉が繰り返し出てくる、そのほうが自分は反省しないですむので楽なのだろう。ちなみに有名な精神科医、香山リカも、著書『悪いのは私じゃない症候群』（ベストセラーズ刊）でまさに同じ指摘をしている。

身近な人の死で悲嘆に暮れる人を支援する（グリーフケア）

「あの世へ旅立った人への思いを断ち切ることができないと、みなさんは口寄せに来られます。そして、思いの丈をありのままにぶつけることで、心の整理がつくと、死を受け入れることができ、心穏やかに亡き人の供養ができます」（『最後のイタコ』より）。そして松田は、相談者が安心し、感謝の言葉とともに帰っていくのを見て、口寄せには治療的な効果があることも確認している。

「私たちの仕事は、お客さまが抱える問題を解決し、できるだけ心穏やかに生きられるようにお助けすること……それだけです」（同）と彼女は結論づける。そして男性のほうが疑い深いのは確かだが、そんな人たちでも、一回口寄せを体験すると、涙を抑えるのに苦労しているそうだ。

恐山の水子地蔵。

水子

イタコの仕事の一つは——それもかなり多い——、早死にした子どもや、流産や中絶の犠牲になった「水子」の霊の仲介をすることだ。信じられているところによると、これらの水子たちは地獄の辺境の一つ「賽の河原」に集まって、親孝行ができなかったことで苦しんでいる（ひどすぎる！）そうだ。その河原で小石を一個ずつ積みながら両親のために祈っているのだが、すぐに鬼が棍棒で崩していく。幸いにも、地蔵さまがそこにいて、みんなを助けてくれる、と「地《じ》蔵《ぞう》和《わ》讃《さん》」〔歌のようなもの〕は伝えている。

子殺しの悲惨な現実

「死のテーマパーク」恐山の一角には、「賽の河原」が再現され、水子たちに信仰が捧げられている。「賽の河原信仰」には仏典がないのだが、これが広まったのはおそらく、この地方の乳児死亡率が非常に高かったのに応えるためで、早死にした子どもが後世の最適なときに、家族のなかで生まれ変わるという希望を抱きつづけるためである。

それに加えて、東北地方では長いあいだ、「間引き」が行なわれていたこともあげられるだろう。元来は植物の栽培に使われる「間引き」という言葉は、ここでは「口減らし」のために「余分なものを戻す」という意味になる。別の表現はもっと想像の世界のもので、たとえば「河鹿掬《かじかすく》いにやる」というのがあり、同じ県〔岩手〕では、明治時代の最初の一〇年間（一八六八～一八七七年）、数十体の新生児の遺体が浅瀬に乗り上げていたと言われている。水中に住むと言われている想像上の動物

風車が立てられた恐山のカルデラにある火口湖。どこか賽の河原を連想させる。

「カッパ」は、一説によると、間引きされた子どもの遺体が河原にさらされている姿とも言われている。それが理由でカッパは、抹殺された子どもの亡霊と見られることもある。文化人類学者で民俗学者の小松和彦も、カッパ伝説と「間引き」を比べあわせている。

カッパ

習慣的に「妖怪」に分類されるカッパは実際、「間引き」と無縁ではない。背中には亀のような甲羅があり、ぬるぬるした身体はウロコでおおわれ、特徴的な頭頂部にはいつも水で濡れた皿があって、この水がなくなると力を失い、死ぬとされている。一部では、泳いでいる人を水中に引き入れて溺死させるという解釈もあり、その姿が溺死して腐敗が進んだ新生児を連想させる部分もあるだけに困惑する。

また、子どもは四人以上はいらないというのが常識だった。よく言われる「一姫二太郎」の本当の意味は実際、それ以上の子どもはいらないということで、女の子一人と、男の子の二人は「後継ぎと予備」、つまり長男に何かあった場合の万が一に備えてのものだった。秋田県では、産婆——ときに「鬼ばあさん」と呼ばれていた——は、持ってまわった言い方をせず、ずばり親に「置くか、置かないか？」と聞いた。そして、当然のように「男なら置くとか、男女いずれも置かないとか？」と、確認することもあったそうだ。

最もよく使われた方法は、新生児が産声《うぶごえ》をあげる前に——神に返すための絶対条件——、濡らした紙を顔にはって窒息させる（紙はり）やり方だった。福島県では、来た日に帰るので「日帰りした」と言っていた。女の子ばかりを産む女性をさす「女腹《おんなばら》」は災難とみなされ、双子を産むと「畜《ちく》生腹《しょうばら》」と言われていた。

子どもを「消す」

このテーマは、日本の百科事典ではあえて無視されているが、東北地方の民芸品職人は、可愛らしい人形の「こけし」が「消された」子どもであることを知っている。したがって、間引きされた子どもたちの「位牌」に近い働きをしていたのだろう。「こけし」のほぼすべてが女の子をあらわしているのも偶然ではないのである。

間引き絵馬

子殺しを描いた「間引き絵馬」の目的は、人口制限の手段となった間引きを行なう親に対して、警告を与えることだった。間引きは中絶よりも母体を危険にさらさないと言われ、また母親は家族の生き残りのための労働力としても必要だった。

次ページ右の「間引き絵馬」は、茨城県は利根川沿いにある徳満寺客殿（真言宗）にいまも

かけられているもので、まだ胎盤とつながっている新生児を、自らの手で抹殺する母親が描かれている。使われた方法は、前述したように、子どもが産声をあげる前に窒息させるか、押さえつけて殺すやり方だった。この行為を悪魔のしわざとみなすために、障子に映った母親の影は鬼の形相で、角《つの》が生えている。右側のハスの花の上には地蔵さまの足が見え、小さな犠牲者の魂が煙になってのぼってくるのを迎えにきている。民俗学者の柳田國男（一八七五～一九六二年）が少年の頃、この悲しい絵馬に非常にショックを受けたことはよく引用されている。この絵馬が、彼を地域の民間伝承の研究に身を捧げさせたのだ。本来の目的は、このような行為は非難すべきであることを大衆に警告するためのものだったのだが、時に逆効果を生み、間引きを煽るような絵になることもあった。それが理由で、多くは焼却されてしまった。

間引きは七年間も続いた天明の飢饉《ききん》（一七八二～一七八八年）のときに起きた。東北を寒波が襲ったのに加え、一七八三年に二つの火山が爆発して（青森県の岩木山と上州浅間山）、稲作は壊滅状態になり、全国で九二万人以上が亡くなっている。青森県東部の陸奥地方はとりわけ被害が甚大だった。参拝者を思いとどまらせるのが目的だったこれらの絵馬は、逆に「安心させる」ことになった。なぜなら、みんなもしていたことがわかったからだ。こうしてこれらの絵馬は、その時期、参拝者の目に触れないところに置かれるようになった……。

前ページ左の絵馬は一八九〇年のもので、千葉県長南町にある天台宗の笠森寺《かさもりじ》で見ることができる。観音霊場の総称である坂東三十三箇所の三十一札所の寺だ。以下はこの絵馬の下に書かれている解説の要約である。「産んだばかりのわが子を自分で殺した母親は、（目の前にある）鏡のなかで恐ろしい鬼の顔で描かれている。観音さまはその行為を見て涙を抑えられないでいる。江戸末期に、凶作による飢饉が続いた。間引きは、生き延びる手段として、（千葉だけでなく）全国で行なわれていた。間引き絵馬は警告のためのものだったが、観音さまの慈悲を請うためのものでもあった」

最後は埼玉県秩父市にある曹洞宗の菊水寺《きくすいじ》のもの。この寺は、同じく観音霊場の総称、秩父三十四箇所の三十三番札所になる。ここでも母親は鬼の顔で描かれている。

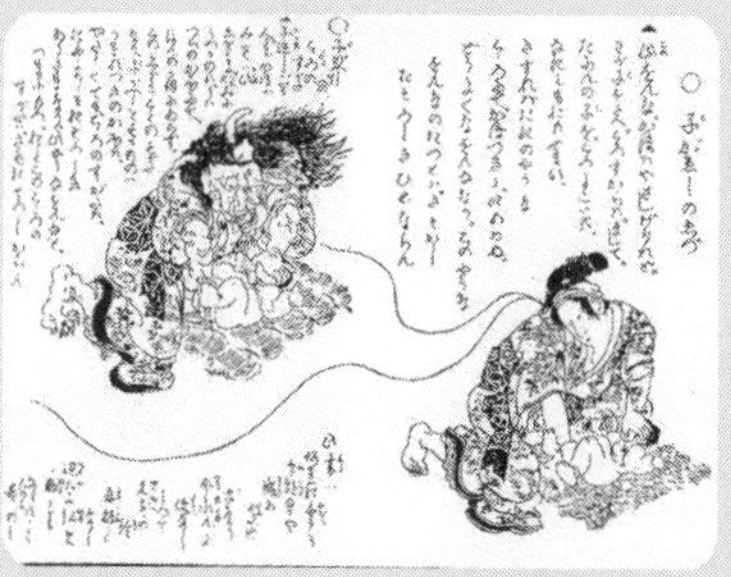

中村タケ、正真正銘の最後のイタコ

私はマリアと一緒に、正真正銘の最後のイタコを探しに、三回目となる東北へ行った。マリアは「グリーフケア」でますます専門家の域に達しており、私と同じように本物のイタコに会って、口寄せに立ち会うことに興味を示していた。彼女自身、死者と対話ができるので、太古の昔からイタコによって行なわれてきたグリーフケアとはどんなものか、その場で、自分の目で見ることに好奇心をそそられていた。また自身がシャーマンであるマリアは、実際に体験すればそのイタコが偽物かどうかをズバリ見抜くことができると、私に保証した。私のほうは、イタコが絶滅危惧種であることを感じていたので、本当に神がかる（トランス状態）かどうかなど、ぜひ確認したかった。客に扮したシャーマンと一緒に切り込めるとは、これ以上素晴らしい方法があるだろうか？

私たちは二人で「口コミ」しかないと言い合って冒険に出発した。というのも、その前に二人で奄美大島に行ったとき、口コミでわくわくするような出会いに巡り合ったからだった。もちろんホテルのフロントで聞くのではなく、「道の駅」でお昼を食べながら、必死で探していた情報を手にしたのだ。周囲を見渡して、売り子たちが地域で親しみを込めていう「おばちゃん」だったのがわかった私たちは、状況を見て、いまがチャンス！　と行動に出た。その場にすっかり溶け込んでごく自然に、この近くにイタコがいるか聞いたのだ。売り子の顔が輝き、実際に八戸（ちょうど私たちがいた町）に、八七歳の有名なイタコがいて、昔は恐山で占いをしており、言ったことが本当になると教えてくれた。「当たる！」イタコとは、尊敬されているうえに、本物であることの証拠、私たちはすぐに住所を教えてもらえるか聞いた。売り子は厨房へ行って同僚に聞き、私たちが注文した蕎麦と一緒に、中村タケさんの住所と地図を印刷した紙を持って戻ってきた。五分後、今度は電話番号まで持ってきて、こう言った。「もう一〇年ほど恐山大祭には行っていないけど、希望する人には自宅で口寄せをしているそうよ」。マリアはすぐに予約をするために携帯を取り出した。その後の展開は素晴らしかった。「声がイタコの声」とマリアは笑顔で言い、「明日の朝、予約しました。今日の午後はお出かけだそうです！」。

こうして心が軽くなった私たちは、大急ぎで陸奥――北寄りにあるもう一つの大きな街で、恐山が近く、昔はイタコが住んでいた――へ向かった。そこでもいちおう取材を続けたのだが、翌日の予約が決まっていた私たちは、ありきたりの答えが返ってきても気にならなかった。「昔はいたんですけどね、でもみんな歳をとって、老人ホームにいるか、亡くなった」

翌日の朝、マリアは私をある神社に連れていってくれ、この地方に追放された武士の霊に祈りを捧げてから、私たちは陸奥を出発、車で二時間ほどかかる八戸市の南郷市野沢へ向かった。しかしシャーマンの家を見つけるのは大変だった――「苦労なくして得るものなし」を地でいくことになる。ぐるぐるまわってようやく行き着いたのだが、中村さんは笑顔で、私たちをきちんと整理されたきれいな家に迎え入れてくれた。「どうぞ、どうぞ、遠くからよう来てくれました。外は寒いでしょ！」。前夜から季節外れの雪が降っていた。その日は四月二十七日、桜の花がピンクのレースのように咲き、東北にはお祭り気分が漂っていたが、東京では三週間前に散っていた……。つねにポジティヴなマリアは、空から降ってくる雪の細かい粉を見て、自然が私たちを歓迎している印と解釈していた。

中村さんは、こちらが思わず抱きしめたくなるようなおばあちゃんだった。麻疹《はしか》で三歳のときに失明した彼女は、壁をつたってゆっくりと歩いていた。愛らしく、髪には軽くパーマがかかり、顔には愛情と思いやりがあふれていた。座布団と小さな膝掛けをすすめながら、私たちをまず迎え入れてくれたのは、祭壇とその前に立派な「しめ縄」のある和室だった。

マリアは口寄せをしてもらうために来たことを伝えるいっぽう、私がもしよかったらインタビューをしたいことも言ってくれた。「もちろん、いいですよ。あなたの聞きたいことにはなんでも、喜んで答えますよ、口寄せが終わったらね！ ここは少し寒いから、どうぞこの膝掛けを使ってください」

「呼び出す」故人の名前と命日、亡くなったときの年齢、マリアの本名を聞いたあと、彼女は白い法衣をはおり、肩から袈裟《けさ》と「オダイジ」をかけた。それからマリアが故人のためのお供え用に持参したお菓子の箱を開けると、祭壇に置いた。いくつかの鐘の音を合図に、死者を降ろし、霊媒師を介して話してもらうための祈りが始まった。数珠を手に、故人の名前と年齢を言ったあと、自分の守護神——神や仏——に、「降りる力をください」と訴えた。「南無阿弥陀仏、南無阿弥陀仏……」。続いて彼女は「イラタカ数珠」を力強くこすりながら、死者に向かって直接「降りてください！」と語りかけた。

すると彼女は陰気な声で話しはじめた。声は暗く、悲しげで、呼び出した人が自殺だったことを裏づけていた。故人は何度も何度も、こうして呼び出してくれたことに感謝し、そのおかげでやっ

中村タケさんが口寄せを始めたところ。背にオダイジをかけ、膝の上に苛高数珠を置いている。上には神道の注連縄が、奥の右にある掛け軸は守護神の観音さまで、こちらは仏教。

と輪廻転生に入ることができると言った。「わざわざここに足を運んでくれて本当にありがとう。けれども、わが身はちゃんと守られているので安心してくだされ。私は時にカラスの格好で会いにいくかもしれないけれども、わが身のことを思って悲しまないようにしてくだされ、これがわが身の運命だったのだから……。こんなに早く旅立ってしまって後悔している、けれども、ほかにどうしようもなかった……」

陰気な声は、何度も何度も「よろしくたのむ」と繰り返し、自分が自殺を図ったことで、まわりのみんなをいまも苦しませていることに話を戻し、「あなたに辛い思いをさせてしまって私は悲しんでいる、けれども、こうして死ぬのが私の運命だった……」。

彼は何度も、彼女を守り、見守っていると繰り返した。もう一つ、繰り返された言葉が「恩返しする」だった。

中村さんは、死者になりきったような声で咳き込み、涙を流していた。そのあとマリアは、彼が自殺したのはテントのなかで、呼吸困難によるものだったと説明してくれた。中村さんは、松田広子のように突然やめて、「何か質問はあるかな?」と聞いたりはせず、しかしマリアは二つの警告を受け取った。十月十五日は車の運転や、横断歩道を渡るときは事故にくれぐれも注意するようにということと、十二月二十四日は誰かがお金を借りにきて、だまされるかもしれないので、決して貸してはいけないということだった。そして最後に彼は、地震に備えて一週間分の保存食を用意しておくようにと言った。

そのあとさらに、呼んでくれたお礼を何度も言ったあと、再び泣きながら彼女を見捨てて旅立ったことを謝り、自分の代わりに一〇〇歳まで生きてほしいと言った。「あなたのおかげで私は生まれ変わることができる、あなたのおかげでみんなのなかに戻って生きられるようになった……。そろそろ帰らなければならない、三途の川を渡らなければならない。どうぞ幸せになってくださいね……」

鐘の音とともに彼はあの世へ出発し、続いて念仏が三回繰り返された。「南無阿弥陀仏、南無阿弥陀仏、南無阿弥陀仏」

口寄せの時間は二五分ほどだったが、中村さんは自分が何を言ったかまったく覚えていないと言った。それでも、交信しようとした霊が背中を伝って降りてきたのは感じたそうだ。

マリアは、呼び出した友人を「見た」と私に言った。亡くなったときよりも若い姿であらわれたそうで——彼女によると、それはいつもの彼だった。この男性は、彼女が貸したお金を返さずに自殺したのだが、その彼が十二月二十四日にお金を借りにくる人物に注意するように言ったことは、私には少し驚きだった。しかし、それはたぶん許してもらう方法の一つだったのだろう。

「さあ、隣の部屋へうつって、コタツであったまってくださ い」

中村さんはマリアが死者のお供え用に持参した「まんじゅう」の箱を持ってきて、私たちにお茶をいれながら、一緒に食べましょうと言った。私の隣に座った彼女は、私の手を取りながら、冷たいので温めてあげると言った。「どうして、あんた、手が冷たいんだ。痩せてるね」。そして「まんじゅう」を食べながら、何度も繰り返し「これ、美味しい」と言っていた。

「仏さんとおしゃべりできるから、退屈しない」

「私が生まれたのは八戸の南郷で、昭和七（一九三二）年四月五日で、いまね八七歳。七人きょうだいの六番目、みんな死んで、たった一人姉が残ってる、九三歳で。目が見えなくなったのは麻疹で、数えで三歳のとき。うちは農家だったから、食べ物には不自由しなかったけど、甘やかされないで、なんとか自分で食べていけるようにするのが親の願いで。そうじゃなくても、目が見えないから、マッサージかイタコしなければ、うちから離れないでしょ。私はほんとは学校に行きたいって希望しとったけど、親たちが、全然見えないから、学校にはやれないって。それよりイタコになったほうが一人前になれるからいいじゃないかと、すすめてくれたんですよ。点字はここにはまだなかったからね（ちなみに中村さんは三〇歳を過ぎてから「どうしても自分で書けないといろいろ不便で」と点字を習っている）。まず、なんでも覚えている子どもだったんだけれど、なんでも『タケに聞けば覚えとるよ』ということで、子どもの頃はそうやって暮らしたんですよ。たまたまおじさんの後妻になってきた人がイタコで、他人でないってことで、だったら教えてもいいよっていうことで、師匠になってくれたの。師匠は私よりは目が見えたけども、弟子は私だけ。修行は二年ぐらいで、一人前のイタコになったのは、数えで一六歳だから、満で一五歳。独り立ちしたあとは親のところに戻って、うちは大っきい家だったからさ、私は二座敷使ったもん。一つはお客さん用だけれど。二二歳までうちにいて、それからイトコがほかへ引っ越したので、そこで二年ぐらい暮らし、それから嫁さ行って」

――イタコの伝統を伝えるために弟子は取りましたか？

「いないよ。修行に入ったのが一三歳で、結婚したのは二三歳（旧姓は「谷川」）。うちの人も目が見える人でなくてさ、でも、外で力仕事ができるくらいは見えていた。一緒に暮らしてたけど、施設に入って、三年ぐらいいさ。なんでも頼めばやってけれて、私にとってはいい人だったよ。子どもは二人で、いま六〇歳と六三歳。結婚して、孫も（いちばん大きいのが四四歳！）ひ孫もいる、三歳とちっちゃいのが一歳……。昔、教えてちょうだいって言われたこともあるけど、子ども育てながら教えるってのは、とてもうまくいかない。あなたたち、イタコになりたかったら、習えば……？」

――修行ではどんなことをしたのですか？

「習うことがいっぱいあって、大変じゃないけど、二年ぐらいかかったの。毎日、いちばんはじめに習ったのが『エビスさん』で、それが一三番。次は『神降ろし』で、これも一三番。それから、亡くなった仏さんを呼ぶときは、これもいっぱいあって（「地獄探し」）一三番……。

その三つを、師匠から一番ずつ聞いて習ったんですよ。お客さんがいっぱい来れば、師匠さんの負担になるので、お客さんのいない、暇なときに教えてもらうの。聞けないときもいっぱいあった

中村タケさん（87歳）の自宅で、タケさんと私（ミュリエル・ジョリヴェ）。青森弁で話す彼女は、正真正銘の最後のイタコと言える。

の。お客さんの相手もしたし、そういうことがたびたびあったので、二年かかった。師匠は私より少し目が見えて、色もだいたい見えた。それで、これがあの色で、青とか赤とか言うから、私も少しわかっとったの。いまはダメになって、まるきり見えない……。

一人前になっても、お客さんが来なくて食べていけないときは、『門付け《かどづ》』〔人家の門口に立って芸を披露して歩くこと〕に行って、『エビスを祝ってください』って、米っことか袋っこさ入れてくれて、もらってくる。そういう時代だったそうです。それは本当の昔の話よ。エビスの一番、唄ってあげましょ……」

――中村さんの免許皆伝の儀式はどうだったのですか？

「一週間だったのよ。小屋ではなく、うちの二座敷使ったけど、そこには誰も来られないし、私も出られない。親が食べさせてくれて、下げてって、殿さまみたいやった。奥に米俵置いて、藁《わら》のムシロを縫ってつくった座布団に座ってね。着る物はみんな新しいもの、腰巻きから、肌着まで、親が買って。朝風呂入って、経文を読んで、また風呂さ入って、水垢離《みずごり》とって、着物さ着て、また読んで、夕ごはん食べて。そのあとは誰も近づけない、キツネもタヌキも寄ってこれないお祓いを、一晩に一番ずつ習って……。昔覚えたのは忘れない。私の神さまは、十一面観音さま」

――病気を治すことは習ったんですか？

「お祓いだけでは治らないとか、病院の力を借りないとダメだとか、何回か祓えば治るとか、いろいろあったんですよ。どうやってわかるかって、それはだいたいの感じだね。いまの若いのは、第一に病院だべ」

――私は二〇年前に恐山に行きましたけど、中村さんもいらしたのでは？

「うん、いたと思うよ。あの頃は、テントが一六ぐらいあったかな、みんな亡くなって、いまは二人しかいない。私は一五年前（七二歳）から行かない。暑いのは我慢できるけど、視力がないから、おしっこに行きたいときとか、まずね、やっぱり大変だから。恐山行かなくても、うちでたくさんだと思って、こうやってるんですよ」

――口寄せで霊が降りてきたとき、何か特別な感じはありますか？

「ありますよ、背中のほうからね。まず、仏さんが降りてきて言うから、私はなにを言ったか覚えていない。帰ってしまえば、自分からいなくなるから」

――最初、一五、一六歳でいきなり口寄せができましたか？

「まずできたんでしょうね。はじめは厳しくて……でも無事に終わって、お礼言われて、えらい望まれて、いやーっと思って。でも若いときは、当たるとか、当たらないとか、言われるんだもん……。わかんないけど、若い頃はけっこうお客さん来てもらったもん、でも、みんな死んでしまった。いまの若いのは、あんまり信じなくて、でも病院で治んなきゃ、お祓いに来るだべ。赤ちゃんの泣くの止まんない人は、（疳《かん》の）虫抜いてくださいって、いまでもそういうのはやって来る……。あとは『オシラサマ』（遊び）もやっている。それは一年に一回だけ、正月に、聞きたい人に頼まれてね。お供えにお神酒《みき》とか、ご飯、野菜とか飾って、私たちご馳走してもらって、最後に一年の作占いとか、家族の占いをするの。農家の人はそうやって暮らしていたんですよ。聞きたい人は、いまでも頼んでくるの。占いをするときに私たちイタコが使うのは、数珠とオダイジだけ」

一緒に食べたラーメンの後日談

中村さんは、私のお礼の包みを頑なに受け取ろうとしなかったのだが、私も譲らないのを見て、だったら昼食を一緒にして、その代金は「私が払う」と言い張った。彼女は自分で電話をして、近所の蕎麦屋さんにラーメンを三つ頼み、家まで配達してもらった。「伸びる前に、早く食べてください……」。こうして私たちは、ラーメンをすすりながら、昔からの知り合いのようにおしゃべりした。

その夜旅館に帰ると、マリアは突然、中村さんがなぜラーメンを頼んだかがわかったと、私に言った。「信じられないでしょうけど、ラーメンは私が呼んでもらった彼の大好物だったの……。今夜、私にビールを飲ませて、ソーセージを食べさせたのも彼だわ、だって私、肉は食べないんですもの……」。マリアは故人のために食べすぎたと嘆きながら、こういうことはよくあると言った。

瞽女《ごぜ》

「良い人と歩けば祭り、悪い人と一緒は修行」

（五歳のとき）おじは私に、目の見えない女は按摩《あんま》か娼婦になるしかないが、しかし瞽女になれば芸を教えてもらえて、幸せになれると言った……。

「瞽女とニワトリは死ぬまで唄わねばなんねえ」

最後の瞽女、小林ハル（一九〇〇〜二〇〇五年）を称えて——七八歳で人間国宝に

もう一つ、目の見えない女性の受け皿になっていたのが——起源は江戸時代までさかのぼる——「瞽女」で、日本の辞書では「三味線を弾き、歌を唄うなどして銭を乞う盲目の女」と定義され、「旅芸人」の集団に入っていた。マルタン仏和辞典はもっと明確に翻訳し「女乞食、普通は盲目で、道端で三味線を弾きながら唄う」としている。第二次世界大戦以前は、まだ一〇〇〇人ぐらいいたのだが、私が日本に来た一九七三年には、わずか三人しか残っておらず、一九七〇年代はじめまで続けていた最後の瞽女は二〇〇五年に亡くなった。彼女たちと出会えたのは日本海側の貧しい荒れはてた地方で（新潟、山形）、とくに厳しい冬で知られた地域だった。三、四人のグループで、彼女たちは前を行く女性の肩に手を置いて、一日平均二〇キロを歩いてまわっていた。少し目の見える女性が先頭に立ち、手引き役になっていたのだ。人家の門口に立ち止まっては、三味線の伴奏で歌を唄っていた。これは「門付け」と言われ、「門から門で物乞いする旅芸人」と定義されている。

地位的には托鉢僧（少なくとも尊敬されている）と同じと見られており、施しは米一合のことが多かった。

時に孤児だった瞽女は、非常に若い年齢（五歳前後）で、家族から修行先に送り出されていた。修行はイタコと同じくらい厳しく、師匠には家事すべてをする女中のように仕えていた。

四人きょうだいの末っ子として生まれた小林は、過酷なほど厳しい教育を受けた。目が見えなくても一人で生きていけるようにと、母親が彼女にした厳しい教育は次のように要約できる。「どんなに悲しくても、どんなに辛い体験をしても、どんな言い訳をしてでも、人に涙や苦しみを見せてはならん」。こうして母親は、小さなハルに冷たい川で洗濯させ、自分で自分の着物を縫うように強制し、針に糸を通すのに五カ月かかってもできるまで許さなかった……。声を出す練習では、凍るような寒さのなか、寒中に川に向かって声を出して喉を鍛える「寒声《かんごえ》」の練習または「寒稽古」もさせられた。ハルは真冬なのに薄着で、素足に草鞋《わらじ》を履かされ、時に二メートルの雪を踏み分けて行かなければならなかった。以下は、彼女が寒中の毎日早朝五時から七時まで、夜は七時から十一時まで行なった「発声修行」の辛い思い出である。

「『さぶて、さぶて……』。雪の中、杖にすがりながら、川に向かって足をふんばり、精いっぱい声を張りあげる……休みなく声を出していると、はじめは寒いが、やがて感覚がなくなり、それを過ぎると体が火照《ほて》りだす……続けていると、のどを痛め、咳と一緒に血が出る。声も出なくなる。出なくとも声にならない声で唄う。そうやってはじめてほんとうの声が出るという。一度潰《つぶ》してから出す腸《はらわた》から出る声は、浪花節など日本の芸能の基礎になっているという。（……）一日が終わるのは夜十一時、寝静まった家で最後の風呂に入って死んだように寝入る……」（『鋼《はがね》の女《ひと》――最後の瞽女・小林ハル』下重暁子著、集英社、二〇〇三年刊より抜粋）

二〇〇五年に一〇五歳で亡くなった小林ハルは、正真正銘の最後の瞽女だ。彼女とともに、長い伝統も消えてしまった……。一九〇〇年、新潟県三条市に生まれた小林ハルは、生後三カ月で視力を失い、二歳のときに父が亡くなっている。家の恥と見なされたハルは、大叔父によって一部屋に閉じ込められ、そこから出ることができなかった。トイレは庭にあったので、家人がそこまで連れて行くのを近所の人に見られないよう、できるだけ水を飲まないように言われた。母親は彼女に、目が見えないと結婚もできないから、生きるために瞽女として一生三味線を弾かなければならないと言った。こうして彼女は、五歳で瞽女の弟子入りをした。八歳になるとすぐ幼いハルは、雨の日も風の日も、姉弟子と一緒に――荷物を運ぶ役として――、一日に二〇キロも歩く巡業に出た。母親は彼女に、何があっても親方に従い、辛いときは神仏に祈るようにと言っていた……。空腹にも毅然として耐え、ご馳走を出されても遠慮しろと教えていた。七〇年にわたる仕事で、彼女は地球を一二周半するほど歩いたと言っている。新潟県と山形県だけで五〇万キロの距離である。

毎晩、集団の最年少者は、その夜の宿を見つけるのが仕事だった。そんなときもほかの仲間は中に入れてもらえたのに、子どもだった小林ハルは外の納屋で寒さに震えながら過ごさなければならないことが多かった、小さい子どもは寝具を濡らすというのが理由だった。一度、一〇歳のとき、彼女は村の入口にある木の窪みに座って夜を過ごし、姉弟子たち――宿に泊まっていた――が探しに来るのを待っていなければならないことがあった。夕食も朝食も与えられず、それでも彼女はじっと我慢した。もし村の人に見つかったら、姉弟子たちが小さい子を見捨てたと非難され、そのことで彼女たちからしっぺ返しされることがわかっていたからだ。

厳しい上下関係

瞽女の社会集団は、最も厳しく規制された上下関係の上に成り立っており、新参者は年長者に絶対的に服従し、仕えなければならなかった。従わない者は全員――意図的ではなかったとしても――、虐待どころではない方法で罰せられた。こうして幼いハルは、親方が教えない歌を唄ったという理由で、山中に一人放置されたことがあった。また一二歳のときは、トイレから戻るときにうっかり親方の鼈甲《べっこう》のバチを踏んでしまったことから、三味線を取り上げられ、手引き役の瞽女と二人で、三味線のないまま三〇日間巡業をさせられていた。楽器のなかった二人は、単調な歌にリズムをつけるため、拾った二個の石を叩きながら門付けをしなければならなかった。

ハルほど忍耐強くない女性のなかには、自殺したり逃げる者も時にいた。しかし目が見えないので遠くまで行くことができず、また、契約で二一歳まで親方の所有になっていたことから、仕方なく歯をくいしばっても耐えるしかなかった。ささやかな慰めは、年とともに年功序列が約束されていたことだった。社会の底辺に追いやられ、身体障害をカルマのせいにされて差別されていた彼女たちだったが、それでも芸を披露する相手は選んでいた。山梨大学教授で日本の芸能史に詳しいジェラルド・グローマーによると、彼女たちは死と接触する「穢多《えた》（部落民）」（火葬や墓の仕事に携わる）や易者など、社会的に「いかがわしい」身分の客はなるべく避けるようにしていたという。

彼らの施しは、その低い地位に「汚染されている」と見られていたのである……。

驚くべき記憶力

小林ハルのレパートリーは、少なくとも五〇〇曲はあった。これは彼女たちの記憶力がどんなに優れているかの証拠である。それにもかかわらず、これ以上ないほどの弱者だった彼女たちは、あらゆる種類の憂き目にあい、性生活はすべて罰せられ、集団から追放された。これに着想を得たのが、一九七七年に公開された篠田正浩監督による映画『はなれ瞽女おりん』で、原作は一九七五年に発表された水上勉の同名の小説だった。一九一八年を舞台にした物語は、いったん追放されたら、あとは身体を売って生きるしかないことを示している……。

試練の連続

嫉妬した姉弟子から杖で太腿のあいだを激しく突かれ、子どもが産めない身体になったハルは、治療にあたった医者に、あくまでも自分で転んだと言ってごまかした。それほどまで辛抱強くなっていた彼女は、人に連れられてきた引き取り手のない二歳の女の子をためらわずに養女にした。幸せは束の間だった。というのも、その女の子は二年後、肺炎で亡くなってしまったからだ。ハルが二六歳になったとき、年季奉公の契約が終わり、晴れて独り立ちして自分の責任で働けるようになった。そんな彼女に新しい弟子を連れてくる人が後を絶たず、なかには難聴や適応障害の子もいた。ハルは養女にしてほしいという別の女の子と一〇年ほど暮らしたのだが、その子が結婚してからは重荷に感じ——夫婦と子どもたちの面倒を見たのはハルだったから——、自分が額に汗して建てた家を明け渡したまま、再び一人で巡業に出た。年とともに、周辺の交通事情が危険になったことから、彼女は一九七三年、ある神社で最後の歌を唄ったあと、七三歳で老人ホームに入所している。ほかの瞽女の話によると、小柄で痩せ細った彼女ほど苦労した人はいなかったのだが、しかしその顔は、人生の数々の試練に打ち勝った人に見られる凛《りん》とした静けさにあふれていた。

「私がいま、明るい目をもらってこれなかったのは、前の世で悪いことをしてきたからなんだ。だからいま、どんなに苦しい勤めをしても、次の世には虫になってもいい、明るい目さえもらってこれればそれでいいから、そう思ってつとめ通してきた」と彼女は言っている（『次の世は虫になっても——最後の瞽女小林ハル口伝』桐生清次著、柏樹社、一九八一年刊より）。

七八歳で「人間国宝」に

瞽女が一人まだ生きていることがわかったとき、彼女の真価が認められた。一九七八年、「人間国宝」の称号を授与されたからだ。彼女が選んで入所した目の見えない人のための養護施設では、当時の天皇皇后両陛下も迎えている。「瞽女とニワトリは死ぬまで唄わねばなんねえ」と言った彼女については、ゆうに八〇時間もの録音が残っていた。

一九七九年四月二十九日、彼女は日本政府から、他の模範となるような技術や事績を有する人が授与される黄綬褒章を受け取った。

「名替え」の儀式または親方との象徴的結婚

イタコが彼女たちの守護神と「結婚」したとすれば、瞽女は――結婚は形式上禁止されていた――弟子入りして七年後の一四歳ぐらいで、親方と象徴的に結婚していた。三三九度の儀式のあと、弟子は新しい名前を受け取ったのだ（名替《なが》え）。これによって彼女は尊敬される「姉弟子」の地位を与えられ、妹弟子たちからも尊敬されるようになった。豪華な着物に着替えた「新婦」は、何度も着替えてお色直しをしたり、お歯黒にすることもできた。ほかの瞽女集団の親方連も招待されるなか上座に座り、参加した少数の男性は、下座で甘んじなければならなかった。酒が大量にふるまわれたのはいうまでもない。

三年後、彼女たちは「本瞽女」になり、今度は自分が弟子を取ることができた。それでも親方には永遠に恩義があり、自分の弟子を「提供」したり、贈り物をしては感謝の気持ちを伝えつづけていた。

一つの悟りの形（証言）

「三〇年ほど前、私は新潟と山形で二人の瞽女に会いました。最後の二人だったのは確かです。二人とも年をとって目が見えず、それでもまだ――『でも、もう長くはない』と言っていましたが――門付けをしていました。私が覚えているのは、一人の方が私の手を取って叫んだことです。『まあ、なんてあなたは疲れているの！　身体より、精神のほうが疲れている……』。その人は正しかった、本当に正しかった！　じつはそのときの私は、燃え尽き症候群になりそうで、女友だちと一緒に何日か休養しようとしていたところでした。

この女性たちは、片足を別世界に置いていました。たぶん悟っていた人と言えるでしょう。二人とも、映画で『おりん』の役をした岩下志麻とはまったく違っていました。年老いて、見かけも悪く、乞食に見られてもおかしくない格好でした。でも、ちゃんと『見える』人にとっては、私たちのはるか上にいました。二人とも足をほかの次元に置いていました、人が行けないような別の場所に……。あの二人のことは決して忘れられません……」（二〇一九年五月十三日、六〇歳代の知人の証言）

第2部　沖縄

霊魂「商売」

霊媒師、霊能者、拝み屋、カミさま、イタコ、ユタ……は、全員が「霊魂」を商売にしている人たちである。

『「霊魂」を探して』（KADOKAWA　二〇一八年）という暗示的なタイトルの本で、自身も浄土宗の僧侶である著者の鵜《う》飼《かい》秀《ひで》徳《のり》は、全国の僧侶に送ったあるアンケートの結果を紹介している。設問はこうだ。「あなたの地域に『霊媒師』『霊能者』『拝み屋』『カミさま』『イタコ』『ユタ』といった、『霊魂』を商売にしている人はいますか」。それに対して、二八・九パーセントが「いる」と答え、「いない」は六三・二パーセントだった。彼はまた、彼らが商売をしている場所についてもアンケートし、二二パーセントが都会（おもに「占い師」や「スピリチュアル・カウンセラー」などカジュアルな看板をあげて）、三一パーセントが町、三〇・四パーセントが村落であることも明らかにしている。このことでわかるのは、霊媒を商売にするには「客」が必要で、十分にいない場合は兼業にならざるをえないということだ。

東北の「イタコ」、沖縄の「ユタ」

日本のシャーマニズムというと、自然に二つの言葉が思い浮かぶ。東北の「イタコ」と、沖縄の「ユタ」だ。もちろんこれは単純化した見方ではあるが——なぜなら沖縄にはほかの部類（ノロ、カミンチュについてはあとで触れる）も存在するから——、まずはその共通点と、それからイタコとユタの違いについて見ていこう。鵜飼によると、宗教学や文化人類学では、シャーマンを魂が身体から抜け出して神がかり的になる「脱魂型《だっこんがた》」と、死者の魂を自分に乗り移らせてこの世とあの世を交信する「憑依型《ひょういがた》」がある。ユタは、イタコと同じように、死者と交信する（口寄せ）するので、二番目の部類に入る。死者との接触——たとえ間接的でも——は「穢れている」とされることから、その才能と問題を解決する能力は尊敬されているとしても、社会的には下の職種に置かれている。どちらも占いや祈禱をし、神や霊を呼び出すものだ。それでも大きな違いがある。なぜならイタコは伝統的に盲目で、それしかできない「職業」の一つとして、家族から仕向けられるところがあるからだ。「イタコはその集団そのものが、社会的弱者、とりわけ女性の職業的受け皿になっているのが特徴である。弟子入りした若きイタコは師匠から、呪文や祭文の読み方、儀式の方法を学び、免許皆伝の証として守り筒『オダイジ』を伝承され、晴れてシャーマンとして独り立ちしていく」（『「霊魂」を探して』より）

したがって、イタコになるのは一年から三年の修行を経ての受け皿的要素があったのに対し、ユタになるのは啓示——おそらく交渉不可能——を受けての結果で、応じたほうがよいとされている。

受け入れを迷うと病気になり、さらには死にそうになることもある。この啓示は「脅し」と言ってよく、西村仁美《ひとみ》の本『「ユタ」の黄金言葉《くがにくとぅば》――沖縄・奄美のシャーマンがおろす神の声』（東邦出版、二〇〇七年）によると、神が「つかんで離さない」と決めたら最後、免れるのは不可能のようだ。脅しは二つに一つ。本人が病気になり意識を失うまでになるか、衰弱する。もう一つは、家族が狙われて、次々と不幸に襲われる。後述する栄サダエさんの話によると、ユタの仕事はとても片手間にできるものではない。というのも、神に仕えるのは朝から晩まで二四時間で、神に指名されると睡眠時間まで侵害されるからだ。

この「神霊啓示《しんれいけいじ》」は、沖縄では「カミダーリ」と呼ばれている。たとえば、一人の女性が突然、叫び声をあげるか、トランス状態になって狂ったように踊りだす。よくあるシナリオは、家族が彼女をまず精神科医のところへ連れて行く。改善が何も見られないと、次の段階としてユタのところへ連れて行き、そこで「この子はユタになる運命」と断言されると、これが容赦のない啓示となる。いったん診断が下され、受け入れると、すべてが元どおりになるのである……。

「医者半分、ユタ半分」

沖縄では、「医者半分、ユタ半分」と言われているように、西洋医学とユタを同じように頼りにする習慣がある。週刊誌『ＡＥＲＡ』（二〇一七年十月二十日号）の記事で紹介しているのは、那覇市でメンタルクリニックを営業する精神科医稲田《いなだ》隆司《たかし》の言葉だ。「ユタが私のところへ行くよう依頼者にアドバイスする場合もあれば、神がかり的なことに意識が強い患者さんには、信頼できるユタを紹介するケースもあります」。そのうえ稲田医師は、ユタの聴く力を評価している。というのも、彼女たちは辛い体験をしてきた人が多く、「自助グループ運動」のようなカウンセリングができるからだ。同じ記事には、ユタの癒しの力を称える三〇代女性の証言も紹介されている。「説教くさい言い方ではなく、私も苦しいことを乗り越えてきたから何とかなる、あなたも頑張って生きなさいと、励まされたような感覚に包まれます」（『AERA』より）

沖縄のシャーマニズムの専門家で、『沖縄シャーマニズムの近代——聖なる狂気のゆくえ』（森話社、二〇一二年）の著者、塩月亮子《しおつきりょうこ》もまた、彼女たちが体験した過酷な試練（夫の不倫、子どもの死、借金の積み重ね、など）を強調している——あとで紹介する栄サダエさんの場合、一七歳の息子が交通事故で亡くなったあと、絶望のどん底に突き落とされ、気も狂わんばかりになったという。

「職業」ゆえの苦悩

ユタの女性はまた、離婚率が日本の平均より高いようだ。前述の鵜飼は、那覇で出会った一人のユタが、啓示に応えなければ耳が聞こえなくなると脅かされたケースを紹介している。水商売で働いていたこの女性は、新しい契約に同意できるまで一〇年かかった。比較的遅く——三八歳で——啓示を受けた彼女は、髪を絶対に切ってはいけないことと、夫を捨てることを命令され、歯がだんだんなくなっていくと予告された……。鵜飼が彼女に会ったのは七三歳のときで、歯はすっかり抜け、髪の毛は一・八メートルになっていた。この話が示すのは、啓示に応えるのは、とくにそれが命令に変わると、生やさしいものではないということだ……。

ユタの影響力が仏教を上回るとき

沖縄ではユタの影響力が仏教を上回っている。仏教が本州に浸透したのは六世紀の飛鳥時代だったのに対し、沖縄に紹介されたのは遅く、十八世紀の終わりだった。鵜飼（出家している）による と、十五世紀から十九世紀までの四五〇年間、沖縄は王国で、「檀家制度」に加入する習慣も必要もなかった。これが理由で、本州では寺に墓地があり、葬儀代でおもな収入（しかも非課税）を得ているのと違って、沖縄にいくつかある寺（おもに臨済宗か真言宗）には隣接した墓地がなく、墓は自然のなかに点在している。故人の霊を供養するために僧侶を呼ぶ習慣はあるとしても、そのときはユタにも同じように無視できない役割がある。ちなみに誰かが亡くなった場合、ユタに来てもらうときは「ユタ買い」と言っている。

ユタの役割は、なかでもとくに、交通事故やハブに襲われたショックなどで落ちた「魂」を、取り戻すことである。沖縄では「霊魂」をさすのに「マブイ」という言葉があり、これは「マブイオトシ」または「マブイ取れた」と言われている――西洋医学で治せないような急病にも、「マブイが落ちた」と診断する人がいるそうだ。そんなときユタが呼ばれ、落ちたマブイを元に戻す儀式をするのである。あとはすべてが元どおりになると言われている……。

ユタの人気の理由は、おもに民間信仰に根づいていることと、その影響が仏教より上回っているのは、「祖先崇拝」が沖縄の「宗教」の原則としてみられていることで説明できるだろう。鵜飼によると、『琉球新聞』が二〇一一年に行なった「沖縄県民意識調査」で、「沖縄の祖先崇拝についてどう思いますか?」という質問に対し、九二・四パーセントの県民が「とても大切だ」「まあ大切だ」と答えていた。

同じ調査で「あなたはユタへ悩み事を相談しますか」という質問に対しては、一六・九パーセントが「よく相談する」「たまに相談する」と答え、一八・三パーセントが「あまり相談しない（過去に相談したことがある）」と答えているのを含めると、合計で三五・二パーセントになる。相談に行く比率は男性より女性のほうが多く、四〇歳から五九歳の女性がいちばん高かった。現在、いわゆる「スピリチュアル」ブームの影響で、若者たちは「スピリチュアル・カウンセラー」と名乗るところへ好んで行き、ユタのイメージを高めている。

何人いる?

『沖縄の宗教と社会構造』（ウィリアム・リーブラ著、崎原貢・崎原正子訳、弘文堂、一九七四年）の著者で、ハワイ大学の教授だったウィリアム・リーブラ（一九二二〜八六年）によると、一九六〇年の沖縄のシャーマンの数は、人口九四万人に対して一五〇〇人から一六〇〇人、平均して六〇〇人に一人の割合だった。いっぽう鵜飼は、その数は沖縄県だけで、二〇一九年は人口約一五〇万人に対して二三〇〇人から二四〇〇人と推定している。鹿児島県に属する奄美大島の数字は、このなかに入っていないのだが、奄美本島には一〇人ほどの僧侶がいることから、二〇一七年は約六万人の人口に対して、ユタは数十人――さらには一〇〇人以上――いると鵜飼は推定している。それを元に彼は、ここでも霊媒者の影響力が仏教を上回っていると結論づけている。

ここでうかがい知れるのは、増えつづけるユタと、まさに「絶滅危惧種」の――松田広子の表現を借りるなら――イタコとのあいだの溝である。そして絶滅のおそれは「ノロ」にも当てはまることを、これから見ていこう。

ノロとカミンチュ（神女）

神話によると、女神の阿魔美久《あまみく》が久高島《くだかじま》に降りたって沖縄をつくり、三人の子どもを持った。長男は王に、長女は神官、三男は百姓になったとされる。何世代も経ての子孫、天孫《てんそん》が島々を五人の子どもに分け与え、長男は琉球王、次男は領主、三男は農夫になったのに対し、長女は王国の初代「ノロ」、次女は村の初代ノロになった。ノロは君主のために、遣わされた島々を管理し、御嶽《うたき》と呼ばれる聖地で行なわれる儀式や祭事を司った。いっぽう宮廷の女性神官は、王その人から定期的に相談を受けていたことから、ある種の権力を持っていた。

東洋学者のジャン・エルベール（一八九七～一九八〇年）は、著書『沖縄の宗教』（一九八〇年）のなかで、沖縄の宗教は完全な土着の宗教であり、崇拝される「神」と、神のいる場所が一体化していると強調したうえで、聖職者は全員女性で構成され、ノロという総称がついているのが特徴だ

祈っているノロの写真（那覇市歴史博物館で撮影）。

宮廷のノロの華やかな衣装。この写真は、第二尚氏王統の第一代国王荘園の妹の衣装で、花や鳥が刺繍された衣装の後ろに、勾玉（まがたま）をあしらった水晶の首飾り、たばねた髪は簪（かんざし）でとめられている（同上）。

と説明している。また、ノロが尊敬されるのは、第二尚氏王統の第三代国王尚《しょう》真王《しんおう》（統治期間は一四七七～一五二六年）が、王室の女性神官（王の妻や妹たち）を、王国のノロ全員の最高位にする政令を布告したおかげであることも強調している。「ノロ制度」についても言及され、報酬を受けるのは国からで、代々受け継がれた役職は、国家公務員と同じ地位が与えられていた。

ノロの存在理由は、任地である村の聖地（御嶽）で宗教儀式を執り行なうことと、世界と村の平和のために祈り、祖先や故人の霊を慰めることだった。

ここで注目すべきは、ノロは聖地に結びつき、彼女たちだけが村の外れに位置することの多い御嶽へ入ることが許されていたのに対し、ユタは御嶽とは関係がなかったぶん、自由に活動できることだろう。

鵜飼はノロとユタのあいだに興味深い境界線を引き、ノロは神の領域に属しているので「浄」を象徴し、対してユタは、死の領域に関係していることから「不浄」の分野に結びつく、としている。こうして一部のユタはこの言葉に異議を申し立て、「カミンチュ」と呼ばれることを要求しているのである。

一般に、ノロには「女性神官」の称号が与えられているにもかかわらず、ユタの役割は、しかるべき変更を加え、かつての役割分担を曖昧にしたうえで、いまではノロと重なり合うまでになっている。目に見えてわかる大きな違いの一つは、ノロはユタと違って個人の客を持たず、死者のために祈って交信し、未来を予言し、病気を治しても、お金にはならないことである。

そのうえ、ノロは絶滅の道をたどっているのに対し、ユタの場合はそうではなく、昔はノロが果たしていた一部の役割を引き受けて、再び影響力を取り戻していることである。

奄美大島（鹿児島県）

奄美大島は鹿児島県の島、九州と沖縄のあいだに連なる、八つの有人島からなる亜熱帯群島の主島である。島の住人は約六万人で、面積は七一二・三五平方キロ、その多くが熱帯林におおわれている。そこには素晴らしいマングローブ林があり、見事な根をはって立つ姿には圧倒される。イヌガシやビロウ、ガジュマルなどの樹木やシダ類が生い茂り、豊かな熱帯林をなしているが、二五万

奄美大島のノロ
Noro of Amami Oshima

匹を下らない毒ヘビのハブも棲んでいる。

風葬《ふうそう》または風の葬式

いっぽう観光パンフレットでは、かつてこの島でも、琉球のほかの島（宮古島、徳之島、久高島など）でも行なわれていた「風葬」には触れないようにしている。遺体を埋葬でも、火葬でもなく、棺に入れたまま森のなかの特別な場所（進入禁止区域が多い）に置いておくと、天国にいちばん早く行けるとされているものだ。このやり方は、衛生上の理由で禁止になる二十世紀初頭まで続いていた。

旧暦の九月九日に行なわれる今井《いまい》大権現祭《だいごんげんまつ》り

二〇一八年の旧暦九月九日、奄美大島でいちばんの聖地である龍郷《たつごう》町安木屋場《あんきやば》で行なわれた、海の女神と、海に面した丘の上にいる空の神の結びつきを祝う祭りに私たちは参加した。この霊魂信仰は「今井大権現祭り」と呼ばれ、「古神道」つまり儒教や仏教が導入される前の神道に通じるものだ。この祭事を司ったのは、この地域出身で今井権現の神主である有名なユタ、阿世知照信《あせちてるのぶ》で、二〇一五年に亡くなるまでのことだった。妻と一緒に、海で浄めの儀式を行なったあと、阿世知が太鼓で拍子を取るかたわらで、一〇人ほどのユタがススキの枝を振り動かして海の女神を呼び、迎え入れていた。

昔は、海の水を険しい石段を一五九段も登って、丘の上の神社まで運んでいたそうだ。亜熱帯植物が石段にからまる、この素晴らしい神の道は、町の文化財に指定されていた。竜の背中にたとえられる石段の足元には、聖地への入口を示す鳥居があり、古色然とした赤い色が昭和の時代をしのばせる。

この祭りは二つの補完的な原則が結ばれるのを祝うものだ。男性と女性——陰と陽——で、太陽は男性を、月は女性をあらわしている。今井神社の正面の破風《はふ》は、三日月の上に太陽が乗っているもので、この結びつきをあらわしている。

ここで使われる「和合させる」という言葉は「結ばれる」と同義語で、男性と女性が肉体的に一体になることだ。この祭りが五穀豊穣と家族を守ることに結びついていると聞いても、驚くことはないだろう。

2014年の今井大権現祭り。左にいるのが、当時87歳の阿世知照信。

阿世知亡きあと、町は祭りを引き継いだのだが、しかし「いつまで続けられるか」という問題は残っている。というのも、二〇一八年十月十七日の儀式に参加した市長は、村の老齢化が進み、高齢者に一五九段の石段を登ってもらうのがますます難しくなっているのを確認したからだ、

私たちは丘の上の今井大権現に行く前に、海での浄めの儀式に立ち会った。女神が天の神と結びつくために波間から出てくるとされる場所だ。聖地を囲む二つの岩の一方にススキの枝が一本置

太陽（男性）と月（女性）で象徴される２つの神が結びついたことをあらわす絵（今井大権現神社の内部）。

今井大権現神社の破風。

かれ、これは海に入ったあと、頭の上から七回、軽く海水をふりかけて身を浄めるのに使われた。

私とマリアが一人ずつ身を浄めていたとき、想像もしていなかったことが起きた。右側の一つの巨大な岩のそばで、私たちと一緒に来た二人の男性――一人は僧侶――が、衣類を全部脱いで海に入り、「禊《みそぎ》」と呼ばれる浄めの儀式を行なったのだ。そこへ私たちを探していたのか、服の背中を濡らした案内役の女性があらわれ、私たちは一緒に丘の上にある神社を目指して一五九段の石段を登った。聖地の頂上にある最後の石段からの視界は素晴らしく、目の前には見渡すかぎりの太平洋と、もう一方に東シナ海が広がっていた。

儀式では、神々に黒糖焼酎一升瓶と、神社に寄付をする人の名前を書いた封筒が奉納された。線香が焚かれると、鐘が七回鳴らされ、そのあと集まった人々は手を合わせて合掌するのであ

昔の儀式の風景（今井大権現神社の壁に貼られた写真）。

る。

最初に来ていた人たちは、すでに紅白の餅を三三個ずつお供えし、神社の右殿に陣取って、楽しそうにしゃべりながら食事をしていた。いったん私たちが参拝し終えると、阿世知照信の孫娘と一緒に来ていた男性のシャーマン、新納《にいろ》和文《かずふみ》を紹介された。雨がちらつくなか、新納さんに立ったままインタビューをしていると、集まっていた人たちが親切にも私たちに何か食べなさいと、おしゃべりしながら言ってくれた。食事の準備をした女性たちが、私たちのために取っておいてくれたオニギリ一個と甘い煎茶がとても美味しかった。みんなでお祈りをしたあと（建前上は三回祈らなければならない）、全員が神社の中庭に出て、小太鼓と歌、口笛に合わせて踊りだした。最後に、沖縄の三味線である三線《さんしん》の演奏者が登場し、余興に彩りを添えていた。

海に入った男性の一人、広島から来た僧侶が読経を始め、その美しい声は間違いなく古神道の神々を

この写真で白い鉢巻を巻いているのが、儀式を司っていた阿世知照信。

気持ちよくさせたようだった。それはある意味で、神道と仏教が混合する「神仏」という言葉をあらわしているようでもあった。読経が終わると、私たちは神々の道を逆にたどり、足をくじかないように注意して降りた。

新納和文さん、ユタ（五一歳）

私は「神の子と呼ばれている」

男性のユタ新納和文さん、51歳（当時）。

男性のユタとの出会いは、ユタの九五パーセントが女性だと思うと、よけいに思いがけない幸運だった。じつは奄美に来ていた私たちは、隣の島（加計呂麻島《かけろまじま》）で十月十七日（旧暦の九月九日）に地域の祭りがあることを偶然に知り、そこで何か面白い出会いがあるかもしれないと、東京へはその翌日に帰る予定でいた。ところが前日、台風による被害で祭りが中止になったことを知り、急遽、サダエさん（次のインタビューを参照）の知人に頼んで、いま紹介した祭りへ参加できる許可をもらったのだ。

――あなた〔新納さん〕は自分をシャーマンと思っていますか、それともユタと思っていますか？

「奄美では、私たちは『神の子』と呼ばれています。でも、私たちはただ神さまと対話するためのアンテナを持っているだけです。人を助けるために、神さまのメッセージを伝える仲介役として選ばれたのです。

シャーマンになるのは才能で、父から息子へと受け継がれることが多いんです。今日、私と一緒にいた若い女性のユタは、元神主の阿世知照信さんのお孫さんで、才能を受け継いだんですね。今日は海の女神と天の男神を結びつける儀式のために来ました。

神業《かみわざ》とは病気や試練に苦しむ人を助けることで、私たちの役割は、そういう人たちのために神さまのメッセージを受け取ることです。指導神に霊感を受けた私たちが、苦しむ人たちにメッセージを伝えています。

私たちのところへ来るのは一般に、少しでも幸せを見つけたい人か、薬では治らない人ですね。多いのは、子どもを亡くしたとか、大きな試練にあって、なんとか立ち直ろうとしている人です。私はその人たちの苦しみを転移して感じます。

一人前のシャーマンになるには七年かかると言われていて、私たちはどの分野でもほかの人より優れています。私たちにも個人差があって、私は口寄せは滅多にしませんが、亡くなった祖父母のメッセージを伝えることはあります。ユタのなかには死者との対話を専門にする人もいます。とはいっても、私たちは最初から多少なりとも霊感があって、それを維持しています。ブラジルのシャーマンと同じですね」

――どうしてユタ（シャーマン）になったのですか？

「私がこの道に入ったのは三七歳で、いま五一歳ですから、この仕事をして一四年になります。人によって内容は違いますが、みんなその前に辛い体験をしていますね。一七歳か一九歳で始める人もいれば、五〇歳過ぎまで待つ人もいて、それは神さまがいつ降りてくるかによる。たいていの人はこの役を背負いたくないのですが、もし私が受け入れなかったら、悪い目にあったでしょう。私の場合は鬱病になって、それがきっかけでこの仕事を始めることになりました。そのときほかのシャーマンに私の生年月日で占ってもらい、神さまとの仲介役を始めたら、また元気になりました。聞いた話では、本州の有名なシャーマンもやめることができなかったそうですね。やめようと思うたびにひどい頭痛に襲われたそうです。ユタはたくさんいますが、村落ごとに特別な神さまを崇拝しています。奄美には海と山の神さまがいますが、私の場合は個人的には、この仕事をやることが決まっていた。選択肢がなく、やらなければならなかった……」

――家族にシャーマンはいますか？

「私は五人兄弟姉妹で、長兄には能力があって、本人は伸ばしたかったらしいのですが、両親がこの道に入るのに反対しました。私がある意味、犠牲になった兄の代わりです。私たちはみんな、母方と父方の二つの家系の結実で、それぞれ異なるものを受け継いでいます。たとえば、遺伝子の七〇から八〇パーセントは母方から、二〇パーセントは父方からということもある。それはその人の運命によりますが、それでも、親のいい面だけを守るようにすれば遺伝は変えられます。たとえば、父親がアル中だったら、酒は飲まないようにするとか。そうして将来を変えることができます。宿命論者が多すぎて、運命は変えられないと思っているようですが、それは間違いです。

なかには将来を予言するとか、ネットで星占いをする人がいます。将来を占うと宣伝している雑誌も多いのですが、私はそのようなことに賛同しません。インターネットも一度も利用したことが

水晶に勾玉と夜光貝があしらわれた新納さんの首飾り。彼は自分をユタと名乗るが、この首飾りはノロを連想させる。

鉢巻の上に見えるブローチは、月の上に太陽がある形（このブローチは上着の両側にも）。これは今井大権現を象徴する形で、破風にもある。

ない。私の場合は口コミだけです。私たちはこの籠のなかにあるような自然のものしか使いません。純粋であることも大事にしてきました。私が首からさげているのは全部夜光貝です」

――人の「気」は感じますか？

「外国の人の将来を占ったこともありますが、違いは感じませんでした。ただ私たちが使うのは西暦ではなく、昭和とか平成、令和といった和暦です」

――新納さんは兼業と聞きましたが、仕事を終えたあとの夜に相談に来る人はいますか？

「はい、これまで二〇〇人ほどの人が相談に来ました。私が住んでいるのは空港の近くで、昼間は肉や魚を売り、そうでないときはみんなと同じように農業をしています」

――専門はなんですか？

「私は将来のことは占いませんが、病気は治します。私の守護神は愛を司る夫婦です。亡くなった阿世知照信さんは初期のガンを治すことができました。私は病気を言いあてることができます。あと家を建てるのにはいつが縁起がいいとか、縁起の悪い時期もありますからね。厄年は避けたほうがいいです。

私が確信しているのは、平成から新天皇に移行する時期はきちんと計画されて、縁起のよい時だったということです。平成天皇には、縁起の悪い年に退位しないよう周囲の人たちが頼んだと思います。天皇家はこういうことには非常に注意を払うからです。

私たちはアドバイスをしますが、決めるのはその人です。私たちを信じる人もいれば、疑う人もいます。個人的な生活面の相談をよく受けるのですが、何か大きなことを決断するときに、神さまの意見を聞いてくる人もいます。とはいえ、信じるか信じないかはその人の自由……。私たちはお祓いをして、悪霊から守ることもできます。

私たちは指導神に守られているので、その力に訴えて、相談に来る人たちを助けます。私たちの役割は、医学に頼るか、私たちの力で治せるかを見て、選り分けることです。たいていの人は医者に全部任せています。私たちは西洋医学を頭から否定するのではなく、その病気が医学に属するのか、私たちにできることなのかを決めているのです。生死にかかわることもあるので、大きな責任があります。でもアル中の場合は、病院に行ってもらいます」

医師半分、神半分

――医者より優れている分野はありますか。たとえばお祓いとか？

「私たちは内科医でも外科医でもないので、半分は医学に任せなければならないことはわかっています。沖縄では『医師半分、神半分』とよく言われます。つまり医者が大事なら、シャーマンも大事ということです。簡単に言うと、医者が精神安定剤を処方すると、依存症になることがある。ステロイドも別の形の依存症を生じさせます。私もある病人を依存症から解放したことがありますが、私たちのところへ来る人の大半は、西洋医学で治せなかった人であることは間違いありません。私たちは神さまにお願いし、お祓いして治すのです」

神さまと関係のある病気……

――結論として、精神病に属する病気はうまく治せるということでしょうか、鬱病とか自殺願望とか?

「見てわかるように、『精神』という言葉は神の文字と一緒に書きます。これは精神や魂は神さまと関係があることをあらわしています。だから、精神病は神さまと関係のある病気です……」

――これまで動物の霊が憑《つ》いた客はいましたか?

「そうですね、過去にはいましたが、この仕事を一五年間やって、そういう人はどんどん少なくなっているのがわかります。一度、九尾《きゅうび》の狐に取り憑かれた人がいましたが、あとでその人はドラッグをやっていたことがわかりました。餌食になりやすかったんでしょう」

――才能を伸ばすのに特別な修行をしましたか?

「滝行のような苦行はしていません。ただ祈ることと、今日のような祭事に参加して、指導神との交信を維持するようにはしています。日本では、月と太陽の関係に非常に重きを置きます。今日は海と太陽の神さまの出会いの日で、これまでの助けにお礼を言うために来ています。自然の神さまにも祈ります。神さまに祈るには太陰暦の時間のほうがいい、たとえば午前一時から三時の『丑《うし》の刻』ですね。私の祖神《おやがみ》の教えによると、シャーマニズムは宗教より古いそうです」

――霊は見えますか？　霊感はありますか？

「いいえ、私にはありません、ある人もいますけれどね。私に見えるのはむしろ人の精神です。定義上、シャーマンは生まれつき勘がよく、ものが見える力がある。霊聴力のあるシャーマンは多いです。たとえば、誰かが自殺する指令を聞くとか。私は実際に自殺した人も知っています。私たちはお客にこのような現象が起こらないように用心しています。

琉球と奄美の住民は日本では最も古いんですよ。私たちは元々日本にいたのです。最近知ったのは、日本人の一パーセントは朝鮮から来たということで（遺伝子で確認）、日本のシャーマニズムの大半は朝鮮から来たと思っています」

――確かに、朝鮮にはシャーマンがたくさんいます……。

「私たちはこの遺伝子の遺産を共有しているのだと思います。日本の諸教混合は神道と仏教、祖先崇拝から発生しています。シャーマニズムについては、一つ重要な点を強調させてください。それは神聖な場所と関係があり、そこからは何一つ持ち帰ってはいけないということです。それとは別に、戦争や犠牲者の記憶を守っている恐ろしい場所もあります。沖縄が恐ろしい戦争の舞台だったことを忘れてはいけません。私たちがこういった場所を訪れると、非常に重くて痛みをともなう負荷を感じます。こうも言います。もし私たちが戦争中にひどいことをしたら、子孫がその影響を受けることになると。私たちはそこに介入して、神さまに許しを請いながら、悪い影響を消して、穏やかにすることができます。

西洋にはキリストがいますが、私たちの神さまは違っています。アメリカでは『ゴッド』と言い、イエスは人々を救うために愛を広めるよう力を尽くしました。私たちのところでは『神さま』、奄美の方言では『カム』と言います。私たちは神さまに差別はつけません。というのも、宗教戦争はなんとしても避けるべきだからです。私たちを守ってくれる神さまを悲しませるだけです。人にはそれぞれ指導神がいます。その力に変動はあっても、神さまはお互いに相談して介入します。たとえば、学問の神さまと愛の神さまは、お互いに調整して助けに向かいます。

宗教もまた変化しますが、しかし私たちは『天命』を変えることはできないと考える傾向にあります。私たちは先祖あっての子孫ですが、しかし神さまは私たちを介して、なぜうまくいかないのかわからない人にメッセージを伝えることができます。といっても、これはそう簡単ではありません。というのも、みんなそれぞれ異なる宗教や伝統に属しているからです。お坊さん系、キリスト系、天理教系などですね。カトリック系の教育を受けた人も……洗礼を受けていなくても、同じです」

――シャーマン同士は理解し合っていますか？

「さあどうでしょう、ちょっとカトリックとプロテスタントのようですね……。みんな違う神さまに従っていて、なかには有名な人もいますし。

ユタは『カミサマ』と呼ばれることもあります。料金は普通は三〇〇〇円で、それに焼酎の小瓶と塩を一袋添えます。原則として、この仕事は八五歳までですることができます。八八歳で亡くなった阿世知照信さんはいつも『定め』について話していました。自分の定めは変えることができないという考えでした……。それでも、お祓いをして、悪霊から身を守ることはできます……」

――地球や、日本の将来はどう見えますか？

「シャーマンは東京に大地震が来ると予言しています。私も、東京に一つ大きいのが来るだろうと思っています。そうでなくとも、奄美は神さまに守られているからと、東京からここへ避難してきた人も何人かいます。私たちはある意味で自然を守り、保存しているからです。奄美は幸いにも近代化から免れています。

私たちは神さまが私たちを正しい道においてくれるよう、祈って行動することができます。感謝の気持ちを忘れずに、神さまが少しでも力を与えてくださり、私たちが将来に向き合うのを助けてくださるよう……、祈って生きなければなりません。

それでも今日、こうして私たちの道が交わって出会えたように、信じられないことが起こることもあるのです」

栄サダエさん（七九歳）

「この世、神ほどきついものはない」

奄美大島で「カミサマ」という名で知られているサダエさんの名声は、全国に知れわたっている。私たちが奄美に着いた翌日、いちばんに会いに行ったのがサダエさんだった。というのも、彼女には東京から電話で予約を入れることができたからだ。

栄サダエさんは、奄美本島の東北部にある小さな港町、笠利《かさり》町《ちょう》に住んでいた。笠利町に着いた私たちは、町に一軒しかない小さな食料品店を見つけた。店をやりくりするのは八五歳の可愛いおばあちゃん、夫を亡くしたばかりだと私たちに言った。オマールエビを獲りに行ったきり、帰ってこなかったのだそうだ。おばあちゃんはキリスト教徒だったにもかかわらず、私たちに「カミサマ」のところへ持って行くものについて簡単に説明してくれた。一人につき焼酎の小瓶一本と、塩の小さな一袋だ。その場で封筒を買って、それぞれ五〇〇〇円ずつ入れて準備をしていると、私たちに、普通、カミサマへのお礼は三〇〇〇円以上は包まないものだと言った。

栄サダエさん、79歳（当時）と著者。

私たちは必要なものを準備して、いざカミサマの家を探したのだが、これが至難の技だった。サダエさんの家の周辺は道が非常に狭く、生い茂る草木とガレージからはみ出した車のあいだにレンタカーで入り込むのは大変だった。仕方なくバックしたあと、私はライトバンに乗っていた村の人にサダエさんの家を教えてくださいと頼んだ。「ああ、あんたたち、カミサマのところへ行きたいんだね」と言ったあと、彼はついてくるように言った。目指す家は、沖縄に多い平家ではなく二階建てだからすぐにわかるということだった。しかし「二階」という言葉は大げさで、質素な家の屋根の上に乗っていたのは、六畳以上はないと思われる小さな一部屋だった。私たちは縁側から入り、待合室で順番を待った。相談している声が聞こえたが、私は前の人が大声で話していたお金の問題は聞かないようにした。

最初の結婚から三年後に夫を亡くし、一回離婚しているサダエさんは、結婚を三回して、息子を五人授かったのだが、うち一人は一七歳のときに交通事故で亡くしていた。「絶望のどん底まで行かないと決して味わうことのできない、複雑で何とも言いがたいような感情をすべて味わわされた感じでした。……。自分が痛い目に遭って初めて、人の痛みがよくわかる……」と、『「ユタ」の黄金言葉』（西村仁美著）に書かれている。

彼女が「生き神」になったのは三一歳のとき。それについて彼女は前述の本のなかで、神に身体も精神も取り上げられ、どこに行っても、眠りながらでも食べながらでも、神との接点をずっとつないでいると語っている。また、こうして清らかな心でいることで、どんな妥協も許さず、人助けをしながら自分自身も助けることになるとも語っている。神から受けた言葉のなかで、彼女は「神の子よ、損得を考えるな。人助けがわが助け」とも言われていた。

彼女は「運命」と「宿命」を区別し、宿命は自らの意志でくつがえされないのに対し、運命は修正できるとしている。また、死は宿命ではあるが、死期を延ばすことができるとも言っている。こうして、一七歳の息子の死は防ぐことができなかったものの、死を四〇日くらい延ばすことができたと言っている。「それはね、この子の運勢が低いっち、ずーっと御方様《みかさま》（自分についている神のこと）から出ていたから。それがわかってても何ともできないそのもどかしさ……」（『「ユタ」の黄金言葉』より）

サダエさんは、自分の子どもや孫たちは、後を継ぐ才能はあったとしても、絶対にそんなことはさせないと決心した。「わたしは自分の身内にだけは絶対神をなさんと決めてるから。自分がこんな苦労して、ましてや神になるというのは、家族の理解と協力がないと。神の役目を果たすということは大変なことだから。だから自分の身近な姪や子どももちろん、そういうものまでは、私は絶対に後は継がさんって思っている。だからわたしがしっかりやるべきものはやっておかないと。ちょっとでも手抜きをしたら次の人に、というのはあるだろうから。そうさせないため、わたしが一生懸命しましょう、とやっています」（『「ユタ」の黄金言葉』より）

彼女は「生まれ変わり」は信じていないのだが、世代を超えて伝わるものはあり、それが血統の重要な個性となって、世代から別の世代へ伝達されることはあると思っている。

私がインタビューを始める前に、彼女は私の生年月日（昭和で）を聞き、すぐに私の性格の特徴や、健康上の問題点、長所や短所を分析しはじめた。それを聞きながら、私は運命と宿命の違いを

サダエさんの祭壇。鏡の上にある「天照大神」と大きく書かれた文字や、注連縄、紙垂（しで）など、神道の要素が多い。

栄サダエさん。ノロであることをあらわす水晶の首飾りをしている。自身、ノロであると同時にユタでカミンチュでもあると話す彼女は、久高島で行なわれるイザイホー祭りにも参加できた。

理解しはじめていた。私たちは運命を変えることはできても、宿命に対しては何もできない。というのもそれは、私たちが生まれる前に「決められて」いたからだ。

「勉強の終わりはない！　修行の終わりはない！」

——ここではあなたは「カミサマ」と呼ばれています。ノロとユタ、カミンチュとカミサマの違いを説明していただけますか？

「私はね、みんな同じだと思っているの。ただし、役割は違う。する人の心の持ち方が違う。ノロさまは、庶民を助ける人だと思っているの。豊作にするのがノロさまの役割。天照大神《あまてらすおおみかみ》は地球全体を助けるの。ユタは、昔からの霊界を呼び出すの。私の場合は全部、みんな」

——この仕事は辛くないですか？

「そうそう、のんびり過ごすことはまずない。私の言葉一言が、人を左右するわけだから。お客さんたちを行き詰まらせたり、戸惑わせることはできないの。だから責任重大なの。私は二四時間『カミンチュ』だから、いつなんどきお客さんが来るかわからない。ただ自分で普通の人になるときと、神になるときと、自分で仕分けするときがきついの。正直いってここ何十年、睡眠薬を飲まないと眠れない、軽いのだけどね」

――霊は見えますか？　亡くなった人も？

「もちろん、そのまんま、きれいに見える。それを成仏させてあげる。人間、生まれるときはみんな裸ね。だからみんな素直になれば、世の中、言い合いもない、おそらくトラブルも生じない。でもそのなかには欲のある人ない人、だます人、いろいろじゃないですか。それが世の中とみなくちゃ。だます人はよくない、でもだまされる人も縁があったからだまされる。そういうふうに認識しないと。『人を憎まず、罪を憎め』とね。

人は目を閉じたと同時に、四十九日間の修行に入るの。修行は一日で終わる人もいれば、一〇日で終わる人もいる。一年経っても、五年、一〇年経ってもできない人は、ずっとそうなのよ。言葉では、あの世に行くと天国とか地獄とか、針の山とか言うじゃないですか、まさしくそうなの。自殺する人はあの世では違反、犯罪者なの。自殺者のいるところしか行けないの。

人が亡くなると、最初の夜はお通夜で、翌日が葬式、明後日が墓参りで、それから七日間、ここでは夕方にお墓に蠟燭《ろうそく》を灯しに行くのが昔からのしきたりなの。亡くなったら、霊界の入口には門番がいるの、そこで戸籍調べがあって、許可が出たら通過して、そこで成仏できる人できない人が決まる。その場で霊界へ行けない人は、修行をするために引き返させられるの。だから、生きているときこの世は短い、あの世が長いの。新仏になってからが長い」

――死にかけている人はどういう態度を取りますか？

「そりゃ、その人のあり方だから。性格にもよるし。最後までわがままとか、迷惑をかけないとか……」

――毎日、何か特別な修行をしていますか？

「みなさん、どこで修行されましたかと聞かれますけど、私は毎日の生活が修行なの。いろいろな方がみえて、その方から教わる部分もあるし、嫌な部分はこういう人間になってはいけないとかね。だから、特別修行したことはありません」

――それでも神々が住んでいるという聖なる島……久高島へ行かれましたね？

「もう何度も行っている、ノロさまの発祥地だから。お城のそばには必ずノロ屋敷がある。ノロは時代劇で言えば『お局《つぼね》』さん、お殿の世話役。だから、いまの琉球になる前は、ノロさまが政治的な権限も持っていたの。いまはもうなくなったけど、昔は久高島で一二年に一回開かれていた『イザイホー』祭り（久高島の項で後述）にも行ったことがある」

――神さまと結びついていますか？　神は単数ですか複数ですか？

「私は一三人の神さまだから、仕事に行くときは線香を一三本立てるの。いま立てている七本の線香はノロさまのためね。神さまは火の神も山の神も、竜宮の神も、みんな全部つながっている」

――本で読んだのですが、栄さんは三一歳のとき、突然のように神に指名されています。どうして三一歳で選ばれたと思いますか？

「私が神になってからもう四八年と三カ月で、三一歳の七月に神になった日から占いができたの。

でもこれは生まれつきなの（子どもの頃から「霊力が高い」と言われていた）、私は神として生まれている。二四時間、神が私のなかにいるの。だから神になろうと思えば、車のなかであろうが歩きながらであろうが、私は全然平気なの。夜の時間でもなんてことはない。だから、人のなかに出るときは、神としてのプライドがあるから、お客さんには恥のかかん自分にならんと。相手を低くみせるわけにいかんから。ただし、いつも神でいると敬遠されるから、人としてのつながりができなくなるのね。それは嫌だから、冗談のありたけして、頭を空っぽにしたようなバカの真似をするの。思いきりはしゃいでみんなを笑わせるの。そうじゃないと、人との出入りもなくなるだろうし、家もあまりきちっとしすぎたら、人が入りづらいじゃない？　誰でも入れるような家？　だから駆け込みもかなりあって、ここに一カ月ぐらいかくまった人もいるの」

——隣の部屋に赤ちゃんの写真がありましたけど、お孫さんですか？

「そうそう。私は二八歳で後家さんになってから、二度再婚して、子どもは四人います。五人いたんですけど一人亡くなって、全部男の子。私が三一歳で神になるって言ったときに、まず最初に思ったことは、自分の子どもたちが学校でいじめられはしないかとか、学校で嫌な思いをさせはしないか、この子たちに嫁さんのくる手はあるだろうかとか、もう頭のなかはこんがらがって大変ですよ、複雑です。

いろいろ考えて、宗教も通いました。でもそれは無理でした。どの宗教も悪く思ったことないし、指摘もしないし、する理由もない。宗教は自由だから。創価学会だろうがキリスト教、天理教だろうが行きますよ。その方たちもお客さんとしてよくお見えになる。ただちょっとエホバだけは嫌だけど。墓参りをしなくていいなんて、大間違いです！」

――お子さんに後を継いでほしいですか？

「継がせない、絶対継がせない！　きついから、辛すぎるから、私一人で十分、するだけのことはやった。自分の身内には絶対継がせない！　霊感の高い子はいるよ、孫にもいる。でも継がせない、世の中で神ほどきついものはない！　相手にその心づもりがなくても、思っていることを言わなければならないし、人を救うにはまた何人かの理解と協力が必要なの。自殺寸前の人から電話をもらったこともある。下着をきれいにして、自分で始末するというから、ちょっと待って、どこにいる？って聞いて、迎えにいって、この家で一週間、ずっと隠していたの。その間、その人の子どもたちから『かあちゃん、どこにいるか』って電話がかかってきて、言うとわかるし、言わないと神としてのプライドが汚れる。でも、この人を助けるのが目的だから、自分は当たらんと思われてもいいと、子どもたちには嘘ついて、そういうやり方。正直、自分は苦しいよ、そうまでして人を守らんないかんのだから……。だから、旦那に愚痴のあるだけ言ってる。旦那はいつも受け身ね、イライラするのも旦那……」

――死者との交信やお祓いもできますか？

「口寄せは、この前、頼まれて行なったばかりよ。お祓いもそう。一人の方に九名も一〇名も乗っかるときがあるのね、子どもになったり、大人になったり、男になったりして、いろいろしゃべるのよ。そういうのは医学では多重人格ってなるけど、治せない。だから、ここにドクターも見えるし、刑事はもちろん、政治家だって来るの。世界のシャーマンが何十人も来ましたし、アマゾンからも何人もお客さん来ましたよ」

――病気も治せますか？

「病気は、医者で治せるもの、神で治せるもの、それを見分けるのも神のやるべきことだから。医者で治せない病気はたくさんある」

――精神病ですか？

「ドクターも精神状態を分析する力も持ってないと。でも、医者はいらないって言ってんじゃないよ、ただ医学の科学だけじゃ治せないものがいっぱいあるの」

――遠隔で治療はできますか？

「できる、もちろん！」

――電話で？

「そう。埼玉にも神の子がいらっしゃるし、大阪にもいらっしゃる。でも自分から出向いていかなければならないこともたまにあるの」

――人の考えが読めると本で読みました。いい人か悪い人かもわかりますか？

「わかりますよ、わからないと神はつとまらない」

――みなさんのおもな悩みはなんですか？

「すべてと言ってもいい。ただ、ほとんどの方に悩みはあるの、でも、自分の欠点を知っている人は滅多にいないの……」

――世界の将来はどう見えていますか？

「地震とか、自然災害は、これから何度も来る。その都度備えないといけないの。ただ核兵器は、これを使うと地球が灰になるのは、みんな認識しているから、それだけは避けると。その反面、自然の災害はしょうがないから、人口は減る一方。地球が怒っているの。そういう時期が来たのね、歴史の入れ替えの時期だと思えばいい。政治家たちは自分の権利だけを主張し、悪いことはみんな、そんな上の者がやってるのよ、これは全国、世界を含めてね。昔も今も政治家が……いまは庶民の頭もよくなって、それが現代。これからもっと悪くなる。日本もそうだけど、世界が危険にさらされてる。小さな集落はなくなっていくはずよ、日本も世界も……」

地球は怒っている

サダエさんが地球の怒りについて話すのは、沖縄では自然界全体に魂があるとみられているからだ。植物や無生物、石や岩も例外ではなく、人間によるあらゆる種類の濫用が、当然の結果として地球の怒りを買うことになるのだろう。

選択肢なし、祟《たた》りの怖さ

わかっているのは、神がある人物に目をつけると、その人は期待されている役割を受け入れるよう強く催告される、ということだ。そこで万が一受け入れないと、その人と家族、あるいは子孫に次々と不幸が襲いかかることになる。すでに見てきたように、ユタやノロ、カミンチュが、ぎりぎりになるまで逃げようとしていた話はたくさんある。サダエさんも、本当はやりたくない役割を耐えて受け入れている。そして、たとえ「神」であることにプライドは持っていても、それを自慢することは決してなく、じつに謙虚で気取りもいっさいない。私は個人的に、金銭的な補償が彼女の仕事の動機になっているとは思わない、というのも、彼女の家は外観から裕福とわかる印が何もないからだ。加えて、七九歳という年齢なら、誰にも遠慮せずのんびり過ごせるだろう……。

前述のウィリアム・リーブラもまた『沖縄の宗教と社会構造』のなかで「祟り」について言及し、神の呼びかけに抵抗したばかりに、視力をほぼ失った二一歳のカミンチュのケースを紹介している。治療を受けても治らなかったのだが、呼びかけに従うことを受け入れたとたん、視力は普通に戻った。この場合、家族の一員もこの呪いの犠牲になることがある。したがって、神から「呼びかけられた」者たちは祖先や神々から嫌われないよう、そして家族がひどい目に遭わないよう努力するのである。

信仰の中心にあるのはやはり祖先崇拝で、サダエさんは息子の死は、二番目の夫の家族が祖先の供養をあまりしていなかったせいにしている。実際、祖先は復讐することがある――それをよく表現しているのが、日野日出志《ひのひでし》のホラー漫画『恐怖・地獄少女』だろう。生まれてすぐゴミ捨て場に放棄された双子の一人が、幸せに暮らす姉に復讐しつづけるという物語だ。また、事故や自殺など暴力的な死を遂げた人たちは、さまよう霊や呪われた霊になりやすく、生きている人からエネルギーをもらい、その人を病気にしたり、熱を出させたりするという。それが理由で、生きている人の人生を妨害しないよう、これら浮遊霊を供養することが非常に重要になるようだ。

神の呼び出しから逃れることは不可能だが、しかし他人を助けることで自分自身も助けられることは、サダエさんの証言からも見てとれるだろう。

お布施について

すでに見たように、ユタにみてもらうときに絶対に必要な供え物は、塩一袋と焼酎の小瓶一本、そしてお布施を包んだ封筒である（一人につき最低三〇〇〇円。これは東京の料金が一万円ぐらいなのに比べると低い）。昔は、一合の米を持っていくのが習慣だった。サダエさんが『「ユタ」の黄金言葉』で著者の西村仁美に語っているところによると、封筒を開けたら空だったこともあるそうだが、しかし、一回入れたつもりでいる相手の気持ちで十分と思っている。というのも、どんなことがあっても、お金のない人を罰するのはいけないと思っているからだ。その代わり私には、若者が六人で来たとき、本当なら六人分の供え物を渡さなければいけないところ、一人分だけだったので「驚いた」と言っていた。それでも彼女は、彼らの態度をきつくいさめることなどせず、ちゃんと占ってあげたそうだ。

ここで私がぜひとも明確にしておきたいのは、このような状況の場合――ユタのほうから占いが有料とは言わないのだが、しかしそれは当然のことなので――、その場で恥をかかないよう前もって調べておき、礼儀知らずや搾取者と思われないようにしておくことだ。この搾取者に当てはまるのは、ジャーナリストであることが多い。じつは私は沖縄であるノロに会いたかったのだが、外国人はもうたくさんと言われて断わられた。私は仲介者を通して、それは彼らが手ぶらで行ったからではないかと聞いたところ、間接的にそれが確認できた。というのも、そういう行為は彼女たちに考えを吹き込む神々に対する侮辱になるからだ。

現在、時間がますます貴重なものになっているのは明らかだ。客を迎え、話をして、納得させるのは疲れる行為で、彼女たちが報酬を受けるのはまったく当然のように思える。私がすでに取材したシャーマンに追加で確認したいことがあったとき、彼女を夕食に招待して聞くか、何かお菓子を持って彼女の仕事場まで赴いた。人の家を訪ねるときは手ぶらで行ってはいけないからで、とくにそれが相手の貴重な時間を「盗み」、疲れを倍増させるときはそうだ……。

忘れてならないのは、彼女たちの感覚は休みなく働いているということだ。依頼者は引きも切らず——したがって疲れている——、私たちの痛みの一部を自分でも感じ、それも無意識に転移して、相談に来る人たち（ほとんどがこのケース）の心と身体の痛みを強く感じている。鶴見さん（第3部「東京ほか」の項で紹介）のような人気シャーマンは、睡眠時間が三時間しかない。というのも夜の時間は、緊急のメールへの返信に使っており、とくに医師からの依頼で夜中でも、休息時間を削ってまでタロット占いをしなければならないことがあるからだ。ここでつけ加えるなら、患者が緊急に治療を求めている時間に枕元に駆けつける医師は誰もいないだろう。

また先のサダエさんは、一日に全国各地から多いときで三〇本まで電話を受けることがあり、そのため「夜も昼も、時間に関係なく」つねに、すべての人に答えられるようにしておく必要がある。電話相談の場合、彼女は「お金はいいですよ」と答えているが、しかし「人間の感謝の気持ち」を伝えるのは常識で、あとで書留や、果物、酒、などの供物が送られてくるそうだ。もちろん浄めのための塩一袋も忘れてはいけないだろう。

汚《けが》れと祟り

浄めの重要性についていうと、それを証明するのが、サダエさんが服の上にはおる白衣——長い羽織の一種——である。神として、彼女はあらゆる汚れから身を守らなければならず、たとえば他人が使った湯呑み茶碗でお茶を飲むことも避けている。その茶碗がどんなにきれいで、何度も洗われていたとしても、神はその種の汚れを嫌うのだそうだ。

サダエさんが自分の人生を非常に複雑というのも、たとえば、葬式に参列すると故人の霊が必ず彼女のなかに入ってくるからだ。いちばん身近な叔母が亡くなったとき、サダエさんはよくよく注意して叔母の遺体のある家のなかには入らず、外で手伝っていたのだが、それでも三日目に体調を崩してしまった。そのとき夫に頼んで海水をバケツ一杯汲んできてもらい、頭からかぶって身体を浄めたのだが、そのあと意識を失い、何を言ったかも覚えていない。ただ、まだここで死ぬわけにいかない、まだ子どもを育てなければならないと言ったことは覚えている。びっくり仰天した親戚の人たちは、とにかくお祓いしようと決め、彼女の身体に、あらゆる方向から、全部で米を四〇キロ、塩を二〇キロ投げかけた。その日のうちになんとか彼女の意識は戻ったものの、それから四十九日間、彼女は寝込んだままうめき声をあげていたそうだ。また意識が戻ってからは、自分の身体に死者の霊を祓う意味がある左綱《ひだりづな》（藁《わら》を左側から右側によじって綱にしたもの）を巻き、故人がこの世に戻って彼女に入り込まないようにした。サダエさんは墓に行くときも必ず左綱をたすき掛けにして行くそうだ。

この「事件」以来、彼女は葬式に行かなくなり、代わって夫に参列してもらっているのだが、その夫も、家に帰る前に海で身体全体を浄めなければならないそうだ。これは、彼女が「家族全体の協力と貢献」と理解している一つの例である。

彼女の問題はそれだけではない。四つ足動物の肉を食べた人とすれ違っただけで、吐き気を覚えたり、腹部が妊婦のように張ってくる……。これも神が嫌っているからということだった。

死後四十九日間の重要性について

以下はサダエさんが、同じく『「ユタ」の黄金言葉』で著者の西村仁美に語っている、死後四十九日間に霊が受ける修行の重要性である。

「その期間は霊界では、本当は修行の身なんですよ。すごくこの世の生き方がいいと、霊界に入るまで四十九日間かからずにすむの。一方で四十九日経ってもまだ素直になれないと、一年でも三年でも五年でも一〇年でもまだ霊界に行けない方もいるの。仏心《ぶっしん》にならないかぎりは、霊界でほかの人たちと交わるのが難しいでしょ。そういう人たちの霊というのは、この世に反することを浮遊霊としてやっているのね。生きている人間を病気にさせたり、原因不明の熱を出させたりね……。（霊界の）入口には『門番』といって、受付係がいるんですね。そこでその人の家系や代々のことがぜんぶ調べられれ、それですでに霊界にその人の祖先がいて、その方が非常に万人に等しく接するタイプだったりすると『はい、パス』となる。そういう意味でもご先祖さまというのは大事なんです」

定命《じょうみょう》について

作家で尼僧（天台宗）の瀬戸内寂聴は、仏教用語の「定命」について触れ、サダエさんと同じようなことを言っている。寂聴は定命を「仏教には定命という言葉があります。生まれた瞬間に決められていて、早く死にたくても、長生きしたくても、自分ではどうすることもできない。それが定命です」と定義している。

肥後ケイ子さん

「八〇あまりました」と彼女は私に言った。

肥後さんとの出会いはまさに奇跡で、私はつくづく世の中に偶然はないという考えに同意することになる。その日、ホテルはどこも満室で、私とマリアが見つけたのは、古ぼけて居心地の悪そうなゲストハウスだけだった。仕方なくその夜は湿った畳部屋で一泊したのだが、マリアが喘息の発作に襲われてしまった。彼女は必死に新しい宿を探し、ぎりぎりになってビジネスホテルにキャンセルが一部屋あるのを見つけ、私たちは翌日からそこで過ごすことができた。私たちはしかし、なぜこのみすぼらしいゲストハウスに行かなければならなかったかの理由がわかった。というのも、経営者とすれ違いざまに、マリアがなにげなく、この近くにカミサマがいるかどうか聞いた。答えは「高千穂神社の近くに一人いたと聞きましたね。でも私はそれ以上はわかりません、名前も知らないので」だった。

肥後ケイ子さん

マリアにはこの情報だけで十分、すぐに名瀬井根《なぜいね》町《ちょう》にある同名の神社の位置を調べ、その町に肥後さんという有名な人がいることがわかった。島には三〇〇人以上のユタがいることを考えると、私たちが彼女のところへ行くように導かれ、翌日の朝十時に予約が取れたことは、運がよかったとしか思えない。ただ彼女の家を見つけられるかわからず、そして約束の時間に遅れるのが怖かったことから、私たちはお供えに必要な塩や焼酎を売っていそうな店を探す時間がなかった。そこで私たちはこの失態の埋め合わせに、お布施を多めにし、それをマリアがハンカチに包んで渡すことにした。

肥後さんはサダエさんとはまったく違うタイプで、彼女のことは知ってはいるけれど、親しくはないとわざわざ念を押した。その顔には笑みがあふれ、悩んだときなど腕に飛び込みたい理想的な祖母のようだ。私たちを迎えてくれた部屋には、注連縄《しめなわ》と紙垂《しで》で囲まれた祭壇があったが、それは人に信頼してもらうためだけのものだった。サダエさんと同じように、まず最初に私たちが聞かれたのは、西暦ではなく、昭和や平成といった和暦による生年月日だった。いったん情報を得ると、彼女は私の性格を語りはじめ、冗談を交えながら言ったのは、仕事に夢中になると食べるのも忘れ、食事を抜く困った癖があり、食が細いということだった。「もう少し、食事を正確に食べてください。人間には五感に意（意識）を加えて身体全体になる六根《ろっこん》があり、これは丈夫にならないとできない。食生活が大事なんで、やってください。それだけ、食は細いけど元気です。ただね、風邪やインフルエンザのとき、気管に気をつけてください」

一カ月後、私は彼女の言葉をまざまざと思い出すことになる。ひどい気管支炎になってなかなか治らず、いくつも合併症まで引き起こしたのだ。そのうえに、彼女は私の夫や次女の性格についても話をもっていき、それが一〇〇パーセント当たっていた。サダエさんと同じように、未来を予言する以上に、それぞれの性格に特有な問題を言い当てる。彼女は三人のお客を別の部屋で待たせながら、ケージに入れられた飼い犬が狂ったように吠えるなか、快くインタビューに応じて胸の内を語ってくれた。

——あなたはご自分をカミサマだと思いますか？

「私は霊能師です。人を助けるのが私の仕事。奄美では儀式や祈りで神を呼び出すのが習慣で、形がないと信じてもらえないんで、ここに祭壇を置いていますけど、本当は私には必要ないんです。でも、仕事でどこかへ行くときは持っていけません。

私は五歳のときから、朝五時になると起きて、神社仏閣を走りおったそうですよ。そこで頭を下げて帰ってくるんですけど、父と兄は私を追いかけるのに大変だったそうです。それで小学校五年のときはもう人を見てましたけど、小学校に上がる前から、お腹に赤ちゃんが入っている人を当ててみたり。その頃は終戦後で、男女席を同じうせずって、隠れて恋をしおった。そのときにできた赤ちゃんを私が見抜いたりするもんだから、怖いとか、変な女の子とか、つねに言われました。赤ちゃんが男の子か女の子かも当てたもんだから、名前もぜひつけてほしいということもありました。

霊も見えました。いまは私のほうが見抜くようになって、霊はもう出ないですが、除霊はできます。霊はたくさんいます。動物霊、浮遊霊、先祖霊……。そういう人いっぱいいて、ほとんど治しました。そういう霊がついていない人は、あなたを守っている守護霊が見えます。それが誰さんと

肥後さんの祭壇にも神道の要素が多い。注連縄、紙垂のほか、右下には浄めやお祓いに使う大幣（おおぬさ）または祓串（はらえぐし）があるいっぽう、祭壇の両側には仏教の観音さまもある。

は言えません。人間って、自分の守護霊がわかるとそれに依存してしまう。それはいけないので守護霊とか主導霊は言いません。

警察も私を頼ってきます。首をつった人がいたり、事件があったり、行方不明になったりすると、『どこにいるでしょう』とか。犯人は言いません。言ったら、警察、楽ですもん。ただ、ここで亡くなっていますとは言います。三日ぐらい探しているけど見つからないって言ってくるときは、どこを探しているのよ、反対探しているじゃないとか。もうこれは実例として、何十あったか何百あったかわかりません。

探しているのは、友人とか親とか、親族、同窓生とかですね。海で遭難した人が見つからないっていうので、では私が明日の朝七時に浮かせましょうって言って、浮いた実例もあります」

――いつそんな能力のあることがわかりましたか？

「たぶん小五のときに、母が亡くなるのを予言してから確実にわかりました。母が和裁をしていたんですね。で、後ろから見ていると、母親の霊が浮いて離脱するんですよ。実際にはおったのに、これなんだろうと思ったのがきっかけで、『あ、母ちゃん亡くなるよ』と言ったら、うちのお手伝いさんに『何を言ってるの、バカじゃない!』って非常に叱られて。昔の昭和二十四年頃は、口減らしのためにうちに来たお手伝いさんがおって、その人にぶっ倒されるぐらい怒られて。でも本当に一週間後に、母が心臓病で亡くなりました。父はそれから何十年生きたんだっけ。で、うちの父が亡くなるときも、ちょうど一週間前に『お父さん、亡くなるよ』って。兄弟なんかも、おまえは不思議な人間だって言ってました」

——ご家族にそういう才能のある人はいましたか?

「まったくいません。伯父が警察署長をしておりまして、うちの家系図を先祖からずっと調べてくれたんですけど、私みたいのがいないんです。突然変異ですね。もう七〇年この仕事をしていますけど、人を助けるのが私の仕事、人を呪うことはできません。悪い人をいい人に変える。だから、刑務所にも、精神病院にも行きます。前の院長は呼んでくれて、よく行きました。その人が神がかっているのか、頭がおかしいのか見分けるためです。すぐわかりますよ。精神を病んでいる人は、アル中とかの依存症になることが多いです。遺伝となると別ですけどね。悪霊が憑いている人はすぐにわかります、話すことも、私を見る目もおかしいから。去年はまだ呼ばれていたんですけど、いまは院長が代わって、もう誰も私を信じていないの。去年は、まったく普通の高校生の女の子を精神病院から出してあげることができたのにね。私がいなかったら、その子はたぶんいまも精神病院にいて、投薬のせいで頭がぼーっとなってますよ。その子の親に私の意見を聞かれたので、ここにいる理由はまったくないって言いました」

――彼女の問題は何だったのですか？

「ほかの人には見えない霊が見えていたので、頭がおかしくなったと思われていました。お医者さんが私に来てほしいときは、私とはできるだけ顔を合わせないようにして、その子が入っている場所だけ教えていただくの。それで私も普通の格好で（白装束ではなく）行くもんですから、お医者さんがみんな怪訝《けげん》そうな顔で私を見るんですよ。でもこれだけ科学や医学が進んだ時代でも、お医者さん――私を呼んだ医者も含めて――は、その子の症状を見て、いろいろと疑問に思ってたんでしょうね。でも、もしその子がまだ精神病院にいたら、完全におかしくなってますよ。そのときは一六歳で、高校二年でしたから、いま高校三年で、まったく普通に学業に励んでいます。たまに私に会いにここにも来るんですよ……。

　普通の人には、そこに霊がいるとはまったくわかりません。それが悪霊なのか、浮遊霊なのか先祖霊なのかについてもまったく無知です。私の場合は、ヴェールがかかったような感じで見えます」

――ということは、あなたの才能は突然に降ってきたのではなく、子どもの頃からの才能がだんだん明らかになったということですね。このような才能があると楽しいですか、苦しいですか？

「いや、苦しいことはなかったです。私には師もいないし、神さまの親という人もいないので、そのときの気持ちで動きました。滝行に行くとしたら、男の人も入れんところへ行ってみたり。大和《やまと》村《そん》に『マテリアの滝』というのがあって、太陽が中央に昇らないと光が射さないところがあったんですよ。三〇歳過ぎの頃、自分の精神鍛錬のために、その恐れられている滝のなかにどうしても行きたくなって。そしたら大和村の村長さんが、そこは恐ろしいからやめろと、入ってはいけないところだったんですね。だけど私は反対を押しきって行きますと言ったら、村の人が二人ついてきてくることになって。私は野心もなければ、汚い心も持っていない、ただそこを開けてあげたいだけと言って、お供を従えて、ちょっと大げさなんですけどね。行ったら、石はあるし、歩きづらい。で、そこへ入って、お祈りをした。すると滝の向こうから、私においでという感じで霊が見えたんですよ。だからパッと私一人で、逆の方向に泳いでいった。それまで誰も入れなかったから、前代未聞です。その滝壺に引きこまれて亡くなった人がたくさんいたそうですね。それを私が供養して、解決したんです。そのときに金の粉が出ました……。ただ一人だけ、三、四年前に殺された人なんですが、その人だけ渡れなかったです。不思議なことにね、何か憑いていたんでしょうね。

マテリアの滝。かつて呪われていた地を肥後さんがお祓いしていまや観光地に。

滝壺の横からは行けたんですけど、逆流を泳いでいったのは私一人で、しかも白い服を着ていたので、みんなびっくりして『あの人は人間じゃない』ということになって。それから大和村の村営できれいにして、森の木も伐採して明るくしました。いまは観光地です。階段でも降りられるようになっています。そういうところで修行してきました」

——どうしてそこへ行こうと思ったのですか？

「せっかく滝壺があるのに、誰も行けないのは不思議だなと思って。みんなあっちは恐ろしいところだって言うんで、だったらきれいにしたらいいんじゃない？　霊がおったら除霊したらいいんじゃないと思って、そういう気持ちで行きました。

で、私がきれいにしてから、何十人か人を連れて、ツアーみたいにして行ったんです。大島の郵便局長とか、ある会社の社長とか、本屋の社長とか、みんな行きたいって言うんで。私が水行してるときは何もなかったんです。で、私が水からあがってつまみ食いをしているとき、毒ヘビのハブが来たんです。みんな私に『気をつけろーっ！』って言ったんですけど、私は大丈夫って。まったく人のあいだを通っても、咬《か》もうとしないで山のなかへ入っていった。私は神のメッセンジャーだったと思っています。

私はハブと遭遇しません。一回、イギリスから科学者が来て、私にハブが出ないようにしてくださいとおっしゃるんで、いないようにはできません、ハブがいる場所は教えられますけど、って言ったんです。

ハブは徳之島にはたくさんいますけど、でも私には寄ってきません。ハブには遭いません。近くで見たのもあのときが初めてでした」

――家族には継ぐ人がいますか？

「息子には才能はあります。でも嫌がります。私がこれは大変だけど、人を助けるんだよって言うんですけど、母ちゃんみたいな苦行はしたくないって。四八日間の水行や、ここで座禅組んだりしましたから、それを幼少の頃に見てるんですよ。死んだ人の霊を呼び止めるために一週間、丑三つ時に水行するんですね。そういう苦行はしきれんと」

――滝行の苦行はどうやって選ぶのですか？

「たとえば難病の人がいます。この人は昭和二十二年生まれで、ある会社の社長です。病院に行って手術をしたんですけど、病気が重いのが見えて、身代わりになって助けてあげようと思ったんです。五臓六腑の悪いところを全部流してあげるんです。そのために滝行をします。きついけど、この人の身代わりになってあげたら楽になるんじゃないか、悪質なものでも半減するんじゃないかと思って。完全に治ることもありますが、完全に治らないこともあります」

――完全に治らないのは、その人の宿命ですか？

「はい、人間って、生きるバロメーターってあるんですね。生まれてオギャーって泣いてすぐ死ぬ子、うるさいなこのおばあちゃんって言われながらも、一〇〇歳で死ぬ人もいる、この人はバロメーターが長い。同時に、幼少時代に苦労しても、結婚したら幸せになる人もいる。その人の生まれた宿命です。これを目当てるために、私は生きていると思いますよ。両親から、ご先祖さまからも持って生まれたものがある。そのご縁でバロメーターがつくられる。で、突然変異ってこともありますよね。きれいな娘さんに生まれたけれども、海で亡くなったとか、人に殺されたとか。早世っていうのがあるんです。それと、人を殺す、人に殺される、この二人は一緒です。輪廻転生、両方とも罪を被って生きている、殺されるべきして生まれてきた人です。島の神さまでこれだけ説明できる人いないわね。修行したから」

――どういう修行をしますか？

「滝行と断食と座禅、水行です。私ね、教えてくれる人がいないから、自分で心を静めて、この世の中をどう見るか、無の状態になることがいちばん大事です」

――一生は苦しかったですか、楽しかったですか？

「いや、私は苦しいことはないです。病気もあまりしませんしね、足が悪いだけです、交通事故で飛ばされてね。医者もびっくり。添加物のない自然食を食べるからですよ。あんまり食堂には行きません。冷凍物は食べませんし、ほとんど自分でこさえて食べている状態ですね。貧乏性なんですよ。

電話でも相談を受けますよ。北海道から台湾、ハワイの方まで、何かあったら相談にきます。その人の声帯で、声の色を聞いてというのは、日本では私一人だけです。声の色がお母さん似なのか、お父さん似なのか区別するんです。それで性格を割りだします。面白いでしょ？　面白い人なんですよ、私は。みんなそう言うわ、変なおばさんって！

シャーマンにも違いがあることを勉強なさってください。禊《みそ》ぎをして、とくに自分たちの過去を清らかにする人と、ご先祖さまからの流れを基本にする人（サダエさんの場合）は違います。それとシャーマンにもいろいろと嘘もあります。お金をぶっとったりしてね、これは注意なさったほうがいいです。能力がないのに、本で勉強して自分は神さまですって言う、そういった人が多いんです。生活のためにね。私はそれがいちばん怖い。真心からお助けしたり、病気を快癒させる人が少ないんですね。だからそれを気をつけてください」

私のコメント

私から見ると、肥後さんはサダエさんをとくには評価していないようだったが、二人の言っていることは二つの重要な点で一致しているように思えた。命の長さが前もって定められている概念と、襲撃者と被襲撃者が共有する運命の概念だ。命の長さの概念（肥後さんは「バロメーター」と言う）は、仏教の概念である「定命」にもあり、寿命とは違って、宿命——すでに定まっている——を連想させ、それに対して私たちは何もできない。この解釈は、わが子を亡くした親を宿命だからと言って癒すことはできるだろう。

二人がそれぞれ言及した、襲撃者と被襲撃者が共有する運命の概念については、サダエさんが引用した「罪を憎んで、人を憎まず」に通じ、この起源は仏教が浸透する前の儒教にある、復讐者への思いやりの概念である。これは瀬戸内寂聴と、連合赤軍で一二人の同志のリンチ・殺人により死刑を宣告された永田洋子のあいだで交わされた書簡にも見られる。この文通は交換日記のようなもので、三〇〇通の手紙が交換されたあと、『愛と命の淵に——瀬戸内寂聴・永田洋子往復書簡』（福武書店、一九八六年）というタイトルで発表された。徹底した死刑廃止論者の瀬戸内は、永田の違う面を紹介することで議論に一石を投じようとしたのだ。ちなみに永田の凝った表現法には無関心ではいられない。彼女は三九年間拘置されたあと、六五歳で脳腫瘍により獄死した。

ほかの二点も私は気になった。肥後さんがなんと言おうと、私はもう一人——エドガー・ケイシー（心霊術家、結論の項で紹介）派のマッサージ師——、声で客を選ぶという女性に会う機会があった。そのため彼女は、治療を依頼する人と直接に連絡が取れるようにしていた。声は決して嘘をつかないとも言っていた。

最後は、偽のシャーマンに対する警戒で、これはみんな言っていた。後述するマリアもインタビューで、自分たちのオカルト力を強めてほしいと頼む陰陽師について語っているが、奄美では、ユタのなかには欲に目がくらんで、資格もないのに自分で勝手に名乗る人がいると、私にわざわざ注意する人がいた。これはまた、シャーマンには他人を後ろ盾にする習慣がないことを説明している。そういえば九州にはシャーマンがたくさんいるのに、第3部の「東京ほか」の項で後述するコスモライト石橋（本拠地は佐賀県）のマリアは、知り合いのシャーマンは誰もいないと言っていた……。

水行《みずぎょう》

これは持久力訓練――または苦行――のことで、神道や仏教、あるいは修験道にもあり、心身を清めるのが目的である。男性はふんどし姿で、女性は白い木綿の服を着て行なうもので、冷たい海や川に入るか、滝に打たれて祈る修行である。また、冷たい水の入ったバケツを一〇杯ほど、頭からかぶって行なうこともある。こうすることで精神を無にし、膀胱《ぼうこう》経線を刺激する働きがある。禅との結びつきが強いこの訓練はまた、新年の行事としてよく行なわれ、あるいは山での苦行（山伏）や、真言宗高野山の僧侶が真冬にマイナス一〇度の冷水に入る修行としても知られている。人気作家で真言宗派で出家した家田荘子は、定期的に冷たい水に入るのは、霊気を鎮めるためと語っている。

滝行も水行のなかに入るものだ。

いっぽう、武術の道場と同じように、「水行道場」なるものもある。いくつかの寺院が一般人にこの訓練を提供しているのだ（バケツの水は五〇〇〇円、滝行は一万円）。もちろん、許可されるのは必要な持久力のある人だけである。

沖縄——久高、伊平屋島、座間味

沖縄は三六三の島（一〇〇〇平方キロ以上の島は一六〇）からなり、うち四九が有人島である。人口は一四六万八四二八人（二〇二二年現在）だ。また第二次世界大戦では多大な犠牲を払い、人口の三分の一を失っている。いまなお「植民地化」されている感じで、日本の面積の〇・六パーセントしかないところに米軍基地全体の七〇・二七パーセントが集中している。これらの基地だけで本島の一五パーセントを占めている。

久高島とアマミキュによる女系信仰

神の島として知られる久高島《くだかじま》は、どこよりも聖なる島のままである……。本島から五キロの距離にあり、本島の安座間《あざま》港と久高の徳仁《とくじん》港をフェリーが結び、所要時間はわずか一五分から二〇分だ。この島が聖地なのは、琉球の歴史がここで始まったからで、島の北端にあるカベール岬に降り立った女神阿魔美久《アマミキュ》が、島々をつくったとされているからだ。

伝説では、島の東海岸のほぼ中央にある伊敷《いしき》浜に、五穀の種子が入った壺が流れ着いたとされており、この浜は聖地として、遊泳は禁止されている。これらすべてから、久高島は巨大なパワースポットとみなされ、多くの人がパワーを受けるためにやってくる。アマミキュが本島をつくったのは、久高をつくったあとで、その本島には琉球王国最高の聖地とされ、世界文化遺産にも登録されている「斎場御嶽《せーふぁーうたき》」がある。そこには見事な三角形の岩の塊があり、岩壁からは聖地・久高島を望むことができる。周囲が八キロしかない細長い久高島は、徒歩で島を一周するにも二時間で十分だ。島の人口（二〇二〇年現在で二三八人）は港に密集している。残りの土地はすべて神の領域とされ、住民には耕地として「貸与している」ことになる。多くの場所が聖地と認められており、一般人の立入りは禁止されている。

一般人立入り禁止の聖地

「御嶽《うたき》」とは、ノロやカミンチュが集まって祈る、聖なる地のことである。海辺または岩の近くにあって、木に囲まれた地は、どこも手つかずの自然のなかに位置している。

フボー御嶽は琉球七大御嶽の一つで、現在でも立入りが許されるのは女性の神官だけである。島の西海岸に位置し、ここで一二年ごとの午年《うまどし》に行なわれるのが「イザイホー」の儀式である（後述）。

フボー御嶽の入口には「立入り禁止」の立て札があり、立入りを許可されるのは女性の神官だけ。火の使用も、お香に火をつける以外は禁止。

聖なる自然の遊泳場

島を徒歩や自転車で一周するのは許可されているのだが、帽子と水分を補給するものが必需品だ。というのも、どこを探しても自動販売機が一台もないからだ。トルコブルーの海と浜辺の美しさは、朝日でも夕日でも最高だ。久高島がリゾートホテルの建設から守られ、本島の海岸のように景観が一変することがないのは、人間はこの島に触れることができないからだ。聖なる土地はいまも神々のもので、人間に「貸与して」いるのである。まず一〇区画に分割され、それがさらに一五区画に分割されて、合計一五〇区画が住民に「貸与」された開発可能な土地となる。こうして豊かな植物におおわれたこの島では、一種の「原始共産制」が実施されていると言われることもある。

久高には星砂《ほしずな》〔星の形をした海洋性堆積物〕の浜が多いのだが、いちばん人気のウパーマ浜は島の北東、港から最も遠いところにある。見つけるのが大変で、海岸に生い茂る植物のなかにはどこにも案内板がないのだが、しかしそこからは何であっても持ち帰りは禁止。ましてや星砂やサンゴ、植物、鉱石となればなおさらで、それらはすべて神々のものなのである。同じ精神から、浜辺以外の場所を水着で散歩するのも禁止されている。

こうして久高の住民は、自分たちの土地が観光客の群れに侵略されないことを望んでいるのだが、それでも彼らなりのやり方で観光を利用している。たとえば、港の入口にはレンタサイクル設備があり、時間決めで自転車（電動もあり）をレンタルしているのに対し、あるＮＰＯは三時間の島一周ツアーを提供、料金はけっこう高く設定され、人数によって五〇〇〇円から三万円だ。また、一人三五〇〇円でスノーケリングによる潜水もできる。

ここでも過疎化による大打撃

日本の島のほとんどがそうであるように、久高も人口の老齢化による影響を真正面から受けている。六五歳以上の住民が四〇パーセントなのに対し、二〇歳代、三〇歳代は一〇パーセントしかいないからだ。予想は危惧すべきもので、仮に過疎化がこのまま進めば、二〇三〇年には若者は一三人だけになり、二〇五〇年には二人、二〇六〇年にはゼロになると想定されている。小学校と中学校が合併し、二〇〇六年にはまだ四五人の子どもがいたのだが、二〇一八年には二一人だけになっている……。おそらく廃校を避けるためだろうが、現在は、問題児や不登校児、引きこもりの児童を受け入れている。そんな子どもたちの九〇パーセント以上は、ここの安心できる自然と接して生まれ変わり、学校に戻っていくのだろう。

進む過疎化

島には保育園も病院もなく、老人ホームも建設が禁止されていることから、若者の働き口は非常に限られている。それでも村では、若者たちが島に戻ってきやすいよう、港の周辺に点在する六五軒の空き家の一部または全部を彼らに解放することを考えはじめている。

すでに一九六六年、ある小学校の女性教師は、生徒の全員が卒業後は本島に渡ろうと考えていることに気づいていた。ここで強調したいのは、父のように漁師になる以外に仕事の受け皿がなく、ほかへ行ってみるしか選択肢がないということだ。矛盾するのはそれだけではない。本島での求人は、アメリカ軍基地でなければ海岸線を醜悪にしたリゾートホテルで、まさに沖縄が本州に植民地化されていることを象徴する職種なのである。

すべて定められていた運命

沖縄の写真家である比嘉康雄《ひがやすお》が『日本人の魂の原郷　沖縄久高島』（集英社新書、二〇〇〇年）で書いているように、昔は男性と女性の運命は生れたときから決まっていた。久高島の男性は全員（一六歳から七〇歳）が漁師になったのに対し、女性は全員が「カミンチュ」（神女）になっていた。つまり、人間と神のあいだの仲介役である。彼女たちは土地を耕しながら、豊漁と漁師が海で守られるよう祈っていた。男性は漁に出ると年に六カ月は家を留守にすることがあったからだ。いまや六〇歳代になった彼らのほとんどは、後継者がいないことに不安を抱いている。
いっぽう女性は――一六歳になると結婚できた――、子育てに専念し、三〇歳代に達すると神女になるのが習慣だった。

女性が神に変わるとき

イザイホー――女性が神として認定を受ける儀式

仏教が浸透していなかったこの島で、一二年ごとの午年に、きわめて特別な祭事が行なわれていた。六〇〇年以上の歴史を持ち、「イザイホー」の名で知られる祭りである。一種の通過儀礼で、この祭事を通して女性は一人前の神女として認証を受けるのだ。琉球王国の管理下になる前、久高は自給自足で独立していたことから、儀式は島にノロが派遣される前からあるものだ。そこでノロによってもたらされた信仰と、一部は二〇〇〇年以上の歴史がある先祖伝来の儀式が融合したと考えられている。いずれにしろこれは、島で最も古い聖地の一つ、フボー御嶽での評価である。ノロとカミンチュの役割は異なっていた。ノロは島を守るために祈ったのに対し、カミンチュはむしろ自分たちの家族を守るのが使命だった。そのためノロのほうが地位が高く、イザイホーのように神として認定される儀式では最高位が授与された。

この祭事に参加できたのは、両親も久高出身の島の女性だけだった。参加資格の条件として定められていたのは、⑴島で生まれ、⑵島で育った女性であること、⑶島の男性と結婚していること、

(4)結婚後も島に住みつづけていることだった。
しかし、人口の減少とともに、ついには近隣の島々のノロも招かれ、久高に残るノロと合流するようになったようだ。

準備に一カ月

祭りは四日間——旧暦の十一月十五日の満月の日から十八日——にわたって行なわれ、準備にゆうに一カ月は必要だった。まず本祭りの一カ月前に、イザイホーを執り行なうことを神々に報告しなければならなかった。この祭礼前の儀式に参加できるのは、前回のイザイホーのあと三〇歳から四一歳になった女性だった。この条件に合った女性たちは、まず島にある七カ所の聖地（御嶽）に参拝し、そこで神々から神女になるための「霊力」を授けてもらった。対して男性たちは、ノロの監督のもと、木々の枝を切って、「七つ橋」と呼ばれる橋をつくらなければならなかった。拝殿（アシャギ）の入口で半分土に埋もれてかけられた七つ橋は、現世と聖なる世界の境界線、前述の比嘉によると「現世と他界を結ぶ架け橋」だった。新たに神女（久高ではナンチュ）になる女性たちは、現世を捨てて他界空間に入るために、この橋を渡らなければならなかった。そしてそこで適性とみなされたナンチュだけが渡ることができた。

男性たちがクバの木の枝を切っているあいだ、女性たちは浜辺から白い砂を入れたバケツを頭に乗せて運んだ。祭りのあいだの四日間、彼女たちが足で（裸足で）踏みしめる土を清めるためだった。

拝殿――壁代わりにクバの葉でおおわれていた――の背後にも、島の七カ所の御嶽の守護神を迎え入れるため、七つ屋《や》と呼ばれる小屋を二つ建てなければならなかった。藁とクバの葉でおおわれた小屋は、祖母霊（守護霊）が移されるところで、聖地を象徴するものだった。そこでナンチュは三夜を過ごすのに対し、ノロは自宅に帰って眠ることができた。

男子禁制の場所ではあったが、妊婦も儀式に参加することができなかった。身ごもっているのが男の子の可能性があるからだった。また男の子に授乳中の母親はこっそり抜け出して、近くまで連れられてきた赤ん坊に乳を与えなければならなかった。連れてくるのは自分の娘たちだった。

儀式の展開

「香炉の継承式」から始まる一日目

一日目の明け方、女性たちは西海岸の端にある聖地へ行って禊ぎを始めた。身を清めるために身体と髪を洗い、それまで伸ばしていた髪は三日目まで結んではいけないとされていた。それから儀式の核となる祖母霊を孫娘に継承する式が始まった。

この儀式は祖母の家で行なわれ、孫娘が持参した小さな香炉に祖母の香炉の灰を移し、それを自分の家まで持っていって自宅の香炉に移すというものだ。この儀式は「香炉の引継ぎ式」とも呼ばれ、長女の場合は父方の祖母から、次女は母方の祖母から引き継がれた。

いったん祖母霊が移されると、彼女たちはいわゆる白い神装束（ウプジン）に着替えた。これは代々まったく同じものだった。そうして夕方になって行なわれるのが、いわゆる「七つ橋渡り」の儀式だった。

神々は不貞な女性を好まない

新しく神女になる女性たちは、髪を流したまま、裸足で、現世と他界を結ぶ七つ橋を七回渡らなければならなかった。不貞を働いた女性は、このときに橋から落ちるとされていた。比嘉は彼女たちが神職者になることから、貞操性は非常に重要だと解釈している。儀式には神性がつきものとはいえ、イザイホーが「貞操試験」といわれるほど厳しいのは、おそらく男性たちが漁で年に六カ月も留守にすることと関係がなくはないだろう……。では浮気の定義はというと、こうだ。「浮気とは、婚前婚後を問わず配偶者以外の者と性交渉を持つことである。合意の場合でも強制された場合でも、再婚した場合も含み、厳格なものである」（『日本人の魂の原郷　沖縄久高島』より）

久高島では、男性は太陽、女性は月と一対で考えられ、神々も男女で一対が原則だった。「身を誤った」女性は、原則として、まずノロに告白して、神々に許しを懇願しなければならず、そうしないと祭りに参加する資格が得られなかった。しかしこの過程は恥ずかしいことから、「罪」を告白せずに参加した女性も多いと考えられているのだが、それでも、そういう女性たちは、精神的な動揺からか、七つ橋渡りのときに落ちてしまった……。そうでなければ、噂で浮気を知っていた仲間のナンチュが、落ちやすいところで「わざと」突き落としたケースもあったという。

七回の橋渡りが終わると、ナンチュたちは神の拝殿（ハンアシャギ）のなかへ走って入っていった。最後の一人が入ったところでクバの葉でつくられた戸は外から閉められた。その他界で、ナンチュたちは夜の一部を祈って過ごすのだった。

三日目も、ほかの日と同様、朝の四時から始まり、その日はついに正装に身を包み、髪を結いあげて銀の簪《かんざし》で留め、そのあとまわりを年長の神女の白い鉢巻を巻いて飾った。このときの白い神装束と銀の簪は、伝統的に長兄から贈られていた。

新しく神になったことが、一人の男性の右中指で額と両頰に朱印を押されて認証された。次いで一人のノロが、前もって彼女たちの兄が持ってきた団子を朱と同じ場所に当て、粉をつけた。朱は太陽と男性原理を象徴していたのに対し、白は月と女性原理を象徴していた。団子は彼女たちの神女の地位を確認した印で、儀式のあと葉っぱの上に乗せて返された。こうしてナンチュたちもまた、イザイ花と呼ばれる赤と白と黄色の紙でつくった造花を鉢巻のあちこちに挿すことができ、そのあとは年長の神女と一緒に輪になって神歌を唱えながら、井戸の神と水の神に感謝したのである。

こうしてカミンチュとして承認され、家庭の守り神になったばかりの女性たちは、仲介者としての役を引き受け、家族の健康と海での男たちの安全、そして幸せのために祈っていた。いまや彼女たちは、久高で旧暦に従って年に二七回から三〇回行なわれる儀式に参列しなければならなかった。カミンチュに必要な知識を身につけるにはあと三年かかるのだが、しかし一つの儀式を取り仕切れるようになるまでには一〇年ぐらい待たなければならなかった。

イザイホーは複雑な祭りで、それぞれの地位や序列は年齢で決まっていた。年とともに地位が上がるのだが、しかし最上級の階層になるのはやっと六〇歳になってだった。この年齢は、比嘉によると、家では息子の妻のおかげで家事から解放されていた。七〇歳で、それまで四〇年間の貢献に区切りをつける儀式があった。

女性の役割は親族を注意深く見守ることで、亡くなったあと、その霊は神々の元へいき、その後、再び島の聖地に戻って、保護霊になると言われていた。御嶽が聖地とみなされるのはそのためで、娘や孫娘に霊感を与えにくる祖母霊がいるからである。

「神々を送る儀式」

最後の四日目は、二日前に準備した神酒《みき》桶《おけ》を神々に奉納し、儀式が無事に終わったことに感謝したあと、男性たち（一五歳から七〇歳）も合流して、神々を送っていく「綱引き」の儀式に参加した。前もって村人全員で作られた二五メートル以上はあるこの綱は、船の艫綱《ともづな》をあらわし、船の守り神を象徴していた。年齢順に並んで向き合った神女と男性は、両手で綱をつかみ、船を漕ぐ仕草をして神々を見送った。

儀式の最後を飾る行事が終わると、新しくカミンチュになった女性たちは自宅に戻り、上座に座った。長兄が粥《かゆ》を一椀供したあと、カミンチュになったことを象徴するアザカの葉の冠を彼女の頭にかぶせた。

ノロの神扇。中央に太陽、両側に鳳凰が描かれ、鳳凰扇とも呼ばれる。

イザイホー祭りの様子（久高資料センターの写真より）。

聖地で摘み取られたこの葉は、葉っぱが四方位に広がり、カミンチュに魔除けの力を授けるとされていた。神々に奉納したお神酒《みき》を下げて飲んだあと、手には扇子代わりにクバの葉を一枚持って準備万端、自然を称える踊りと歌が始まった。

最後を飾る歌と踊りの輪では、ノロがその地位と序列を象徴する「神扇《かみおおぎ》」を誇らしげに振りかざしていた。扇の絵柄は片面に鳳凰《ほうおう》と太陽、もう片面には月と牡丹が描かれ、そして首には水晶と聖なる力が宿る勾玉《まがたま》の形をした石の長い首飾りをつけていた。

一九六六年のイザイホーに参加したあるカミンチュは、儀式で走っていると天国にいるように感じたと、当時のドキュメンタリー映画（『イザイホウ』野村岳也《がくや》監督）で語っている。「天になんだかあがったような気持ちがして。足は軽くて、頭ふくれて、どこに行くやらわからないっちゃ。もう、わからないよ、こっちに人がいるんだか、いないんだか。（……）イザイホーの場合は、お月さま十五夜だからね、よかったんです……」

翌日は小屋の解体が始まり、神々を巡って感謝を伝え、一二年後にまた儀式をすることを約束した。

イザイホーの終焉

一九七八年、イザイホーの祭りが最後になってしまったのは、ノロ――中心的な役割――がいないからだった。比嘉はそのときの様子を、日本中の研究者やジャーナリスト、作家、詩人、その他物見高い人たちがわんさと来島し、彼自身、最後になるとは思ってもいなかったこの祭りに参列するため、満杯の民宿の廊下や、はては公民館で寝ることになってもいとわなかったと説明している。一九六六年の祭りを撮影した映画監督・野村岳也のドキュメンタリー『イザイホウ』のDVDを何度も観た私は、無意識のうちにとはいえ、この聖なる祭りがすでに観光のアトラクションになっていたのに気づいて困惑した。本来は、島で最も聖なる地――フボー御嶽――で、好奇的な視線から完全に離れて行なわれていたものだった。

ジャーナリストや物見高い人たちがすし詰め状態で押しかけ、好奇心丸出しで「土着の」祭事を見学したことが、この祭りの秘境的な性格を踏みにじり、それがきっかけで終焉を告げることになった。ノロがいないのもそうだが、いやそれ以上に、おそらく島の住民はこの大騒ぎが神々を不快にさせ、怒らせることになると判断したのだ。

悲しい現実はもう一つ、参加資格の条件を満たす女性がもう一人もいないことだ。本来ならこの祭りが行なわれるべきだった一九九〇年、条件に合う女性は二人しかおらず、さらに……二人とも島で生まれ、島の男性と結婚していたのだが……しかし、彼女たちは那覇で働いており、したがって本島に住んでいたのだ。

後生事件《ぐそー》

もう一つの暗い歴史――後生事件という名で知られている――も、イザイホーの消滅と無関係でないのは確かである。最後の前のイザイホーのとき（一九六六年）、その機会を利用して、画家の岡本太郎が好奇心から、一〇人ぐらいのジャーナリストと一緒にいわゆる「風葬」を見にいき、写真を撮るために土の上に置かれた棺の蓋まで開けてしまった。そのときの写真は『週刊朝日』で発表されたのだが、これは当然ながら島民たちの激しい怒りを買うことになった。それが二重の意味で冒瀆だったのは、聖地は男性と門外漢には立入り禁止だったことだ。この事件で風葬に終止符が打たれたのは確かだが、それによって島民たちは、本州にすべてを開いても聖なる島には問題しかもたらさないという考えをさらに強くした。おそらくそれが理由で、住民たちは特別もてなし上手ではなく、私たちが到着するより、去ったほうが安心するようだ。

サワさん

私たちが宿泊したサワ・インを経営するサワさんは、気前のよさを絵に描いたような女性だ。料理の腕が素晴らしく、宿泊客全

サワさん

サワさんに案内された聖地で出合った「神々の使者」ヤシガニ。

員を自分の食卓に招いていた。シングルマザーで、父親の違う二人の大きな娘がおり、島に七人いるカミンチュの一人だが、祭事や儀式にはもう参加していないので、現役ではないと自分で言っている。優しさにあふれているのだが（その日が私の誕生日とわかると、魔法のようにバースデーケーキがあらわれる）、カミンチュの活動については徹底して控え目だ。それでも信頼が生まれ、私が出発する数時間前に、彼女は私を車に乗せ、島のおもな聖地を駆け足でまわってくれた。こうしてある小さな岩の割れ目からヤシガニが出てくるのを見つけたとき、彼女は「これは神々の使者です」と私に小声で囁いた。

彼女のゲストハウスを訪れた人の大半はリピーターで、久高のエネルギーで自分たちを充電させに来ていた。なかの一人で、私たちをある夜、三時間の瞑想に誘ってくれた女性は、霊がいっぱいいるという空き家を借りていた。サワさんは私たちに、蚊《か》が飛んでいる音について聞くのと同じくらい自然に、ポルターガイストが聞こえますかと聞いてきた。

サワさんのところの素晴らしい思い出の一つに、最初の夜、ほかの宿泊客と一緒にピザ浜で横たわり、流れ星を数えたことがあった。もう一つ忘れられない思い出は、気持ちのいい岩陰にうずくまり、静かな波の音に包まれながら、この神の島と海を結ぶ神秘的な対話が聞けるのではないかと、心の耳をそば立てたときだった。

ウミヘビのスープ、イラブー汁

島の名物料理はウミヘビのスープ、イラブー汁だ。イラブーとはエラブウミヘビのことで、毒はコブラの一〇倍なのだが、身の危険を感じないかぎり人には咬みつかない。産卵のために上陸したものを、女性たちが夕方、岸壁の上で生きたまま手づかみでつかまえる。四〇〇年以上前から行なわれているヘビ漁、またはイラブー漁は、沖縄の貴重な文化遺産でもある。昔は、ヘビ漁ができるのはノロだけで、宮廷だけがこの貴重で珍しい料理を味わうことができた。イラブーを軽く茹でたあと、特殊な小屋で六時間ほどかけて燻製にし、そのあと一週間ほど乾燥する。この工程を経ると、ヘビは最初の長さ（一・五から一・七メートル）の一〇分の一でしかなくなる。これを豚足とコンブと一緒に煮たスープ（イラブー汁）で食べる。ウミヘビには薬効があり、大病を患った病人や、出産後の女性の体力回復に効果があるとされている。また、利尿作用があり、リウマチや神経痛、打撲傷などにも効用がある。

伊平屋島《いへやじま》——神々と伝説がいまも息づく手つかずの島

伊平屋島での海神祭（ウンジャミ）で、私は何人かのカミンチュ（ここではハンズナと呼ばれている）に質問することができた。その簡単な報告をする前に、聖なる山——久葉山《くばやま》、文字どおりクバ（別名ビロウ）でおおわれている——のあるこの島について少し紹介しよう。クバが聖なる植物と言われるのは、神々がその上に降りたからだとされている。久葉山は浜辺に面しており、その浜辺も聖地で遊泳は禁止、もちろん何であれ持ち帰ってはいけないことになっている。

伊平屋島（面積二一・六六平方キロメートル）は、沖縄列島で最も北に位置する有人島である。東シナ海上にあり、約四一キロ離れた本島とはフェリーで結ばれ、乗船時間は一時間二〇分。ここ七〇年近くのあいだに人口の四分の三を失い、二〇一九年八月現在の住民はわずか一一九〇人だ。手つかずの自然が残っている島として知られ、その象徴が高さ八メートル、幹の直径一メートル以上の巨大な松「念頭平松《ねんとうひらまつ》」で、

伊平屋島

樹齢は三〇〇年以上、二五メートル以上に広がる傘状の枝が気持ちのよい陰をつくっている。
話によると、五〇〇年前、同じ場所（田名《だな》）に、現在の松より見事な「兄松」があったのだが、隣村の男に盗伐されてしまった。「泥棒」にはその罰《ばち》があたった。なぜならすぐに死んでしまったからだ。彼の家族は木に許しを請い、お詫びに植えたのが現在の「二代目」なのだという。二〇一六年、国の天然記念物に指定されたこの巨木は、沖縄で最も有名な松で、それと並ぶのが、久米島の「五枝松《ごえだまつ》」だ。ちなみに久米島は本島からフェリーで三時間近く、那覇からは飛行機で三〇分のところにある。

念頭平松、または琉球松とも呼ばれる。

それに劣らずわくわくするのが、島の北にある「クマヤ洞窟」だ。素晴らしい浜辺に面したこの岩――八〇〇〇年の歴史があると言われている――は、天照大神が乱暴者の弟の須佐之男《すさのおの》命《みこと》に激怒され、暗闇の世界に引きこもったところとされている。「天《あま》の岩戸《いわと》」は伝説とはいえ、多くの洞窟がこの歴史は本当であると要求しているのだが、しかし完璧主義者によると、それは日本列島の四つの本島の一つであるとされ――、つまり伊平屋は公然と除外されている。それでもクマヤ洞窟には圧倒される。というのも、奥まで入り込まなければならないからだ。とにかく奥が深く、十七時頃にはヘビでいっぱいになる（らしい）のだが、私は確認に行かなかった。それでも話によると、第二

クマヤ洞窟への道

洞窟の内部。天照大神を祀る祭壇がある。

洞窟の入口

次世界大戦中、この洞窟に避難した人たちは全員、死を免れたそうだ……。

島には、沖縄を統一した第一尚氏王朝の祖先を祀る「屋蔵墓《やぐらばか》」もある。また、港のある村の近くには、「我《が》喜屋《きや》の神アシアゲ」という寺院があり、ここで儀式を行なうのはノロのみ、四本の柱の上に藁葺《わらぶ》き屋根が置かれただけの質素な造りである。

長さ三二〇メートルの野甫《のほ》大橋が、人口一〇〇人にも満たない隣の小島、野甫とのあいだを結んでいる。

ウンジャミ（海神祭）

ウンジャミは地元のおもな祭りの一つで、「海神祭」と書かれるように「海の神々の祭り」である。このとき、ハンズナ（カミンチュ）たちは豊漁と航海安全を祈願して祈るのだ。祭りは夏に行なわれるのだが、日にちは旧暦しだいで、たとえば二〇一七年は九月七日、二〇一八年は八月二十七日だった。昔は、二〇人ほどの女性が海の神々を迎え入れて祈り、それから浜まで見送ったのだが、私が参列した二〇一七年は五人だけだった。このとき初めて一人の男性が母の代理で参加したのだが――異例中の異例――、本来はこの行事に参加できるのは女性だけである。

二〇一七年のウンジャミで、いちばん若いハンズナが二九歳のエリナだった。彼女は非常に内気で、私の質問にも姉が代わりに答えるのを黙って聞いていたのだが、最後は今日が初めてで、何をどうしたらいいのかわからないと言って泣きだしてしまった。姉は私に、妹は村の最長老からいろいろと教えてもらい、家系の流れに従ったのだと言った。姉は自分が後を継がなかった罪滅ぼしに、妹を守らなければいけないと感じたのだろうか？　その時点で私が理解したのは、妹には伸びしろのある才能があるということだった。これについてはそのあと、沖縄文化を研究する友人で法政大学のバーバラ・カーズのおかげで確認することができた。カーズによると、エリナには「カミダーリ」〔神がかり的な現象。幻覚や精神的に異常な行動など〕があり、それが理由で、島では彼女だけが――高齢のスミさん（このあとのインタビューで紹介）とともに――、この儀式を全うすることの重要性をいまも信じていたのだった。

若いハンズナ、エリナがかぶっている冠（ウガンシナ）は、稲藁とガジマンの葉で飾られている。

海神祭に男性が参加して、神を海に運ぶ船に乗ったのはこのときが初めて。これまではハンズナだけがこの船に乗るのを許されていた。

海にヨシ（イネ科の多年草）を投げて、神々に別れ告げるハンズナたち。

昔、ハンズナは馬に乗り、男性につき添われて浜辺へ向かった。

浜辺で海の神を見送るハンズナたち。昔はもっとたくさんいたのだが、2017年９月は５人だけだった……。

現在は馬がいないので、歩いて浜辺へ。

観光のためにはこの行事は続けたほうがいい

「昔、私は大阪に住んでいて、那覇のおばあちゃん（カミンチュ）の後は継ぎたくなかったんですけど、夢にまで出てきたので、仕方なく帰ったんです」と語るのは、一九四六年生まれの新城《しんじょう》正《まさ》枝《え》さんだ。「本当はカミンチュにはなりたくなかったんです、だって、私には向いていないと思っていたから。私は八人きょうだいの長女で、三番目の弟は霊感があるし、霊も見えていたので、いちばん向いていたと思っています。結局私は四五、六歳でカミンチュになったんですけど、それは長女だったからなんですね。ここは昔から女系で、神さまはその家の長女が受け継ぐと、そういうやり方だったの。その家に女の子がいなかったらどうするのかという問題はありますけど、いまのところ答えはありません。確かに元は二〇名ぐらいいたのに、いまはもう五名だけで、後継者は少なくなっています。今日は男の人が母親の代わりに出ていたけど、本人は何も知らずに入ったんじゃないかな。でも、村の人はおかしいと思ったみたい。

新城正枝さん、1946年生まれ。

　家族のなかには、沖縄の言葉で『生まれの高い人』が一人いると言われています。霊的能力の高い人ですね。霊を見たりとか、何かが降りてくるとか。それでパワーの強い人には何かよからぬことや悪いことが起こるみたい。だからやっぱりやらないといけないと。私のおばあちゃんの後を継いだ人も、私のおばちゃんですけど、やらないと病気になったり、いろいろなことがあった。それでユタさんのところへ行ったら、やってみなさいと。でもそのおばちゃんも亡くなっちゃったから。

ここではみんな神さまに逆らうと、不幸が訪れるって考えちゃうんです。娘に継がせたくないと思ったある女性は、海に溺れて死んじゃったし……。

夫は農業をやっていて、私も那覇に住んでいます。私が後を継ぐのにもだいぶプレッシャーを受けました。私の後は姪っ子（弟の娘）が継いでくれるはずです。まだ高校生なんですけどね、でも親は私の後を継ぐようにせっついているみたい。ある意味、それで私はホッとしているの、だって私たちにはこの行事をやる責任があるからです。ウンジャミをやらなくても別に村に悪い影響はないと思うけど、でもこの行事をやめることはできない。だって、観光にとっていいことだし、こうしてテレビのニュース（那覇で）にもなって、宣伝になるでしょ」

いまも海や山の神々に祈る

一九二一年生まれの中里スミさんは、九五歳（二〇一六年）まで、イシド神（碇《いかり》の神）としてウンジャミに行っていた

「ノロは神事で、お祓いをするのはユタ。今日は行っていないけど、いままでは行っていたよ。何人かのノロさんにそれぞれ役割があって、海の神さま、川の神さま、山の神さま……、私は山の神、

中里スミさん、自宅の居間で。後ろに見えるのは先祖の仏壇。

場所も何カ所かあってね。私はもう足洗ったけど、昔は歌って、踊りもしてた。若い頃は白い衣装を着てやっていた。昔は家から馬に乗って行ったの。本当は娘がやるんだけど、今日は男の人がやったって？　奥さん、海で亡くなったって？　継ぐものが継がないとよくないことが起こる。だから私ももう高齢だから儀式には参加していないけど、お宮のお世話をしたり、できる手助けはしてた。去年あたりからやってないけどね。自分のためより、家族が元気でよからぬことが起こらないよう、自分たちの血筋のために。

ウンジャミがなくなったら？　不安はある。（なくなったら）悪いことが起こるかどうかはわからないけど、悪いことが起こらないように、みんなでやったらいいんじゃない？　そのためにいま一生懸命やってます。神さまが救ってくれるんじゃないかと思う。自分で真心込めて、家族のために、みんなのために、部落のために、一生懸命やっている。天にも、山にも神さまいらっしゃるで。

私はもう九六歳で、ハンズナとしては最高齢だけど、いまもまだ海の神さまのために祈っています。祭りもいろいろとやり方が変わってきている。いまは田名《だな》神社でやっていますけど、昔はここじゃなかったの。この神社は、昔は大婦がここに住んで管理していたんだけど、いまは区長さんとかが管理している。祭りも昔と変わってきているし。今朝も間違いがあったようだね。海の神さまを浜までお見送りする船を漕ぐ向きも、最初に西に向かって、それから東に向かったらしいけど、本当は逆で東から西だった……。今日船頭をしていた男の人のお母さんが前はやっていた。でも、男の人が祭りに出るのは初めてだ」

二〇一七年九月二日、座間味島《ざまみじま》で出会ったカミンチュ、サチコさん、七二歳

サチコさんは、那覇の西方約四〇キロに位置する座間味島に住んでいる。温暖湿潤気候の小さな観光の島は、美しい珊瑚礁で知られている。人口（二〇一八年現在五九七人）の九〇パーセント以上は観光で生計を立てており、学校ではいまも六〇人ほどの小学生と中学生を迎え入れている。座間味には遊びの雰囲気がいっぱいだ。というのも、観光客の大半（年間約一〇万人）はダイビングやシュノーケリングをするために来島するからだ。夕方には、遊泳客に遭ってもいっこうに気にしない巨大な海ガメを間近に見て泳ぐことができる。海中では、サンゴをぬって泳ぎまわるナマコや、色とりどりの蛍光魚と遭遇する。東京から来るとまさに別世界だ。時間が止まったような、天国にいちばん近いところにいる印象を受ける。第二次世界大戦中に座間味で亡くなった人の数を考えると、島の雰囲気は重いのではと思うのだが、しかし住民たちはとびきりの笑顔でもてなしてくれる。また、先祖を供養するときに焚

座間味島のカミンチュ、サチコさん、72歳（当時）。

冥銭または紙銭と言われる先祖のお金。一束100円で売られ、お盆に先祖に捧げて燃やすとあの世でお金に困らないと言われている。これは中国由来の習慣で、香港や台湾にもある。

く紙の紙幣（「冥銭《めいせん》」あるいは「紙銭《しせん》」）を売っている小さな店もある。この習慣は中国から由来したもので、香港や台湾でも見られ、一束一〇〇円で売られている。お盆などに、先祖があの世でお金に困らないようにと供養に焼く習慣だ。

サチコさんは、家族で「ペンション星砂《ほしずな》」を経営しており、ここでは彼女の沖縄料理が有名だ。港と座間味村のあいだという好立地にあるこのペンションは、改装されて空間もゆったり、ただしとりわけ安いというわけではない。

彼女は私たちを広々としたベランダで迎え入れ、私が本を書くのを知って、自分も書きたかったので嬉しいと言ってくれた……。そして自分を神の人と書く「カミンチュ」だと紹介する。神社と関係があってもなくても、人間と神々のあいだを仲介し、とくに地域の行事や祭りで「神を祀る巫女《みこ》」になるのがカミンチュだ。したがってその役割はシャーマンの部類に入る。

すでに見てきたように、カミンチュのほかにノロとユタがおり、後者には死者との交信や、未来を予言する資格がある。

サチコさんが説明してくれたところによると、彼女は神々の世界と関係があり、男性もカミンチュとして仕事ができた――彼女の祖父がそうだった――そうだ。というのも、沖縄にたくさんいる神々は、女性原理と同じくらい男性原理に属しているからだ。

「私は那覇の南の出身で、四〇年前に結婚して座間味に来ました。よそから来た人間ですけど、この村落のカミンチュさんが亡くなったので、その後を継いだんです。

どうやってシャーマンになったかですか？　どうやってって、生まれつきです、自然に、習ってやるもんじゃない。自然にくるんですよ。遺伝です。おじいさんが、会ったことがないので顔はよくわからないんですけど、カミンチュだったんです。でも、これは誰にでもできるものではありません。刻印のようなものですね。この儀式の道具を使えるのは私だけです」

後継者は大きな問題

――カミンチュの役割はなんですか？

「ご先祖さまに祈って、その霊を供養することです。困っている人を助けることで、私たちも助けられます。神さまに相談するために、お経を唱えると、何かが聞こえるんじゃなく、ここにきて（腹腔に手を当てて）しゃべるんです。向こうの言葉だから、よくわかりませんが、私はそれを自然に、どこにいても、どんな状況でも、仕事をしているときでも受け取ります。

私の役割は人助け、でも、そうすることで私も救われます。カミンチュの使命は神さまのメッセージを伝えることで、それに従って神さまを喜ばせると、お返しに神さまはあなたを助けます……。

これがなかなか人には通じない、わかってもらえない。だから私たちも修行しながらやるんですけど、それで私たちも勉強になる。学校の先生と同じです、教えながら勉強する。いまいちばん難しい問題は継ぐ人がいないことですね。ほんとはもっといないといけないのに、でもいない。みんな疑い深くなって、拝みをする人がいなくなりました。精神病になる人が増えているのもそれが理由です。突然に無差別殺人をする人は、悪い霊につかまって命令されている。悪い霊が身体のなかに入って、人を殺すように仕向ける。だから、殺人犯たちは何も覚えていないと言うんです」

――カミンチュの役割は時代とともに変わりましたか？

「神の道では役割が三つあります。まずカミンチュは判断をする人、神さまと会話できるからです。これは将来を予言するのと少し似ています。それと部落の祭事や儀式に参加する、これらは神仏からきています。そのとき私は、たとえば般若心経を唱えます。三つ目は、赤ちゃんが生まれたときなど、水と山と海の神さまに感謝することです。何かをするときに、神さまに許可をもらうのもカミンチュの役割です。毎年一月二十三日には観音開きをして、観音さまの誕生日には、一年間に受けとったお助けへのお礼と、これからの一年間も引きつづきよろしくとお伝えします。

ノロは女性じゃないといけないんですが、カミンチュはそうでもない。問題は後釜が誰もいないことです。実家の自分のきょうだいの子どもに一人、可能性のある子がいますが、私は継がないと思っています」

――もしノロやカミンチュがいなくなったら、沖縄はどうなると思いますか？

「ほんと私たちのような支えがなくなったら、どうなるんでしょう？　昔は、それぞれの島にノロさんがいたんですけど、いなくなって、どんどんおかしくなっています。時代が変わりました。いまはみんな観光に夢中です。子どもを育てるのが大変だった時代は、カミンチュがいたらお菓子とかご馳走が食べれたので、後継ぎもいたんですけど、いまはもう贅沢だから、昔のようなもんもう食べません。子どもも少なくなって、これからどうなるか心配です。それでも私たちの役割は国の首相のようなもので、島を守らなければいけない……」

——霊は見えますか？

「私は見えません、でも感じます。悪い霊に引っかかると、私は病気になるんです。悪い霊は背中に憑く傾向があって、私はたまに『しっ、しっ！』って追い払わなければならないことがある。悪い霊はうろうろしているから、自分で守らないと。私は自分でお守りをつくって、中に米と塩を入れてます。

神さまは私たちに試練を与えつづけます。ある女の人が子宮を手術しなければならなくなって、私のところにみえました。私は祈ったの。するとその病気が自然に治ってしまって、手術をしなくてよくなったの……」

神さまが私の病気を治してくれました

「子どもの頃、耳でいろいろ苦労して、耳鼻科に行っても治らない。ずっと痒《かゆ》くて、聞こえなくなるところだったんですけど、ドンドンガマ（糸満市にある洞窟）の神さまがすっかり治してくれました。糸満には行事のときに定期的に行ってます。この十月五日に行きますけど、もしあなたがまだここにいらっしゃるなら、ドンドンガマで行事があるのでお連れしますよ。

左の膝が痛くなったことがありました。針が刺さったように痛くて。私は湿布を貼っていたんですけど、そんなの剝がして、モグサで治すように言われたので、やったらすぐに治ったの。ほかにも、耳が遠くなったのと、もう四〇年も頭が痒くて、シャンプーしても、病院に行っても治らなかったんですけど、伊平屋島の久葉山（前述）へ行くようにという命令を受けて、行ったらその場で治った。奇跡ですよ。まだありますよ。飛行機のなかで眠れなかったとき、何か書くものを持ちなさいというメッセージを受け取って、それで書いたらすぐに眠れました」

鉱物にも、植物にも魂がある

「みんな魂があります。鉱物にも、植物にも、動物にも。みんな感謝しなければならないの。私は野菜を食べる前に、話しかけて感謝するの。そう、石にも魂があって、庭の神さまが入っているの。この石にもね、私は祈って、話しかけているの。この石はね、庭の太陽の当たるところに置いてほしいって、ゲストハウスの電気をチカチカさせて、私に教えてくれたの。それで私が太陽の下に置いたら、すぐに電気が元どおりになったのよ……。

いまだにわからないこともあるんです。たとえば、カマキリは神さまの遣いで、子宝の象徴と言われているんですけど、あるとき、私の目の前で二匹の犬が三回交尾したとき、カマキリがあらわ

その石。

太陽の当たるところに置いてほしいと、ゲストハウスの電気をチカチカさせて訴えた石の前のサチコさん。

れたの。なぜなのかまだわからない。わかる人いない。こっちも悩んどる」

第3部　東京ほか

鶴見《つるみ》明世《あきよ》さん

プロフィール

鶴見明世さんは一九六二年三月生まれ。タロット占いを専門とするシャーマンだ。彼女のブログでは「タロット・リーダー／ヒーラー／シャーマン」と自己紹介し、ＩＡＯＨ（ドイツ国際ヒーリング協会）のサイトでは「アパッチ！　魔女！　ドクター！　カラス」と紹介されている。トランプ占いをする以上に、彼女はタロットを視覚的補助として使っている。というのも彼女はなにより感覚人間だからだ。

鶴見さんは大変な人生を送ってきた。祖父母と曾祖父母は神主だった。子ども時代は教育すべてに厳しかった母親に苦労したうえ、父親が転勤族で、学校もよく転校した。

小学校では、みんなに「変わっている人」と見られ、よくいじめられたのだが、中学校では成績がよかったのでいじめられなかった。

鶴見明世さん

一八歳ですでに、良家の子女の花嫁教育に必須とされる表千家茶道講師と草月古流華道師範の免状を取得。初めて反抗に出たのは、東洋哲学やインドと日本の仏教について勉強するために、親が賛成しない大学に入学したことだった。卒業後は、広告代理店に入社して四年間働き、そこでも「変わっている人」と見られていた。その職場で出会ったのが夫で、いわゆる職場結婚なのだが、当時は多かった。彼女はブログで、未来の夫に「ボクと結婚したら、ゾウとキリン以外ならなんでも飼っていいから」と言われて結婚したと語っている。それまでペットを飼うことを許してもらえなかった彼女は、すぐに猫を迎え入れ、これまで里親に出した猫も含めて、総数で四〇匹を超える猫と一緒にいたという。多いときは猫八匹と犬一匹がいたが、現在は猫が二匹だけだそうだ。庭に水鉢があり、最初はメダカ用だったのだが、いまはカエルとオタマジャクシに占領されている。

結婚してすぐ、彼女は仕事を辞めた。最初の子どもを妊娠したからだ。一九九〇年代終わり頃はこうするのが普通で、「寿退社」と言われていた。

家族が増えた新しい状況での生活はかなり大変で、すぐに彼女の金銭的支援が必要になった。彼女が自宅のある湘南海岸（鎌倉に近い海岸）のカフェでタロット占いをして働きはじめたのは、三番目の子どもが生まれたあとだった。そこだと自宅からも近く、何かあったときや、子どもたちにお昼やおやつを食べさせるにも走っていくことができた。末っ子は二歳になったばかりで、上の子たちは長女が四歳で長男が八歳だった。子どもたちの世話をしていた義母は、家族として彼女の仕事が恥ずかしいので、誰からもタロット占いをしていると思われないようにしてほしいと言った。その観点から、義母は彼女に娘時代の名前で仕事をするように頼んだ。

カフェは彼女を迎え入れるために、壁紙を貼り直すなどして改装し、悩みを打ち明けにくる客がほっと安心できるような雰囲気にした。そこで彼女は一人わずか五〇〇〇円の料金で占い、客の問題が解決するまでしっかり相談に乗った。

末っ子の教育費は、彼が目指す獣医になるまであと二年、まだ親が負担することになる。上の子どもたちは仕事をしているのだが、まだ同居していた。鶴見さんはいまでも家族八人のために食事をつくらなければならず、それを彼女は朝の一時から三時のあいだにしているのだ（！）。夜の睡眠時間はわずか三時間（朝の三時半から六時半）、というのも、東京で仕事をしているので朝八時には家を出て、帰宅するのが毎晩十一時になるからだ。湘南海岸に住んでいると、毎日の通勤時間は約三時間ちょっともかかる。ブログで彼女は、帰宅するときの満員電車で立ったまま眠ることもあると語っている。彼女の体重が、身長一五七センチで三九キロしかないと知っても驚かないだろう。最近、彼女は体重が四六キロに戻ったと、私に自慢げに知らせてくれた。彼女の夫も都心で仕事をしており、彼は嫌で仕方がないのだが、しかし彼女は約束どおり六五歳まで働きつづけるよう夫に頼んでいた。彼らが東京から離れたところに住んでいるのは、海の持つ浄化効果と、近くにある有名な海の女神を祀る神社で力をもらっているからだろう。

鶴見さんが、誰から教わったわけでもないのに、自分が才能を受け取ったのを意識したのは、一三歳のとき。現在に至っても滝行や山行、水行などの修行はしていない。彼女の客の多くは、一回相談しただけで治ったと思い、一回分が一〇年の治療に相当することを認めている。それほど彼女の確たる意見は、肉体的、精神的に苦しむ人たちの波動を上げるのだ。彼女は一般的な治療にいちじるしく欠けているのは、ある状況においての白と黒の中間、つまりグレーな部分を認められないことだと考えている。彼女が客の病気を診断するときは、その人の肉体的な痛みを自分に転移して感じることで行なっていると言う。そして手術をしたほうがいいかどうかと聞かれると、迷うことなく自分の意見を伝えている。

彼女の客は三〇〇〇人を超え、東京都目黒区の学芸大学駅から徒歩一分のオフィスで、一日に五、六人を受け入れている。料金は一人につき一時間一万円と決まっているのだが、提示された問題に対する答えが見つかるまで時間が延長してもいとわない。彼女は、長い髪には霊力が宿り、アンテナの役割をしていると言う。それが理由で、切らずにいるのだが、年に一回年末に、お祓いの意味を込めて髪を切っている。おそらくそれは、「アンテナ」に記録され、積み重なった痛みをすべて取り除くということだろう。

彼女はまた、未来のタロット・リーダーも養成している。運営する「タロット・スクール」は初級、中級、上級と三つのコースからなっている（二〇二二年現在、休講中）。彼女はまた、私たちの才能に違いはあっても、そして最難関が最後の段階を超えることだとしても、全員がプロになれると考えている。

臨死体験

「私はタロット占いをしていますが、でもそれは本当の使命ではなく、自分ではむしろスピリチュ

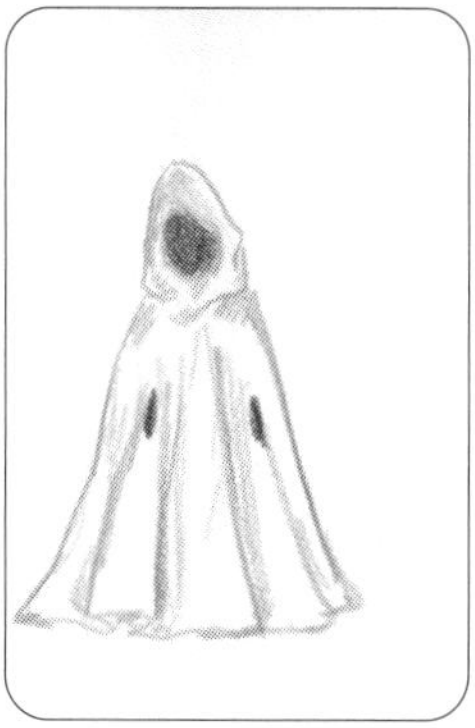

鶴見さんが描いた玄武。ヒンドゥー教で「世界の主」と崇敬されているジャガンナートの化身。

アルやシャーマニズムの分野に属すると思っています。ずっとシャーマンだとわかっていたのですが、でも私の力がぐっと強くなったのは、二二年前に臨死体験をしてからです。三番目の子どもを産んだときに、大量出血して心肺停止になり、気がついたら宇宙にいたんです。そこは素晴らしく美しいところで、私がこの目で見たことをどう説明していいかわからないほどです。シーンとしていて、静けさも尋常ではありませんでした。その空間のなかを進んでいくと、顔のない幽霊のような霊（私の大霊）ジャガンナート〔ヒンドゥー教の神で、「世界の主」の意味〕に出会い、でもそれはあとで玄武《げんぶ》〔中国古来の想像上の動物。霊獣。カメとヘビの合体した姿〕と元は一体の霊だとわかったんです。その霊が私にたくさんの部屋のドアを開けてくれて、宇宙の部屋、海の部屋、風が吹いている部屋とか……。そこには私が見たこともない生き物がたくさんいました。それ以来、玄武が私に年に一回、ヒエログリフのようなメッセージを送ってきて、私はそれを意味がわからないまま取り入れます。そのときは頭のなかがデータでいっぱいになって、気が狂いそうになります。

（臨死体験で）私がある空洞にのみ込まれそうになって、霊に引っ張られそうになったとき、玄武があらわれて手を出してくれたので、玄武にあと一〇年生きさせてくださいと頼みました。なぜなら私は産んだばかりの子どもに責任があったから。それで蘇生したのですが、そのときの契約は一〇年でした。そうして、ちょうど一〇年経ったとき、肺炎で死にそうになったんです。そのとき、ああ、また死ぬのかなあと思ったんですけど、でもまた玄武に頼んで一〇年更新してもらったら、一瞬で治りました。医者は何が起きたのかわからない。最初のレントゲンでは私の肺全体に影があったのに、その影がすっかり消えていたんですから。これが二回目の更新で、じつはそれから一〇年後にまた具合が悪くなって、また更新してもらって。だから私は長生きしないと思っているんです。それもあって、あなたにお話しするのを引き受けたんですけど、私が地球にいる時間は限られている、あと八年であちらへ行くと思います。もう三回も更新してもらったので、もう無理でしょう。でも、怖くはないですね。私が見た宇宙が素晴らしく、ものすごく静かだったので……。

もし行かなければならないのなら、覚悟はできています。ええ、子どもたちも夫もたぶんまだ私を必要としているのはわかっています。ですから私が先に死んだら困ると思って、彼のためにもできるだけ長く生きられるよう頼みました。私のことを大事にしてくれているらしいので。

夫には、私がしていることや知っていることの全部は言っていません。知ったら大変です。彼には重すぎるでしょう。たとえば夜、みんなが寝静まると、自分の身体から霊体を切り離して宇宙へいく練習をしているのですが、これも夫には話したことがありません。話しても理解できないでしょう。一度、死ぬほど怖い思いをしたことがあります。宇宙から帰って自分の身体に入ろうとしたとき、中に違うものが入っていたんです。私はゾーッとしました、なぜって、それが末っ子の首を絞めようとしていたんです。ギリギリになって、私が鳥の形になったら入ることができて、すぐに救急車を呼びました。幸い、子どもの首に私の手の跡はついていなくて、首飾りのように赤い印があっただけでした。救急隊員は、私が産後鬱のせいで、なんでもないことに半狂乱に陥ったと考えたようです。でも、そのとき身をもって学んだのは、宇宙から自分の身体に戻ってくるときは、鳥の形にならなければならないということでした。私はカラスにしています。

乗り物では、飛行機はすでに空中にいるので、身体を宇宙に飛ばすには理想的です。でも電車や公共の場では、自分を守るために霊的な能力はすべてシャットアウトしています。

子どもたち三人は、私の才能を受け継いだんですけど、でも苦しませたくないので、私が取り除きました。いちばん上の男の子に関しては、猫の生まれ変わりだと思っていました。妊娠してすぐに飼った猫が半年で死んだとき、足にお守りをつけて送ったんですけど、驚いたことに、生まれた長男の手の甲に同じ色のアザがついていたんです。猫のようにニャアニャア泣く子だったので、染色体異常の「猫なき症候群」ではないかと心配したんですけど、調べたらそうではなかったので安心しました。一七歳になったとき、そろそろ人になって勉強しよう！　って言ったら、勉強しました。

私はシャーマンで、霊能者ではありません。その意味で、人霊は形として見えません、足だけが見える。私が扱うのは自然霊で、霊を癒して、行くべきところへ送っています。病気も治せますよ。ガンを治したことはありませんが、精神疾患と、肝臓病は治せます。私が治すのはおもにハンドパワーで、目に見えるものより、感じるものを信じるんです。血圧を下げたり、勃起不能も治せるんですけど、これはあまりやりたくないですね。だって、置きたくないところに手を置かなきゃいけませんから」

浄化、呪われた土地を清める

「シャーマニズムの力を使うのは、とくに呪われたり、霊が憑《つ》いている土地を清めるときですけれど、これが命がけのこともあって、骨を折ったりすることもあるんです。エクソシスト（悪霊祓い）のときは、指の骨を折ったり、アタックされたなと感じたら内出血をしていたり……。仏教関係者とか、自分は霊を祓えると言っている自称霊能者とかは、憑いているものを悪と決めつけて、暴力的に叩きのめしますけれど、でもそこに憑いているのは理由があるはずです。なので私はコンサルティングのように、あなたはいまここにいるけど、こっちのほうがいいんじゃないって、霊と意見を調整して、新しい場所を提供するようにやっています。人間と同じように、霊にも感情があるんですよ。怒ったり悲しんだりするので、まずは慰めなければなりません。そのために私は腕に抱きしめて、納得してもらってから、行くべきところへ優しく送るようにしています。自分のなかに取り込んでから、霊が落ち着くまでけっこう時間がかかることもありますね。それで私が困ることはまったくなくて、でもこういうやり方をする人はたぶんあまりいないと思います」

どういうやり方をするのか私に見せるため、鶴見さんは突然、私の首ねっこの一点を押さえ、そ

心霊写真。富士山の近くで土地を浄化していたときの鶴見さん（前列の左から２人目）。写真の中央に不思議な蛇があらわれている。

「これは私の背中を撮った写真ですが、身体は私ではありません」（実際の鶴見さんは非常に小柄で、肩幅も華奢）。

こに霊がいたので取り上げたと言った！　そのとき私は彼女の手の振動を感じたのだが、彼女が霊を自分のなかに取り込んだあと、彼女の手の震えは消えていた。

かつてある客が、激しい頭痛を治してもらうために鶴見さんの元を訪れたとき、彼女に症状を話す前に頭痛が消え、非常に驚いたという話がある。しかも鶴見さんは話も聞かずにその症状を説明した……なぜなら、彼女は客の痛みを自分で感じていたからだ。痛みを転移させて申し訳なく思った客は、その痛みをまた自分に戻すように頼んだところ、鶴見さんは彼女自身で痛みを取り除けると答えたそうだ。これは私がＩＶＨ（ヒーラーのための国際機関）のサイトで読んだ話だが、鶴見さんに直接聞いて確認することができた。

「なかには邪悪なものが住んでいる場所があって、そういうところはルシファー（悪魔・堕天使）が支配しています。本当に祟りのある土地があって、鎮めてほしいと頼まれるんです。ほら、これらの写真を見てください、ヘビがあらわれたり、素晴らしいマゼンタピンクの光の輪があらわれたり……。これは私たちが富士山の近くで土地を鎮めているときで、大天使ガブリエルが力を貸してくれて、愛で包んでくれたんです。

大都市には、呪われた土地がたくさんあります。苦しみが凝縮している場所で、多くの人が亡くなっています。そこには積み重なった憎しみが集中しているので、この悲しみのエネルギーが工事関係者に取り憑いて、それでみんな自殺したり、鬱病になったんです。そこはブラックホールのようで、その場にいると何かを感じない人はいない。それでたくさんの工事関係者が自殺したんです。ある大手不動産会社が、お菓子と一万円で土地の浄化を私に頼みにきました。それで私は自分のやり方でやったんですけど、結局その不動産会社は、あなたがやったという証拠がないという理由で、私に諸費用を払わず、踏み倒しました……。

エリートをたくさん出している某国立大学も邪悪な力の犠牲になっていて、そういう場所のお祓いをしてほしいと頼まれたことがあります。悪霊が住んでいるんです。自殺者が異常に多くて、いまも発狂したり、鬱病になったり、ぶつぶつ独り言を言う人がいるようです。自殺する人は、自殺者の霊が取り憑いているところに無意識に引かれていくんですね。

タロットカードに関しては、カードは絶対に間違わないので、私が読み方を間違わなければ大丈夫だと思っています。

悪霊祓いでは、私の身体に影響があって怪我をすることが多いんです。悪霊を自分のなかに取り込んでいるときに骨を折ることもあります。さっきお話しした富士山の近くで土地を清めたときは、指の骨を折りましたし、ヨーロッパでワークショップをしているときは、奥歯が四本抜けてしまい

「この写真では、私の右足の一部と、前腕が消えました」

「この写真では、私の左腕が消えています」。このとき鶴見さんは、静岡県の富士山近くの朝霧の水源で、この場を浄化していた。

「この写真では、私の背中に蛇がいて、右足が消えました」

「この心霊写真では、私の左の足と足首が消えました」

「この写真では、水の神さまがあらわれて、私の頭の上で蛇の形になりました」

「私の誕生日を祝ってくれた生徒たちへのお礼に、浄化のセッションをしました。私の手に“穴”のようなものが開いていることで、この接触がうまくいったことが証明されています」

「私の誕生日ケーキを霊たちに捧げたとき、私の手に竜の頭があらわれました。参加していた人たちは、天井に何かがいるのを感じたと言っていました（私たちは霊たちが食べたあと、“残り”を食べることができます）」

ました。

ほかの写真はもっと怖いですよ。私の手や頭に穴が空いているのがわかりますね。ここから霊を取り込むんです」

鶴見さんが私に見せてくれたほかの写真では、不思議な生き物が、黒いマグマのように背中に流れていた。別の写真では、頭が二つに割れていたり、完全に消えているものもあった。彼女はまた、自分がポルターガイストを追い払っている最中の写真も見せてくれた。

定期的にスイスやドイツにあるＩＡＯＨ（ドイツ国際ヒーリング協会）やＩＧＧＨ（ドイツ・スイス・インターナショナル・ヒーリング・アソシエイツ）に招かれる鶴見さんは、そこでトラウマになるような経験もした。

ヨーロッパのほうが魔力が強く、日本よりシャーマニズムを求めている

「スイスでは死ぬほど怖い思いをしました。頼まれて、ある人に取り憑いていた悪霊祓いをしたあと、奥歯が四本、根っこから折れてしまい、顎が痛くて痛くて。そのときは死ぬんじゃないかと思いました。それはあるドイツ人の女性に憑いていた霊のケースで、彼女は古いドイツ語しかしゃべらなくて、誰も理解できなかったんです。私は玄武に助けを求めました。すると恐竜の形になって来てくれて、ほかの人には天使のガブリエルかミカエルが来たように見えたそうです。私は床に倒れて、気づいたら、教会の鐘が三時間もずっと鳴りっぱなしでした。悪霊は封じ込められたようですが、でも同時に起きたことにはやっぱり驚きました。奥歯が折れたうえに、首の骨を痛めてしまって、いまだに電車に乗るときは、首にコルセットを巻いてショックから身を守っているほどなんです。ええ、本当に死ぬほど怖かった。血もいっぱい出て、本当に苦しかった。ドイツでは、医者に痛み止めの注射を打ってもらって、なんとか帰国して、成田に着いてすぐに治療してもらいました。歯医者は、私が交通事故に遭って大怪我をしたと思ったはずです、奥歯を四本とも抜かなければならなかったからです。

このときの経験でわかったのは、ヨーロッパの悪霊は、日本の悪霊とは比べものにならないくらいものすごく強いということでした。悪霊祓いは、日本のほうがずっと簡単です。人間に憑いているイヌやキツネの霊は、抱きしめてあげれば、おとなしく戻っていきます。私はヨーロッパのほうがシャーマニズムを必要としていると思います。悪霊の力がどこよりも強く、いまもそのままだか

ら……。

それは、三つの一神教（キリスト教、ユダヤ教、イスラム教）に固有の『善と悪』論に起因すると思います。私たちの信仰はもっと濃淡があって、たとえばキツネは火にも関係していれば、旅人の道案内にもなりますが、悪魔といえば破壊や壊滅、不幸、病気など、悪いことに結びつくだけです」

好ましくない客

「このNPO（非営利組織）が私にもたらしたものですか？　いずれにしろ、私を詐欺行為からは守ってくれましたね。それと私はオフィスに護身用の木刀を置いています。幸い、一度も使ったことはないんですが、でも、客に部屋から出て行ってくださいと、強く出ることはあります。私がとても嫌な思いをするのは、自分たちの力を強くするためや、ライバルを追い払うためにここに来る人たちです。

もう一つ、私を疲れさせるのは医者の人たちで、客に一〇〇人はいますね。そのうえで驚くのは、なかには自分自身の病気の診断を私に聞いてくることです。なかの一人は、手が軽く震えるのでパーキンソン病ではないかと怖がってきました。その医者は可能なかぎり、想像しうるかぎりの検査（MRIも含む）をしたのですが、原因がわからないということでした。私が首の根っこの神経から来ていると言ったら、そのとおりでした！　ほかには婚外関係の問題で相談に来る人もいます。

あと、セレブもあまり好きじゃないですね。うまくいかなくなると私のところに来て、人気を取り戻すともう知らんぷり……」

毎日の客

客の四〇パーセントは男性で、六〇パーセントは女性だそうだ。鶴見さんは、よくある質問をまとめてくれた。

つねに恋愛問題

「独身の人は、パートナーの本気度を確認するために来るか、恋愛中の人ならその関係に未来があるかどうかを知りたい。片思いで、相手に振り向いてもらえるチャンスがあるかどうかを知りたい人もいますし、一度ダメになった関係を復活させることができるかと思っている人もいます。つきあっている相手が誠実かどうかと聞いてくる人もいれば、二人のうちどちらを選んだらいいかわからない人も来る。最後は、恋愛したことのない人が、いつか好きな人に巡り会えるか、そして結婚できるかどうか……」

結婚している夫婦

「結婚している人たちでは、愛情がなくなったんだけど、また以前のように情熱的になれるかとか、別に恋人をつくれるかとか。友好的に別れるにはどうしたらいいのか、離婚して得するか、我慢してこのままでいるほうがいいか、一緒に暮らしたほうがいいのか、子どもは授かるか、家族や義理の家族とうまくいくにはどうしたらいいか、金銭的状況はよくなるか……。夫婦の悩みといえばこんなところでしょうか」

子どもの問題

「子どもの相談で多いのは、これこれの高校や大学に合格する可能性があるかどうか、家庭教師の選択、子どもたちの人生はどうなるか、選んだ学校に入学できるかどうか。クラスでいじめにあったりしないだろうか？　ＰＴＡとはどうつきあったらいいか？　学校の成績が上がらず、親が示した方向性が子どもに合わないと、将来はどうなるか？　とか」

仕事

「仕事の相談もよく受けます。仕事を変えるべきか？　現在の仕事は合っているか？　リスクはあるか？　自分で起業すべきか？　同僚との行き違いや、対立を解決するにはどうしたらいいか？　やる気がなくなったときはどうしたらいいか？　などですね」

健康

「健康に関する問題もとても多いです。なぜ健康になれないのか？　鬱病になっているのではないか？　病気に打ち勝って、健康を取り戻すことができる道はあるか？　現在かかっている医者や病院は合っているか？　この問題は精神的なものか、それとも周囲の人間の性格に関係するものなのか？　何か気をつけなければいけないことはあるか？　重い病気になるのではないか？　などですね」

ほかに多いのは、財産や相続問題、悪いことが重なったとき、家を購入するとき、引っ越しをしたときの影響などの相談だ。あとは家出をした人がどこに行ったか、あるいは憧れの外国へ行って生活したいのだがどうか、という相談もある。

鶴見さんは前世を見ることができると明言するが、しかしこの問題は軽々しく扱ってはいけないとも言う。ただの好奇心にかられて聞かれる場合は答えない。相談の内容が真剣かどうかは、その場で彼女が判断し、また、家の方向を中国式の風水で指示する能力も備えていないと言う。

最後に彼女は、顧客の選択に従って問題を明らかにする手助けをしているだけで、最後に判断し、決断するのは顧客だと明言する。

またブログで彼女は不思議な夢の話をし、こうこういう状況ではどうしたらいいか夢でアドバイスをもらっていると語っている。乗客全員が帽子をかぶっている電車に乗るのは避けること、もしすでに乗ってしまったら、すぐに次の駅で降りて帽子を脱ぐこと。彼女はまた、夢のなかで一回、母方の祖父に出会ったことを語っている。祖父のことは知らなかったのだが、実家の仏壇に写真があったので見覚えがあったのだ。そうとは知らず、彼女は祖父が稲刈りをしているのを自分から手伝った。しばらく手伝ったあと、祖父は後ろを振り向かないで帰るように言い、畦道を送ってくれた。目覚めると、手のひらに血マメができていたと、彼女は書いている。

鶴見さんは、天使は目では見えないが、心のなかで見えると言い、大天使ガブリエルとミカエルの図を描いてくれた。

「日本は一神教の国ではないので、多くの日本人はさしたる使命もなく生きていて、家族にしがみついて満足している人がほとんどです。学問やスピリチュアルの世界で進化する人は、一つの使命を授かっていると自分で感じる傾向がありますね。あなたの使命は、二つの文化の橋渡しをしたネイティブアメリカンのポカホンタスのようなものを連想させます……」

もう二〇年以上、人生の道案内をしてきた鶴見さんは、日本人の精神構造と家族の変化を観察するには恵まれた状況にいる。そこで私はそのテーマについて聞いてみた。以下は彼女が観察したことである。

「夫婦の形は確かに、ここ五〇年で大きく変わりました。一見すると、男性がつねに主導しているように見えますが、でも実際は、生活費を手渡すだけで満足しています。日本の夫婦はある種の自由を見せびらかしつつ、なにより親子関係を基本に成り立っています。夫婦に責任があるとしても、それは西洋のように、お互いの愛で成り立っているわけではありません。アジアでは夫婦より家族が優先するからです。それは親子が川の字で寝るという表現でもわかりますね。そしてこの習慣は消えつつありますが、先祖の供養をするのはいまだ男性の役割です。

結局のところ、私は幸せだったと言えます。だって子どもが大好きですし、夫は私の好きなだけペットを飼っていいと言ってくれましたし。私は主婦になるのが嫌じゃなかった、なりたかったほ

鶴見さんが描いた、心のなかで見えた大天使ガブリエル（右）とミカエル（左）。ミカエルのほうが男性っぽい。

どです。でも家にはほとんどいません、いたらやることがたくさんあるのに。仕事をしているのは、ほかに選択肢がなかったから……。

日本がまた大地震に襲われるかどうかですか？　二〇一一年三月十一日のような大きな地震は、今後一二年間はないでしょう。それでも、四年ごとに日本は自然災害に見舞われます……」

マリア——魂の傷を治す

マリアは自分を第二世代シャーマンと位置づけている。つまりカウンセリングや催眠療法を使って魂の深い部分の傷を治すという、シャーマンのヒーリングを行なっている。私たちはみんな催眠術にかかるように見えるが、しかし催眠療法を自分自身に行なうのは不可能だ。ちなみに私はマリアとは東京で何度も会い、北海道や奄美大島も一緒に行っている。

彼女をこの治療の世界へ導いたのは、離婚したあとに強く感じた怒りで、そのとき前世と接触したのがきっかけだ。前世で彼女は、シチリアの修道院で子どもたちの世話をしていたことから、そのときの洗礼名を使うことにしたという。彼女のサイトでは治療法が詳しく紹介され、顧客からの質問の大半に答えている。とくに宣伝しているわけではないが、口コミだけで多くの顧客が彼女の元へやってくる。

マリアさん

マリアは自己紹介の項で、催眠療法に加えてカウンセリングや星占い、霊気《れいき》（霊的なハンドパワ

ーの一種）、必要に応じて除霊もすると説明している。彼女は顧客からの以下のような質問に答えている。自分は本当のところ誰なのか？　何をすべきなのか？　なぜ私は恋愛すると決まって出口のない状況にばかり陥るのか？　私の運命の障壁とは何？

父親が亡くなったあと、彼女は西洋と中国の占星術に興味を抱き、そうしていわゆる「コア・スター＝真の自己」に目覚めた。

二八歳のとき、ヒンドゥー教で人体内に存在するとされる根源的なエネルギー「クンダリニー」が覚醒したのに続いて、宇宙とのつながりに気づいた彼女は、自分のなかに光が入ってきて、宇宙と地上のメッセンジャーになったと感じている。この体験のあと、彼女は自分の才能を引き受けるとともに、それに伴う精神的な負荷も受け入れている。以下は彼女が私に語ってくれた体験である。

「自分を浄化するために、毎日般若心経を一〇〇回、朝と夜に唱える決心をして、一〇〇〇日間、ほぼ三年間続けました。でもそれが決定的なことではないとわかったんです。それより私たちの精神がオープンになるように準備しておかなければならない。そうして初めて、それまで体験した試練はすべて恵み、自分のためだったことが理解できます。私がクンダリニーを体験したとき、頭上はもう何もない素晴らしい青空で、言葉では言いあらわせない歓喜の感情に満たされました。そして次の瞬間、真の自分に戻ったような感情になりました。そのとき、自分に起きたことはすべて自分にとっていいことだったと気づきました。それと、私たちのしたことはすべて同時に、自分に戻ってくることも。また、人を幸せにするには、自分の運命を引き受けることから始めなければいけないことにも気づきました。

確かに、氏神さまはその地域の人々を守ってくれますが、でも私たちにもみんな守護神がいます。私の場合、夢にあらわれた観音さまから玉をもらいました。お互いが虹で結ばれていたんです。観音さまは私の守護神です」

天体への旅

マリアはしょっちゅう天体へ旅をし、必要なところに出向いていると言う。実際、彼女の娘にも旅行中に一回、母親の存在を感じたとはっきり言われたそうだ。ほかにも彼女のメッセージを受け取った人がいる。それは病院に入院していたクライアントの一人で、彼はそれを夢で受け取ったという。以下は彼女が語った天体への旅である。

「天体への旅で疲れることはありません。自分の意思で行くんですけど、でもそれは呼ばれていると感じたときですね。そんなときは自然に宇宙に飛び出しています。でもそこで特別な神さまに会うというわけではなく、天体全体が神がかった意識に浸っているという感じでしょうか。そこで同じ集団（上下関係のある）に属する霊に合流するんですけど、すぐに移動してほかの人々を助けることもできます。宇宙と地球のあいだには、龍の宇宙があって、そこにも上下関係があります。それは素晴らしいところで、白からあらゆる虹色のニュアンスになっています。

天体へ旅をすると――寝ているときでもある――、魂を浄化することができます。本当に身体が軽くなるの！　まるで飛んでいるようなの、だって、本当に空間のなかを飛んでいるんですもん。色も素晴らしくて、虹に近いと言っていいかもしれません。危険なこともまったくありません、身体が無限に伸びる綱とつながっているので、自動的に元の肉体に戻ることができます。だから怖がる必要はないんです」

龍神

「ある日、諏訪湖にある前宮《まえみや》にいたとき、龍が守屋山《もりやさん》から降りてくるのを見ました。私の上を竜巻のように通り過ぎて、あっという間にいなくなったんですが、真っ黒で、ものすごく印象的で、私の足元に葉っぱを落としていきました。そこへは男友だちと一緒に行ったんですが、龍を見たのは私だけ。この種の現象は必ず、一緒に行った人が写真を撮りに行ったとか、離れたときに起こるん

私たちが奄美大島に着いた翌日に撮った写真。マリアいわく、龍神が私たちを歓迎するために雲のなかにあらわれたと。

です。釈迦の挨拶のようでした。

クンダリニーの体験をしてから、私は二つの世界（神世界と現実界）のあいだにある柱のような存在になったので、龍が私に入ったり出たりすることがあります。一度、和歌山県の熊野那智の滝の前で黙禱しているとき、一匹の龍が私のなかに入って、一瞬で出ていったことがあります。心霊写真と言われているものを一枚、お見せしますね。これは私が京都の神泉苑《しんせんえん》で撮ったもので、ここに守り神である真っ白な龍神があらわれています。ほら、鱗《うろこ》まで見えませんか……？

自然の神さまは、天気がいいときでも雷を落として私たちに話しかけます。あなたも東北で降ってきたばかりの雪が、突然やんだのを見ていますね。私たちのタイミングや組み合わせがいいことを証明するときに起きます……」

暗闇の世界、霊界、地獄のさまざまな段階

「霊界にまぎれこんだこともあります。人は死んだあと、その人の品格の高さに合った霊界に溶け込んでいきます。一度、暗い灰色の霊界に行ったことがあります。そこで、赤いストールを肩にか

けた義母が目に入りました。私はすぐにわかって、義母も確かに私を見たはずなのですが、でも、低いレベルの霊界にいたのを見られて恥ずかしかったのでしょう、私を見て見ぬふりをしました。この世界は悲しくて、ほかの悲しい魂でいっぱいです。それでキリスト教ではたぶん、こういう世界を『煉獄』と呼ぶんだと思います……。

といっても、地獄にもいろいろな段階があって、いちばん低いところは遊郭のような場所なんですね。一度、私の足首が手でつかまれて引っ張られそうになっているのを感じたんです、というのも、刑務所に閉じ込められているような霊たちだから。一種の魔物？　私は逃げてきましたが、目が覚めたとき、脚に傷ができていて、治るのに二週間もかかりました！」

北海道の釧路出身のマリアは、試練に満ちた定めの持ち主だ。父親が亡くなったのが、わずか一二歳のときだったからだ。この逆境が彼女に、人は自分自身で変わることができると理解させたことになる。二回離婚した彼女は、二番目の夫との二人の子どもを一人で育てあげた。

客の身体の痛みを転移して受け取る

甲状腺ガンになったマリアは、手術してもらった医者から、一年以内には再発するだろうと言われた。一〇年後、再発することなく治ったと思うのは、彼女が運命という自然の力に任せたからだ。

「ガンになるのは、悲しいかな、なるほどと思われる想定された部位が多いですね。夫婦関係に問題がある女性は、乳ガンや子宮ガンになる傾向があります」

マリアはまた、ドメスティックバイオレンスやモラルハラスメントの犠牲者でもあった。彼女の試練はそれだけではない。起業したいという友人に五〇〇万円を貸したのだが、彼は彼女に一〇分の一の金を返したあと自殺してしまった。彼女はこの試練を振り返り、ため息をつきながらも彼を許していた。なぜなら彼はアスペルガー症候群だとわかっていたからだ。

さらに交通事故で重傷を負い、復帰できるかどうかわからないほどになったことがあった。そのときに思い出したのが、一九歳のときある占い師に、あなたはスピリチュアルの世界の人だと言われたことだった。そうして現在、いわゆる「スピリチュアル」の世界で仕事をして二七年になる。

そんな彼女はこれまで八万人以上の人の未来を占い、五〇〇〇回以上の催眠療法を行ない、五〇〇人以上に「霊気」の手ほどきをし、心理学と催眠療法の講義をしている。さらにまた「グリーフケア」の講義も受講しているのは、霊たちが——除霊のとき——未練も心残りもなくこの世を去るのを助けるためだ。彼女は、子どもがこの世に生まれるとき、霊たち——とくに先祖の——に取り憑かれる傾向があると考えている。彼女は霊に取り憑かれた人たちを解放しているのだが、霊が憑いたままでいると、その人には死の危険があるとも言う。

彼女が一日に一人しか客を取らないのは、それほどぐったり疲れるからで、途中で休みを取らないと身体が持たないからだ。そして、神社は十六時以降になると、取り憑く人を探す霊たちでいっぱいになるので、行かないように忠告する。いちばん怖いのは「稲荷神社」だそうだ。

魂の傷

「私のところへは、何年もセラピーを受けたのにうまくいかなかったと言って来る人が多いですね。ほかには、いつも繰り返し同じ間違いをするんだけど、その理由がわからないというクライアントもいます。みなさん説明できないことがたくさんあるんです、とくに魂の傷の場合ですね」

彼女にはいろいろな霊が言葉をかけてくるそうだが、現世的な問題に対する答えはタロットに聞くことにしており、クライアントのなかには有名人もいるそうだ。

除霊

「クンダリニーの体験をしてから、除霊ができるようになりました。霊たちを上の行くべきところへ送ってあげるのです。霊能者で除霊ができるという人はいますけれど、ここまで（催眠療法など）できる人はそういないと思います。

多くの霊は、何かやり残したことがあって、ここに残ってさまよいつづけているんです。ほかには後悔している霊とか、なかには上がりたいのに上がれず助けを求めている霊もあります。私はそういう霊に話しかけてから送り出すんですけれど、みんな素直に聞いてくれます。私はまず、あなたは誰ですか？　と聞くことから始めます。そうすると、上がりたいのにどうしたらいいかわからないと言ってくることがあり、その場合は、じゃあ私が助けてあげましょうって言うんです。除霊はとても重要なので、過小評価してはいけません。というのも霊に取り憑かれている人は自殺することがあるからです。私の場合、一度にいくつも除霊することもあります。

前にも言いましたけど、上がれなかったり、人に取り憑いたりする霊は、離れ方がわからないか、何かやり残したことがあるか、上がるのを助けてほしいと思っていることが多い……。そういう霊たちはまた、苦しんでいる人や、感情移入に敏感な人に取り憑く傾向があります。霊は誰にでも憑くんです、そして憑かれた人が自覚するまで完全に支配します。クライアントの一人の女性は、オーラが真っ黒だったんですけど、聞くと彼女は二四回妊娠して、産んだのは五人だけ。一九回も流産していたんです！

水子供養は、私の考えですが、何の意味もありません。でも水子は実際、残る兄弟姉妹に害を与えることはあるかもしれません。仏教でも水子供養を提供して、供養しなければ四世代先まで祟りがあると言っています。

実際は、除霊までできるシャーマンは少ないんです。というのも、除霊した本人が次にそれと同じ霊に取り憑かれて、何かを無理に食べさせられたり、太ることもあるからです。そうならないよう、私は自分を守っていますが――除霊すべてのケースではない――、でも私も一度、肉は食べないのに生ハムを食べたくなったことがあります。あとは金儲けの材料にしている悪徳霊能者にも気をつけなければいけません。

私は人を視覚的に透視することもでき、どこが悪いのか（ガンのような）も『視え』ます。レントゲンのように骨も見えますよ。たとえば、あなたの骨もはっきり見えて、頸椎《けいつい》に問題があることや、脊柱側湾症《せきついそくわんしょう》で、左右の股関節の高さが違うこともわかります（ちなみにこれは医者が私の背中のレントゲンを診て指摘した点とすべて一致した）。命を延ばすこともできるんですよ。頼まれて、お正月までとか、孫娘の結婚式まで延ばしてあげたこともあります。

転移が起こることもあって、そんなとき私は、病気の人の痛みを真正面から受け取るんです。クライアントの一人の女性で、子宮内膜症で赤ちゃんが産めないって病院へ行って薬も飲んでいたんですけど、私が治そうと念じていたら、彼女の痛みが私に移って、一週間ずっと出血していたんです。そうしたら彼女から電話がかかってきて、治ったって！　でも誰かを治すと、私の身体にも影響があって、その人の痛みまで受け取ってしまうんですね。これは聞いた話なんですけど、アメリカンインディアンは、痛いところを人形に移して治すそうですね。それと、その人に憑いている霊が私に教えてくれることがあって、彼女がどこが痛いか話す前に、私がすでに知っていることもあります。自殺したい客が来るのも感じます。会う前にその人の霊が来て、身体が変に痛くなるんです（喉が詰まる、肺や胃が痛くなる、など）、でも自殺願望も移りますから、このときはよくよく注意しないといけませんけれど……」

セラピーの限界

「いちばん大事なのは、悪いところの根っこ、潜在意識を治すことです。すべては自分に原因がある。自分原因説ですね。これもクライアントの一人の女性の場合ですが、夫が一人でぶつぶつ、夜も独り言を言っていて、もう耐えられないと言って来たんですけど、彼女もそうでした。潜在意識までいくには催眠療法しかなくて、これは深いところにある原因を浮かび上がらせるのに必要な情報を与えてくれるものです。大人で七〇パーセント、六歳から一二歳の子どもでは一〇〇パーセント答えてくれますね。催眠療法は鬱病にも効果があります。私が言いたいのは、カウンセリングでは深い原因にまで行けないということなの。潜在意識にまでアクセスできませんし、もちろん前世を知ることもできませんからね。

催眠療法でいいのは、問題にアクセスできて、治ったことが自分でわかることです。クライアントのなかには、九年もセラピーに通ってよくならなかったのに、催眠療法で問題の根っこまで行って解決でき、ああ、楽になった！　という人がたくさんいます。

私はシャーマンでもあるので、治療中に、クライアントがイメージすることを同時に見るのです。その人が草原を見ていたら、私も同時進行で視えるんです」

治療されなかった深い傷は一人では治せない

「これまで治療されてこなかった深い傷は、一人で解消することはできません。私が治療するときは、第六チャクラ〔エネルギーが出入りする場所。人体に七つあると言われている〕で視覚的なメッセージを受け取ります。それから第七チャクラで宇宙に接続して、私が見て感じたものの確認と、傷を治すのに必要なエネルギーをもらいます。

沖縄のノロは第六チャクラのレベルで、霊気ができるようになると第五チャクラが開かれます。でも、第七チャクラが開かれないと、天からのメッセージを受け取ることができません。意識の世界は第五チャクラで、神の世界は第七チャクラになります。

シャーマンになるのは才能で、『チャネリング』ができるのは女性が多く――、これが昔は女性たちに大きな力を与えていました。

私の娘も、孫娘もその才能を持っていると思います。目を見ると霊感があるのがわかる。ちょっとかわいそうだけど、それを使っていくべきでしょうね」

登校拒否に対する独特の解釈

「私が確信しているのは、登校拒否の子どもたちのなかに、霊に苦しめられている子がいることです。学校へ行けない子どものなかには、感情移入が強すぎる子もいます。このようなケースを一回、治したことがあります。ほかの子どもが感じないことを、特別に強く感じる子がいるんですね。子どもの場合は簡単に潜在意識にアクセスできるので、催眠療法をする必要はありません。問題の根っこを見つけるには、話しかけて、聞くだけで十分なの。私が扱ったのは、ある女の子がクラスの女友だちの一人にどこへ行くにもつきまとわれて、学校へ行きたくなくなったケースでした。実際に何が起きるかというと、私たちは自分に似たものを引き寄せる、というより、相手に自分と同じものが欠けていることがわかるんですね。悲しいものを持っている子どもは、悲しい子どもを引き寄せる。いっぽうでこれは、夫婦の形にも当てはまります。私たちは心の凹みを補い合えると錯覚して夫婦になるんですが、これは不可能なの。言うまでもないことですが、夫婦の場合は相手のカウンセラーになれません。潜在意識まで入り込まないと治すことはできないからです。私はさっきの女の子のお母さんに会って、もっと娘さんに働きかけるようアドバイスしました。というのも、妹がお母さんの愛情を独占していて、その女の子には明らかに何かが欠けていたからです」

手のひらの凹みを埋める

「これは手のひらの凹みと比喩することができます。恋愛で問題を抱える人たちには、子どもの頃に欠けている感情があって、それが解消されていない。ここでぜひ私が言いたいのは、人は自分自身の問題を解決してからじゃないと、まわりの人（パートナー、夫、子どもたち）を幸せにすることができないということです。それにはこの凹みを埋めるしかありません。ほとんどの人は、自分に欠けているものを埋めてくれると思って優しい人を求めますが、でも、そういう人はやはり同じ傷を持っている人を引き寄せる。私はクライアントのみなさんには、まず自分の傷を治さないと、自分に合うパートナーには会えませんよと言っています」

セッションのやり方

「私のセッションは四時間はかかります。普通は一回で十分ですね。最初は退行催眠（年齢をさかのぼり、トラウマを出す）から始めます。そこで自分のなかに眠っている子ども（インナーチャイルド）に働きかけ、それから胎児退行〔胎内で体験したこと〕に行って、そのあと前世に行きます。そこで私は、その人に憑いていた霊を取り上げます。霊はみなさんに憑いているんですよ！　ええ、憑いていない人はいないの。同時に、先祖に関係するネガティヴなものや（借金、不倫など）、子孫に憑いたままの霊も取りあげます。このときはトゲを一本、一本抜いているような感じかな？

面白いのは、時空も移動できるのがわかること。いまも覚えているんですけど、一二歳のとき、『危ない！』って私に叫ぶ声が聞こえて、交通事故を寸前で避けられたことがありました。あとでわかったんですけど、このとき聞こえた声は私の声だった！　ということは、未来の私が車に命を奪われそうな少女の私を守ってくれたということです……」

職業上のリスク

「この仕事をしていて危険があるかどうかですか？　そうですね、『陰陽師《おんみょうじ》』（二二四ページの囲みを参照）と名乗る人たちには用心しますね。自分たちの力を高めてほしいって来るんです。なかの一人は一回、自分を宇宙につないでほしいと言って私に接触してきました。私はこの男性が暗闇の世界と関係があるように感じたので、とても不愉快になりました。私は本当はもっとできたんですが、あえて細い紐でつないだら、彼も私がわざと力を抜いたのを感じ取ったようです。彼も、私と同じように、お弟子さんがたくさんいて、それで自分の力を高めたいと思ったようです。

別のときは、一人の陰陽師が三人の陰陽師を引き連れてやって来ました。私はすぐに、彼は『式《しき》神《がみ》』（二二六ページの囲みを参照）と仕事をしているとピンときました。飼っている犬が吠えっぱなしだったのも、よからぬことの前兆でした。私の息子を弟子にしないかと言ってきたんです。息子に力があるのを感じたにちがいありません。もちろん、すぐに帰ってもらいました。実際、この人たちは魔術を使う魔術師です。じつは術はまだ存在していて、式神などを使って術をかけます。魔教といわれるヴードゥー教のように、いわゆる『丑の刻』（午前一時から三時）に、藁人形を神木に釘で打ち込んだりするんですね。敵を病気にしたり、殺すのが目的のこの儀式は、別の時代のものだと思われています。でも最近のことですけど、奈良の近くの森のなかで、木に釘で打ちこまれた藁人形を、私はこの目で見てしまいました。呪いをかけられたのは、裏切られた女性の夫か、その愛人だと感じました。

もう一人、わりと有名な陰陽師が、私にヒーリングを教えてほしいと言ってきました。でも彼もとても感じが悪かったんですね。おまけに彼は、私に呪いの術をかけてきたので、すぐに送り返してやりました。送り返された呪いは、力が二倍になるので、ご自身に返ります……」

私（著者）とマリア。

予言——不確かな未来

「私には未来が見えますので、二〇一一年三月十一日の大震災も来ると感じていました。私が受け取ったメッセージは、二〇一二年までに原発が停止されなければ、核の大災害が起こるというものでした。水面がなぜかわからず危険なほど上昇しているのも見えました。津波で静岡県の沿岸沿いの街が水没して、水族館が壊れているのが見えたので、関東地方も影響を受けるようですね。放射線の被害を受けるんでしょうか？　私が見るイメージは上から来るんですけど、関東地方が何か重大な影響を受けるのが見えます。二〇二〇年のオリンピックに関しても、妨害されるか、中止になるか、問題が見えますね。いずれにしろ、地震はまだ続くでしょう。地震が来るときは、その前に必ず耳鳴りがして、気分がとても悪くなります。九州で火山の爆発があり（マグマが見えます）、また、ある原発にひび割れが発生します（二〇三六年）関東地方が茶色になっているのが見えます。二〇一九年の六月後半から七月十日のあいだに、火山の爆発か、大地震が来るのが見えます。二〇二七年には、千葉が海に水没するのが見えます」

この最後の予言で思い起こすのが、一九七三年に発表されてベストセラーになった小松左京のSF小説『日本沈没』で、地震と津波と富士山の爆発を受けて日本列島が沈没するという内容だ。

「政治では、朝鮮半島の二つのコリアがいずれは一つになり、中国はロシアと同盟を結び、これは日本にとってはよくない兆候ですね。いずれにしろ、私たちは一つの時代の終わりにいます」

そして私が夫のことをマリアに話していたとき、彼女は突然こう言った。

「ごめんなさい、あなたがご主人について私におっしゃることは、全部知っていました。あなたが話していらっしゃるとき、私にはご主人が目の前にいるように見えました」

二回目に彼女にインタビューしたとき、別れぎわに彼女は、私の話を聞きながら、突然に前世が見えたと言った。彼女が見た私は、石造の建物のなかの木の内装の部屋で、何か研究しているところだった。その建物は中世の修道院に似ていたそうだ……。

陰陽師と式神について

時に「道教の魔術」とも言われる「陰陽道《おんみょうどう》」は、中国から来たものだ。道教と、ついで秘教的仏教に深く染まったこのオカルト学は、日本へ来て神道の影響を受け、さらに異文化との融合が進んだ。「陰陽師」は占師とも魔術師とも、呪術師とも見なすことができる。この秘教学が基づいているのは、五大元素（水、木、火、金、土）と、そして「陰」と「陽」である。これらの実践技術の一部は魔術に属していた。なぜなら陰陽師は霊（式神）の力を借りて、敵に害を与えるとされていたからだ。その仲介役となっていたのが人間や動物で、目に見えない式神が、抹殺する人物のすることや動作を監視できるようにしていた。いわゆる「丑の刻参り」はその変形の一つで、当事者を傷つけるか殺すために、当人の形をした藁人形に釘を打ち込んで悪の力を呼び寄せるものだ。危険と判断された陰陽道の実践は、一八七〇年の「天社禁止令《てんしゃきんしれい》」で禁止されたのだが、第二次大戦後、陰陽道を禁止する法令は公式に廃止された。

安倍晴明《あべのせいめい》（九二一―一〇〇五年）

陰陽師の役割の一つは、時期や日にちの吉凶を占うことだった。最も有名なのが、「日本のアーサー王の魔術師マーリン」と呼ばれることもある安倍晴明だろう。その影響力は平安時代の宮廷生活を左右するほど絶大で、言ってみれば宮廷人は彼の信奉者、重要な決断にはすべて晴明の力が求められた。彼にはまた都を悪霊から守る役目もあった。占星術師で土占い師〔土砂の形状による占い〕でもあった彼は、疫病神や悪霊を除霊し、紛失物を見つけ、胎児の性まで見分ける能力があると言われていた。独特の除霊術で知られ、占いや式神を扱う秘伝について多くの著書がある晴明には、敵対する同業者が彼を罠《わな》に陥れようとするなど、敵も多かった。安倍晴明は多くの神社で祀られており、その代表が京都にある「晴明神社」で、彼の旧屋敷跡に建立されたものだ。その社紋は「五芒星《ごぼうせい》」と呼ばれる五角の星で、これは五大元素を象徴している。この印は神社の記念品にもあり、地元の祭りのときに着るハッピの背中にもある。

式神

式神は霊的存在（悪魔、妖怪、幽霊など）で、陰陽師の命令で動くものである。一種のゾンビで、魔術師の管理下にあり、目的に到達するために動物の体のなかに入れられることもあり、いちばん怖いのは人間や妖怪の形をした式神である。敵や権力者を監視するために使われ、この恐るべき能力は力のある陰陽師だけにあった。仮に陰陽師が臣下を管理するのに失敗すると、臣下は裏切り、陰陽師を抹殺することもできた。

水子供養

水子供養は一九七〇年代に始まった仏教の儀式で、流産した胎児の魂を供養するのが目的である。僧侶の故三浦道明《みうらどうみょう》は著書『愛――もし生まれていたら』（文化創作出版、一九八一年）で、流産した胎児の魂を鎮めることの必要性を強調、供養しなければきょうだいに悪いことが起こるとしている。対してイスラエルの宗教学者ツヴィ・ヴェルブロウスキーは、「水子供養」について「新宗教」で「恐怖を煽るビジネス」と言ってはばからず、仏教は胎児の復讐による祟りや呪いという考えを利用して、汚い金を稼いでいると暗に非難している。もっと穏健なのは、アメリカ人の日本研究者ウィリアム・ラフルーアやジェフ・ウィルソンで、アメリカでも信仰に関係なく、子どもを失った女性たちの苦しみに応える儀式が徐々にあらわれていることを指摘している。さらにアメリカの人類学者マーク・モスコウィッツは、この種の儀式は台湾にもあり、要望に応えていることを指摘している。

コスモライト石橋

「コスモライト石橋」は、夫婦二人三脚で運営している。夫の石橋与志男《よしお》はヒーラー、妻のマリアはチャネラーだ。石橋与志男の名刺には、カイロ／オステ（オパシー）／骨盤整体／超気功／心霊治療／遠隔治療／霊視／浄霊／チャネリング／リーディング／催眠療法／身、心、霊、魂、精神、性格、オーラ、チャクラの浄化・向上／風水、波動、結界の調整／運命、宿命、天命の修正を請負うと紹介されている。

そのプロフィールには、ロサンゼルスの「クリーブランド・カイロプラクティック・カレッジ」で解剖学、生理学、心肺蘇生法を修得。骨格を調整し、肉体の不調を取り除き、心身の安定化と、閉ざされてしまった心の扉を開くことができると書かれている。また、あなたの心を癒し／悩みを根本から改善・解決し／ストレスや疲労を癒やし／究極の幸せが体感でき／マイナスの想念・要因をクリアし／ピンチをチャンスに変え／人間関係・家庭・社会環境などを改善し／陰陽バラン

コスモライト石橋の石橋与志男と妻マリア。

スを調整し／記憶・脳の調整などを行ない、おまけとして、あなたの願いを叶える手助けをすると言っている。

石橋与志男は一日に二〇〇人から三〇〇人に会ってヒーリングを行ない、それに加えて、写真による遠隔治療を一三〇件も扱っている。多いときは一日に四二〇人にもなるそうだから、いかに要望が多いかがわかるだろう。

コスモライト石橋の本拠地は、九州の佐賀県武雄市にあるのだが、その影響力は各地に広がり、二〇二二年現在、広島県と岩手県、鹿児島県、ロサンゼルスにサポート会場なるものがある。ちなみに以前は東京（世田谷区）にもあったのだが、こちらは二〇二〇年五月に閉鎖している。

有名になっているにもかかわらず、この夫婦はシンプルで、親しみやすい人柄のままである。

マリアはブログで、チャネリングには三種類の方法があると説明している。一番目は、深いトランス状態に入る方法で、彼女はこれはとても危険だと思っている。二番目は、半トランス状態で、自分の意識は起きている方法。そして三番目は、深いリラックス状態で、ガイドの想いをマインドで受け取り、表現する方法。マリアは三番目の方法でチャネリングをすると言っている。

マリアがチャネリングをするとき、与志男――彼女はずっと「先生」と呼んでいる――は、彼女に視線を注ぎながら横に座り、途中でその動きや声の抑揚が変化するのを注意深く見守っている。しゃべり方にしても、非常にゆっくりなこともあれば、宇宙人とチャネリングするときなどは口調が乱れ、とぎれとぎれになったりする。続いて私が知ったのは、彼は霊を「見ていた」ことで――、それで説明できるのが、チャネリングのあいだ彼と霊が会話している印象を受けたことだ。

マリアがチャネリングで質問するのは、キリスト教の伝統に属する霊（イエス、聖母マリア、マグダラのマリア、大天使ミカエル、マザー・テレサなど）もいれば、日本の神話に登場する人物もいる。実際に行なわれたチャネリングの抜粋をあとで紹介する。

私はマリアとは何回も会う機会に恵まれた。以下は二〇一八年六月十六日、二時間半以上にわたってインタビューしたときの報告である。

私たちにはみんな、神さまと交流する能力がある――自分の心と魂に向き合うだけで十分

――自分の才能にはいつ頃、どのように気づかれたのでしょう？

「三八歳の、嵐の夜からです。突然、具合が悪くなり、救急車を呼んだほどです。その日から、変な言葉で話しはじめました。

小学校へ入学する前は、遊体離脱をしたり、写真のなかに入って遊んだりしていました。小学校へ入学してからは、そういうことはありませんでした」

――お二人ともシャーマンと言っていいでしょうか？

「主人は能力者、またはセレスティアル・ディヴァイン・ヒーラー（天と神のヒーラー）で、私はチャネラーでしょうか。私はチャネリングは心の技だと思っています。心や頭を無にすると、神さまや大自然と交流できます。みなさんもそういう能力がありますので、心や魂に聞いてみてください」

コスモライト石橋のマリアさん。

――チャネリングをするとき、どのように霊を呼ぶのですか？

「神さまとの約束で、三拍手したら来てくださいます」

――来るのを拒否した霊はいますか？

「ほとんどの神さまは来てくださいますが、過去に一度だけ、どの神さまも来てくださらなかったことがあります」

――どうして日本の神話に属する天照大神《あまてらすおおみかみ》や須佐之《すさの》男命《おのみこと》、七福神の布袋《ほてい》、天鈿女命《あめのうずめのみこと》などとチャネリングできるのですか？

「御神縁《ごしんえん》があるからではないでしょうか？　それと、主人の守護神のガネーシャさま〔ヒンドゥー教の神で、知恵または予言の神〕はすべての神とつながる、という方だからだとも思います」

――なぜ「マリア」という名前を選んだのですか？

「私の本名は早苗と言います。主人と結婚する数日前、マリアさまに『これからはマリアと名乗りなさい』と言われました。『これからあなたの体内に入ります』

と言われ、頭上から足にかけていままでに感じたことのないエナジーが突き抜けていきました。生木を裂かれるような衝撃でマリアさまが入ってこられました。光だと『稲妻』のようでした。それまでマリアさまは主人の守護神さま（教育係）でもあったのですが、その数日前に、主人はマリアさまから『あなたから離れます』と言われていたそうです」

――霊は見えますか？

「主人はすべて見えます。人間、動物を問わず生き物の体内、オーラ、亡くなった方、神さま、すべて見えます。私は見えません」

――いままで行なったチャネリングで、いちばん印象的だった霊は誰だったでしょうか？

「私の守護神『アメノウズメノミコトさま』と、主人の守護神『ガネーシャさま』です。ですが、ほとんどの神さまがインパクトあられますね。亡くなられた方では、戦艦大和の乗組員だった方です。私は神さまとつないでのチャネリングが基本で、亡くなられた方はいたしません。各家庭にお亡くなりになられた方は大勢いらして、ですがその方々とチャネリングを合わせると、私の身体がもちません。神さまとのチャネリングが楽しいです」

――これからの日本や地球全体の運命はどのように見られるでしょうか？

「破壊的になる予定だったけれど、神さまは人類が変わることを期待しているとおっしゃっています。そのための手助けをしなさい、と言われています。私には『愛を伝えなさい』とおっしゃいます。主人には神さまは、変わることによって地球は存続するだろうと言われています。何かあるときは、いつも話しかけてこられます。できることはしています。

ガネーシャさまの言葉で、世界中の方々に聞いていただきたいと思うものがあります。

短い人生に、どうして苦しみを、また、病気をするのか考えてごらん。

私がなりたかったのではないという病気を。

とんでもない。

あなたが選んで生まれてきたんだよ。

そしてその病気を与えられているからこそ、出会った人がいるだろう。

気づいたことがあるだろう。

これこそが君たちの使命」

――いまあなたがご主人にはチャネリングしている霊が見えているとおっしゃったので、ご主人が質問をするときに、誰かに話しかけているように見えた理由がわかりました。質問はご主人からのものですか、それとも会場のみなさんからのものですか？

「私たちの勉強会で、出席した方々に、どういう神さまに何を質問したいかなどを書いてもらっていました。たとえば、天照大神さまは現在の日本をどう考えていらっしゃるのか？　ですね。そのなかから主人がいちばん適していると思われる質問を選んで、交流したい神さまに答えてくださるかをお聞きします。いいとおっしゃったら、私がチャネラーになってお答えします。質問は主人からのものもあります。主人には霊が見えるので、本物か偽物かがわかります、観音さまに化けているものもあるからです。一回、そういうことがありました。観音さまに長い尻尾がついていたので、タヌキが観音さまの形をしているのがわかりました。こういう動物霊は、タヌキやキツネのことが多いのですが、私たちをだまして楽しんでいるのです」

――チャネリングをして疲れませんか？　堕天使にチャネリングすると怖いと思いませんか？　それと、チャネリングをして疲れませんか？　チャネリングをやめになった理由をお聞かせいただけますか？

「少しも怖いことはありません。逆に、さっきも言いましたけど楽しいです。それは主人も同じで、一日に何百人もの方のお相手をしていますけど、疲れるとは一言も言っていません。私は、ほとんど自分が何を言っているのかわからず、何もはっきりと覚えていません。私の声も変わり、チャネリングした神さまによって男性の声になったりしますし、宇宙人のときは――私たちの細胞が違って波長が合わせにくいので――、しゃべり方が早くなったりします。ですが、こうなるまでは大変きつい時期があり、変な霊が私のなかに入ったり、出たりしていました。三八歳から四八歳までは本当に体調が悪かったです。前の主人とのあいだに二人子どもがいたのですが、体調が悪くなって、生活がもたなくなり、相談に行ったのが再婚したいまの主人です。

すべての始まりは、アトランティス〔古代ギリシャの伝説の島〕の神さまが私に、聞いたことのない言葉をしゃべらせてからです。私が施術の順番を待っているとき、やはり順番を待っていた一人の霊能者の方が――どこの誰だかもわからない――私に、石橋先生と結婚することになると言いました。ですが私にはありえないことで、私たちはそれぞれ結婚していましたし、お互い何も感じていませんでしたから。私は自分に起きたことを理解するために施術をしてもらいに来ていました。ですが石橋先生が私に言ったのは、ウェディングドレスを着た女性のイメージを見たということで、私たちが再婚したときに初めて、それが私だったということがわかったそうです。

私は先生（石橋は一九五八年生まれ。取材時は還暦を迎えたばかり）より年上で、再婚したときは五〇歳でした（取材時は六六歳）。そうなったのは自然な流れで、物事の順序として決まっているようでした。こうして私は生き返りました。それまでは支えてもらわないと歩けないほど具合が悪くて、本当に死ぬのではないかと思っていたほどです。精神科にも行きましたが、何の助けにもならなくて、更年期障害ではないかと言われました。祈禱師のところにも行ったのですが、少しも楽にはなりませんでした。朝起きるとすぐに調子が悪くなり、一〇年間、気の休まるときがありませんでした。私に憑いていた霊を浄霊してくれたのは、石橋先生だけでした。

それで再婚しました。ですが、恋愛感情からとはどうしても思えなくて。結婚して一六年になりますが、本当に仲良くなったのはここ八年ぐらいです。さっきもお話ししましたが、マリアさまが私のなかに入ってきたときは、稲妻に生木を裂かれるような衝撃でした。いまでも覚えているのは三八歳のとき、九州のある尼僧さまに、四八歳のときに私に神さまが下ってくると言われたことです。私が石橋先生のところに相談に行ったとき、私がチャネリングしたとは言わなかったのですが、突然、私に神さまが下ってきました。そのとき私は滝のような汗をかいて、とても具合が悪くなり、ですがここで神さまが私を通しておっしゃりたいことを話さないと、もっと具合が悪くなることがわかりました。そこで先生に、ウズメさま（私の守護神になった神さま）が私を通して何かおっしゃりたいようですと言いました。ウズメさまはガラスが割れるほどの大声で話されたのですが、私は何をおっしゃったのかまるで覚えていません……。そのときどんなに恥ずかしかったか。だって、私の後ろで多くの方が順番を待ってらっしゃったから……。私が正気に戻ったとき、石橋先生が言いました。自分が施術するときはいつもガネーシャさまや聖母マリアさまの支えを感じているけど、それが日本の神さまだったとは信じられないって……。

私が先生のところに相談に行ったのはそのときが初めてで、施術中にウズメさまが下ってきたのも初めてでした。ちょうどそのとき、さっきお話しした霊能者の方が私に、石橋先生と結婚するだろうとおっしゃった。もう一人の患者さま――やはり霊能者――は、私の背中に白羽の矢が立っているのが見え、もし私が先生と結婚しなかったら、神さまは私を生かしておかないかもとおっしゃいました。

最初の主人とは、あまりうまくいっていなくて、私は離婚も考えていたのですが、いつも反対されていました。驚いたのは、私が神さまに仕えるのを受け入れたとたん、前の主人が離婚を受け入れたことです。私が石橋先生に、残りの人生を神さまに捧げる覚悟ができたと言ったとき、先生が感じていたのは、世の中が悪くなっていき、何か行動しなければならないのだけど、一人ではどうしたらいいかわからないということでした。ちょうどそんなときに、私が先生の人生のなかに入ったのです。私が前の主人と別れたことを知ったとき、先生は、神さまが送ってくれた人とはたぶん私だと思ったそうです。実際に神さまは先生に、結婚式のシーンをお見せになったそうですが、花嫁の顔まではわからなかったそうです。

私は六歳も年上ですから、先生はもっと若い女性がよかったと、神さまに文句を言っていましたよ（笑）……。私たちは先生が離婚したあと結婚しました。ですが、お互い恋愛感情がなかったものですから、この結婚は失敗するのではないかと不安でした。最初の七年間は大変でしたが、八年目からすべてうまくいくようになりました。それからはお互いとても息が合って、喧嘩などしたことがありません。

石橋先生は神さまに従うために私と再婚しました。初めて私がここへ来たとき、先生は私を可愛いと思ったそうですが、一瞬たりとも、人生をやり直す相手とは考えなかったそうです。私のウェディングドレス姿を見たときに、以前に見た花嫁のドレスのイメージと一致していたとわかったそうです。本当に、何度も言いますけど、これは恋愛結婚とだけは言えませんね。神さまに従ってきただけです。本当に、ゆっくりと死に近づいていましたので、私にはこうするしかなかったのです。吐きたくなってトイレに行くにも壁を伝っていくほどで、娘に支えてもらわないと、歩くことさえできませんでした。私が元気になったのを見て、娘はどんなにホッとしていることか。少しずつよくなって、ですがある日、聖母マリアさまが降りてくると私におっしゃって——そのときも稲妻に打たれたような衝撃でした」

——マリアさまはいつもあなたと一緒ですか？

「行ったり来たりしてらっしゃいます……」

——どうして天照大神のような神話の人物とチャネリングができるのですか？

「『神話』の人物というと存在しないと思われます。ですが私は、日本の神さまも昔の宗教の考え方を送ってくださると信じています。それはほかの国の、たとえばイエスさまやマリアさまに対する信仰と比べられると思います。とはいっても、なぜ神さまが私をチャネラーに選んでくださったのかはわかりません。日本語でいう『御神縁』、生まれる前から持っていた特別なご縁でしょうか。このご縁以外に、あなたにどう説明していいかわかりません」

——堕天使とチャネリングして怖くなかったですか？

「いいえ、全然。私がチャネリングした堕天使は、とても穏やかな印象を与えました。何かの理由で、闇の世界に浸っているような印象でした」

——なぜチャネリングをやめたのですか？

「主人がだんだん忙しくなって、メールもたくさん来るものですから、その返事を出すのに私が手伝わなければならなくなって。お客さまのなかには政治家や、有名人もいらっしゃいます」

——相談に来る人たちの問題は健康ですか、それとも将来のことですか？

「主人が扱うのはもっぱら健康問題で、私たちは将来のことは占いません。ですが、みなさんからの質問は個人的な決断に関わることもありますし、話が家庭の悩みになることもあります。

チャネリングは、九州でまた始めようかと考えているところで、私たちの勉強会は三時間ほどかかります。主人が講義をして、そのあと一時間のチャネリングをやっていました。あなたがネットでご覧になった菊理姫《くくりひめ》さまや布袋さまのチャネリングは九州で行なわれたものです。それをまた始めようかなと考えているところです。東京でも何回かしましたが、そう多くはないです」

フレデリック・ショパン

——これまでチャネリングした霊と離れるのに苦労したことはありますか？

「そういうことは滅多にないのですが、ただ、ショパンのときは離れるのが難しかったです。ご存知のように、自分が死んだことを知らないでさまよっている霊がたくさんいます……。ショパンはたぶん過酷な場所にいたのでしょう、主人が上るのを助けてあげました。主人には亡くなった人が見えますし、上ったかどうかもすぐにわかるからです。霊と離れるのに苦労したのは、その一回だけです」

――あなたが呼び出しているのに、神さまが来てくれなかったことはありますか？

「一回だけありました。主人は施術を頼まれてご招待で岩手県に行っていました。ところが三回目に行ったとき、誰も来なかった、予約表は埋まっているのに。あとでわかったのは、それは別の霊能者の仕業だったこと、主人に地盤を踏みにじられて怒ってしたことでした……。主人はもう行かないと言ったのですが、この地方が二、三年後に大地震に襲われるのを感じていました。それが残念ながら当たってしまいました……。これも岩手で二回目に行ったとき、私はチャネリングを頼まれました。そのとき会場には五〇人ぐらいいたのですが、何も来てくれません。そういうふうにうまくいかないとき、私はいつも中山みき〔天理教の創始者〕さまに助けを求めます。私は天理教の信者ではありませんが、困ったときに助けてもらっています。中山みきさまがおっしゃるには、霊が答えるのを拒んでいる、と。なぜなら、会場にいる人の半分は金持ちになることしか考えていないと。それでもし霊が来たとしても、誰も信じてくれないだろうと。誠実な人も少数はいましたが、大半は強欲で、疑い深いと。それで神さまは呼ばれて答えても無駄だと判断なさった……。

チャネリングを聞き直すことは滅多にないのですが、一度、大切な神さまとチャネリングしているときのことを覚えています。背景音に、コオロギの音色と、ボーンという鼓の音がはっきり聞こえたのです。残念ながら、そのときの録音は主人がその上にまた録音してしまったので、もうないのですが、それはとても感動的でした」

――あなたは写真やイメージのなかに入ることができるとおっしゃっていますね、メリー・ポピンズのようですね？

「それは本当に偶然に起きたことで、両親が貸し漫画屋をやっていたからなのです。学校の友だちがよく気分転換に立ち読みに来て、私も時間つぶしによく読んでいて。どうしてかわからないのですが、自分が絵のなかに入っていることがありました。同じことは写真を見ているときもありました。一人の老人の頭が目に入ると、このおじさん何だろうと思ったとたんに、自分が写真のなかにいて、同じシーンを生きていました。いまも覚えているのは、赤ん坊の私が哺乳瓶でミルクを飲んでいるときの写真を見ていたときです。私の肩を抱いているのは誰だろうと思ったとたん、写真のなかにいて、赤ん坊の私が母がくれるミルクを飲んでいるのが見えました。驚かれるでしょうけど、そんなことがありました。とくにそうするつもりでもなんでもないのに……。

小学校へ入学する前に、遊体離脱をしていたことも覚えています。天に浮いた私の身体が家のまわりを旅して、朝のラジオ体操の時間になると元の身体に戻っていました。それは無意識のうちに起きたことで、小学校に入る前からでした。思いのままに入ったり、出たり、好き勝手にやっていて、みんな同じことをしていると信じていました。いまでも覚えているのは、家から五メートルくらいのところの川沿いに、お墓が一個ぽつんとあって、そのお墓の前で一人のおばあちゃんが騒いでいるのが見えました。その人はこの世の人ではないと感じて、その瞬間、霊が見えました――いまはもう見えないのですが。もう一つ覚えているのは、私の祖母が脳梗塞になったあと、誰も言っていることがわからなかったのに、私だけわかったので通訳していて、なぜみんなわからないのかわからなかったことです！」

――エドガー・ケイシー〔アメリカで最も有名な霊能師。結論の項で後述〕は妖精が見えて、小さい頃は一緒に遊んだと言っています。

「主人もそうだったんです！　私には見えませんが、主人もやっぱりみんなに見えていると思っていたそうです。妖精は天使や大天使さまとは違うようですね、大天使さまは二メートルから五メートルもあるほど大きくて……。

私にはチャネリングした霊さえ見えないのですが、主人には全部見えます。霊から妖精から――鈴の妖精ティンカー・ベルに似ているようです。主人が言うには、妖精が一人、ずっと肩の上にいて、服の色は日によって変わっていたそうです……。私たちが結婚したらいなくなった……。主人にはまた、花壇に小人がいるのも見えます。花壇に小人を置く習慣は、たぶんそこから来ているのでしょう……。小人たちはまさか見られているとは思っていないのですが、主人には見える。昔、中学校の運動会のとき、校庭の花壇に小人が一人横たわっているのを見たのですが、その小人は見られているとわかってすぐに逃げたそうです。『白雪姫と七人の小人』の小人たちは森に住んでいますけど、話によると、お花畑にいることが多いようです……。

主人には人体の内臓も見えて、リウマチは指や指の骨に憑いている霊が原因だと言っています。

それを一つずつ、棘を抜くように浄霊するのですが、霊が出てくるときコーラの泡のようなものが見えるそうです。ええ、主人はすごい人で、ちょっと不思議な写真があるのでお見せします。これはハワイで私が撮ったもので、主人は守護神のガネーシャさまをプリントしたTシャツを着ていました。一枚目は『普通』なのですが、二枚目、ガネーシャさまがウィンクをしています。九州で撮った、このジョン・レノンのポスターの写真も同じで、二枚目の写真でウィンクをしています……。ですが私は写真を二回撮った記憶がまったくなくて。誰が同じポスターの写真を二回も撮るでしょう？　その前に私はユーモアにあふれたジョン・レノンのチャネリングをしていました。主人が言うには、ウィンクはチャネリングをしてもらったお礼だと……。

別の写真、これは神社で主人が赤い服を着て還暦祝いをしたときに撮ったものですが、背後に主人の守護神の一つであられる猿田彦《さるたひこ》さまの横顔と、私の守護神アメノウズメさまが写っているのが見えます。猿田彦さまのチャネリングをしたとき、主人の還暦祝いに来たとおっしゃっていました……」

音が見える

「主人は不思議としか思えないものを見ます。ゼウスさまがアクロポリスの丘で見たように、巨大な塊のショッキングピンクの柱が自分の上に降りてくるのを見ました。それに、楽器の音も見えますし（本当です、それに耳のなかで普通のヴァイオリンの音をストラディヴァリウスの音色に変えることもできます）。恋愛感情も『見え』ますし、プロのテニス選手からラケットを清めてほしいと頼まれることもあります」

動物にも植物にも魂がある

「もちろん動物に魂がありますし、木々にもお互いに対する感情（愛情のことが多い）があって、愛してもらえないこともありますし、ヒマワリのような花にも魂がありますし、富士山のような山にもあります。鉱物にあるかどうかは知りませんが、主人は指輪の石を浄化して光らせることができます。なかには石が放つオーラが見える人もいるようです」

戦艦大和

「最初に、私がチャネリングしたなかでいちばん印象的だった霊の一つが、戦艦大和の乗組員でした。第二次世界大戦中の一九四五年に、三〇〇〇人以上の兵士もろとも撃沈された戦艦です。そのなかにまだ乗組員がいると感じた主人は、海底に取り残されたままでいる魂が行くべきところへ上っていけるよう祈りを捧げました……。

広島でチャネリングをしたとき、この乗組員の方は、この日本のために死ぬ覚悟ができていると言いました。会場で聞いている皆さまに、この国をよくするためにできるかぎりのことをしてほしいと、伝えに来たと言っていました」

前世の思い出

「一人の小学生が、軍歌を一〇曲以上覚えていました。そのお子さんは、戦艦大和に乗っているときに頭に銃弾を受けて死んだことを覚えていると言っていました、それでそのお子さんは頭が痛かったのかもしれません。

そのお子さんが行った歴史博物館では、戦艦大和の上で撃たれていた大砲の音が流れているのですが、その音は実際の音とは違い、空砲の音だと言いました。そのお子さんはまた、スパイ対策として、黒板に書かれたことをすべて暗記するように言われたことも覚えていました。本当に全部、はっきりと覚えていました……。

修学旅行が屋久島だったとき（大和の航路と一致）、そのお子さんのお母さんは心配していました。その夜、そのお子さんは兵士たちの魂を供養するために、パワーストーンのブレスレットを海に投げました。それは満月の夜で、そのお子さんは戦艦に乗っていたときに同じ光景に居合わせたのを覚えていると言っていました。

私がチャネリングをしたあと、主人は犠牲者たちを一人ひとり、上げてあげました。そのとき頭が痛かったそうですが、翌日はよくなりました。さっきの少年は、みんな上っていったと感じたそうです。

現場に行って、主人はイギリス兵やアメリカ兵も閉じ込められていると感じたそうで、みんな上げてあげました」

——ブログによると、あなたは一五〇回以上もチャネリングをしていらっしゃいますが、私たちが地球にいることをどう見てらっしゃいますか？　それと人が死んだあとはどこへ行くかわかりますか？

驚いたことに、この質問に対し石橋マリアは「では聖母マリアさまに聞いてみましょう！」と言い、その場で即興で聖母マリアにチャネリングした。以下はそのメッセージである。

《生きる目的は人それぞれです、しかしながら、あなたは人々のために生きたいと願っています。あなたが愛されるのはとてもいいことです、それをまわりがどう感じるかは違うにしてもです。あなたが献身的に人々を助けるのはとてもいいことです。あなたが成長するにはとてもいいことです、しかしながら、自分の魂を削ってまでしようと思わないでください。それはあなたのまわりの人にとっても、子どもたちにとってもいいことではありません。あなたも幸せになることです。人々を幸せにするには、あなた自身も幸せでなければなりません》

――私たちは死んだあと、どこへ行くのでしょう？

《すべてはその方がどういう生き方をしたかによります。信者でイエスさまのそばに行きたいと願っている人は、行くこともできるでしょう。すべてはどういう人生を送ったかによります。イエスさまのそばに行きたいと願う人は、ご自分の守護神に主のそばに行きたいと頼まなければなりません。日本人はご先祖さまのそばに行きたいと願っていました。しかしながらそのためには正しく、楽しく生きなければなりません。これは日本人はとても下手です。ほとんどの方は他人に合わせて生きているだけですから。

ほとんどの人々はご自分のお墓に入っていません。死んだあとどこへ行くかは、それぞれの方がどう生きたかによります。生前にちゃんといいことをしたか、他人に迷惑をかけなかったか、子どもを自分のためだけに育てなかったか……。すべてはそれで行く場所が決まります》

——地球の未来はどう見えますか？

《人々は変わっているところですから、心配はいりません。

あなた方がご心配していたことはすべて消えるでしょう。あなた方のご心配は少しずつ消えていきます。少し前、神さまはあなた方に早く生まれ変わって行動するようお願いしました。しかしながらこの時は終わりました。涙を流してはいけません》

「マリアさまがすべてうまくいくとおっしゃったのは初めてです。少し前までは、私たちに早く行動するようおっしゃっていました。マリアさまは私のなかに降りてきて、愛を伝えなさいと命令なさいました。このままだと地球はアトランティスが沈没した時代のように悪くなっていくということでした。私の使命は人々を目覚めさせることでした。マリアさまはまた、まず自分の家族を大切にすることから始めなければならないともおっしゃいました。女性たちは子どもを捨てて（精神的に）新しい宗教に入ることがあるからです」

——それはマザー・テレサが一九七〇年代後半に日本に来たときのメッセージを連想させますね？

「平和は家庭から始まる！」と。

「私がチャネリングをするときは、私が話しているのではないので、言ったことの八〇パーセントは忘れてしまいます。私はマザー・テレサにも、ガンジーにも、お釈迦さまにもチャネリングしました。ですが私がマザー・テレサの言ったことで覚えているのは、日本は豊かな国だけれども気持ちが貧しい……ということでした」

――ガネーシャも、あなたのチャネリングで「みんなはなぜ笑わないのだ？」と言っていますね。

「神さまは、私たちが幸せで、楽しく食べていると言うのを聞きたがってらっしゃいます。ヒンドゥー教は人々を笑わせるようにするのですが、日本では神さまとの上下関係が厳しくて、とくに男の神さまはそうですね……」

――結局のところ、神々は一つの「宇宙の万物」として集まっているのでしょうか？

「はい、そう思います。天照大神さまと大日如来《だいにちにょらい》さまは一致します……。主人は高野山でマリアさまを見ました。マリアさまと天照大神さま、大日如来さまは通じ合ってらっしゃいます。

主人とエジプトへ行ったとき、ほかの観光客も一緒にいたピラミッドのなかで、主人は壁に触って電気を消してしまいました。幸い、そのあとまた触ったら元に戻りましたけれど……。

アクロポリスの丘には、立派なお姿のゼウスさまがいらっしゃいました。ですが主人は凱旋門が霊であふれているのを感じて、具合が悪くなり、熱を出したほどです。主人には、甲冑《かっちゅう》を着た軍人たちが行進しているのも見えたそうです。多くは怪我をして、血を流していたそうです……沖縄でのように。

夕方の五時は、魂たちがお城の廃墟に出没しはじめる時間です。ヨーロッパの古い建物――中世にさかのぼるものもあります――は、霊でいっぱいなことが多いのですが、危害は加えないのです。多くは自分たちが死んだとは思っていません……。

日本では、神さまの時間は午後の一時から五時のあいだです。それで私はこの時間帯に神さまのメッセージを伝えています。五時以降はお化けの時間だからです。伊勢で天照大神さまのチャネリングをしたとき、午後五時ぴったりにお帰りになりました」

――上っていけない魂は、生前に信仰がなかった人たちですか？

「死んだあとは何もないと考えている人たちは、自分たちが死んだことはわかりません。そういう方々はどこへ行ったらいいかわからなくてさまよい、家に帰ろうとします。自殺した場所の前にそのままいる人もいますし、『取り憑き』やすい人に入り込もうとしている人もいます」

――あなたは宇宙人にもチャネリングしていらっしゃいます。どうしてできるのでしょう？　あなたがチャネリングした宇宙人はいい人に見えますが、悪い宇宙人もいるのでしょうか？

「それは聞いてみるしかありません。やってみますか？」

マリアはそう言うなり、不思議なしゃべり方で話しはじめた。彼女によると、宇宙人とは細胞が違うので、交流も楽ではないということだった。

プレアデス星人への質問

――私たちを管理しようとしている宇宙人はいますか？

《私たちは地球にも、日本にも興味はありません。しかしながら、人間のなかに悪い宇宙人がたくさんいるのは事実です。多くはある国を滅ぼすために忍び込んでいます、日本も例外ではありません。しかしながら、心配しなくてもいいと思います。なかにはいい宇宙人もいて、人間のみなさんとは細胞が違っているにしても、皆さんを助けたいと願っています》

マリアが受け取ったメッセージの例

ユーチューブで見ることができるチャネリングの最後には、以下の説明文がある。参考までに全文を紹介しよう。

「人間界には、内面《うちづら》と外面《そとづら》があります。相手に応じて、話し方や説き方が違います。霊界では素直な言葉で話せます。また〈時間・空間〉がなく、死後短時間で考え方や知識が変わることもあります。また、言えないことも話されるので、チャネリングではそれを伏せることもあります。なので、生前とは少しイメージが違うと感じられるかと思いますが、ご理解ください」

石橋はおもに手を当てる方法で施術を行なっているのだが、しかしチャネリングのときは、メッセージを伝える妻の横に座り、彼女を注意深い目で見守っている。そんな彼は、彼自身が目の前にいるように見えるという霊と会話しているような印象だ。霊に挨拶していることからもそれがわかる。

三〇件はあるマリアのチャネリングから、会場の人からの質問——与志男氏が前もって選んでまとめたもの——に対する答えをいくつか紹介しよう。

ガネーシャのチャネリング

すでに述べたように、ガネーシャは石橋の守護神で、ヒンドゥー教で最も崇拝されている神の一人だ。仏陀と同じように蓮の上に座るか――しかしもっとくだけた格好で――、踊っており、頭部が象で、生きる喜びや知性、教育、知識の神とされている。

ガネーシャは、真面目すぎる日本人を見た驚きを表現することから始めている。そのメッセージは三言で要約できる。楽しく、笑って、歌いなさい！　以下はその抜粋である。

《なんで日本人は笑わないのかな？　みんながそんな顔をしているのはおかしい。みんな楽しく、笑うのがいちばんです。一人一人が悩むのがおかしい。一人が笑えばみんな笑う。だって、笑うと平和が来るんだよ。僕はいつも笑って歌ってほしい。はっ？　謙虚じゃなくていいんだよ。神は謙虚は望んでいないからね。もっと歌おう、もっと笑おう！》

イエス・キリストのチャネリング

イエスへの質問：「私は特定の祈り方を知りません。特定の神さまだけをお慕いしているわけではありません。そんな自分が複数の神さまに向かってサポートをお願いすることは失礼にあたりませんか？　また、自分の声を神さまに届けるにはどういう形の祈り方、心がけがよろしいのでしょうか？　特定の宗教を持たない者のイエスさまへの祈りをお聞かせください」

《みなの魂が永遠であることを、神はつねに見ておられる。祈りがすべてである。人々の髪の色や肌の色すべてが違うように、神の名を呼ぶことが違っていても、神はすべて許してくださる。人の心の色が統一されたときこそ、みなの心に永遠の灯火がつくであろう。神よ、聞いてください。あなたが下された永遠の灯火がどうか消えないようにしてください。（……）これは無償の愛の灯火です。一人一人が永遠の魂を受け継ぐのだ。一人の魂の重さはどれだけの重さがあるかわかりなさい。（……）永遠の魂を信じなさい。行くべき道を間違えてはいけない。神の愛は永遠である……》

聖母マリアのチャネリング

聖母マリアを呼び出すのに、石橋マリアは立ち上がって腕を広げ、顔で左右を軽く見渡してから、手を合わせて祈った。

質問：「エゴと謙虚についてお考えを教えてください」

《みなさんはどうしてエゴを持つのか？　それは人間に罰を与えた神さまの御心です。それを与えれば人々は自分を嫌いになり、それは神の御心ではありませんが、みなさまが学ぶための第一歩として与えてあります。エゴを感じたら外せばいいのです。もちろん、まわりの人々を幸せに導くために、謙虚である必要はありません。本当に人々を幸せにしたいと願うならば、その言葉は生まれません。愛ある生き方はなんですか？　ご自分で考えましょう。（……）人々の信じる神は存在します。あなた方の願いは受け入れられます。あなた方が過ごした人生を私に見せてください。あなた方がそれをエゴと呼ばないならば、私はすべて受け入れて神に伝えます。（……）どうか目覚めてください。どうかご自分の魂を大切に。神の名の下に。どうぞ永遠のみなさま、神はいらっしゃいます。精霊と神の名の下に。ヤーベ・アーメン》

チャネリングが終わると、立っていたマリアは座り、夫とともに手を合わせて祈る。

大天使ミカエルのチャネリング

石橋の質問：「四大天使の一人で、『癒しの存在』と言われる大天使ミカエルさまは、神と同じ存在です。西洋では火と北を司り、日本では玄武とも言われています。名の意味は『神のごとき者』という最強の存在、天界から追放された堕天使ルシファーとは兄弟で、警察官の守護神であり、真実を追求されていると言われています。右手には剣、左手には魂の公平さを測る天秤を抱えた方であります。

ミカエルさま、人間は自分のなかにある悪魔を取り除くために愛とつながり、愛の存在になりたいと思っております。自分のなかの心を天秤にかけ、人間本来の表現ができるよう、愛から離れたカルマの部分を外したいと思います。その愛を取り戻すため、人間にできる方法はないでしょうか？」

マリアは左手をゆっくり伸ばしてから、最後は胸に当てた。

《我々の名を呼び、慈しみを受けんとするは、まさに愛に生きようとする人の心のあらわれだと思い、その子らを愛しく思います。何が幸せで、何が不幸かを判断している人々よ、その秤はあなたの心のなかにあるのです。私が持つこの秤は、人々の愛や命の大きさを測るものでもあります。人々の心のなかにも同じ秤があります。自分以外の者にどれだけ愛を注いできたのかも、この秤で判断します。（……）この秤を見まいとして、自分が生きやすいようにと道を進んでしまっている人々よ、それでよければそれでいいのです。すべてはあなたが決めることです。（……）大いなる魂を持つ人々よ、聞きなさい、天の向こうのラッパが聞こえるときに、あなた方の世界が終わってしまったら、後悔はありませんか？（……）まわりの人々に愛を与えなさい、あなたならできます。（……）人々よ、聞きなさい。あなた以外の、あなたが嫌う人々こそが、あなたのこの器を広げてくれているのです。試練、それでもかまいません。神はそれゆえ、自分以外の人々をお創りになられました》

マグダラのマリアのチャネリング

質問：「この方はイエスと一緒にいた人で、イエスの想いをもって布教し、イエスを愛した方です。マグダラのマリアさま、優しく、愛ある日々を過ごすにはどうすればよいでしょうか？」

《私はみなさまの前でお話しをする身分ではございません。こんな私でもお教えすることがあれば、喜んでお話しをいたします。私はイエスさまの足元にひざまずく一マリアであります。イエスさまに助けられた一人でございます。イエスさまは多くの方を助けてくださいました。そのなかのたった一人で、私に何ができますでしょうか。しかしこの場でお話しさせていただけるありがたさに心が震えています。

みなさまが女性として信じるものがあれば幸いです。私は信じるものを見つけました。そして心が揺さぶられました。みなさま方にもどうか、この一生に心を揺さぶられる方との出会いがありますように。女性として人々を支えられる力になりますように。この命を授かったならば、それを誰かのために役立たせていただく、そこに不安があってはならないと思います。（……）イエスさまは一人一人に、この方の大切な愛を授けてくださいました。そしてその血を分けてくださいました。女性として生まれてきたからには、この愛を永遠に、子どもたちに語りつがなければならないと思います。それが女性の役目ではないかと思うのです。私はみなさま方の愛で、こうしてお話しをさせていただいてありがたく思っております。みなさまの心に訴えることができるように祈ります。イエスさま、あなたの愛は永遠です。アーメン》

宇宙人のプレアデス星人アライキアのチャネリング

石橋の質問：「プレアデスからたくさんの方が来られ、この地球を進化させようとされていると思います。アライキアさまはこの進化をどう見られているんでしょうか？」

《私たちは人間としての生活はできなかったのですが、人間とともに成長したいという思いはありました。私と話をした人はたくさんいたはずですが、聞いていただけで、ほとんどの人はまったく進化していなかったのを残念に思います。ただいまこのとき、いろいろな方々が勉強されていて、当時の人間とは変わってきていることは喜ばしいことだと思います。しかしながら、過去のことを話しても仕方がないので、これからのことを考えたほうがいいと思います。

しかし申し訳ありませんが、この地球人というのはレベルが低いので、私たちがここで話しても、それを変えていこうという人がどれだけ多いかわかりません。自分が何のために生きているのか、希望を持ってではなく、自分の欲だけということに気づいていない人が多いのです。もっともっと進化しなければいけないのですが……。とにかく、愛をもって子どもを産み育てるということから始めなければいけないのですが、それは人間の宗教観に関わってきますので、私はこれだけで話を終わらせていただきたいと思います》

日本神話の神々（中国由来のものもある）

布袋は道教、仏教、さらには神道の伝統にも通じる神である。中国から来たこの伝説の人物は、唐時代末に実在した仏僧とも言われ、笑った姿で描かれている。太鼓腹と長く垂れさがった耳たぶは、寛容と豊穣、繁栄の象徴とされている、日本では七福神の一神として信仰されている。

マリアはこのチャネリングを狂ったように笑いこけて始め、それにつられて夫も笑いだし、笑いが止まらない。

《笑うとすべてが飛んでいくんじゃ！　みなさんに喜びの種を飛ばしてあげよう、さあ、持ってけ～！》。彼女は想像上の大袋から何かを取り出して会場に撒き散らす仕草をし、代わりに軽くなった袋に、みなさんの悩みの種を入れようと集めだす。《なんでこんなにたくさん悩みの種があるんかな〜！》と言って、笑いながら悩みの種を背中に投げていく。

天鈿女命

神話によると、天照大神が閉じこもった洞窟から出てきたのは、その岩戸の前で天鈿女命が踊った官能的な踊りに好奇心をそそられたからで、それで世界に光が戻ったとされている。

石橋の質問：「あなたさまが明るく、楽しく表現することで、天照大神さまが暗い穴から出られました。私たちもそのように輝かせたいと思います。どのように創造すればいいのか、お力をいただけないでしょうか」

返事は詩篇を朗読するような、強く美しい声の歌の形だった。

《この世の中を明るくするのはおなごぞな／それを知らぬで心が泣くわいな／この世の中を建てるのは殿方ぞ／それを支えるのはおなご衆ぞ／ありがたやな、ありがたやの／決しておなごが前に出るなよ》

マリアの解説によると、ウズメノ命は最近の男性が女性化してしまったのを嘆いているのではないかということだった。

中山みき（一七九八～一八八七年）

一人の女性が一つの宗教の教祖であること自体、ほかに類がない。中山みきは生家が浄土宗の檀家で、尼僧になりたかったのを親に反対され、一三歳で結婚させられた。四〇歳で親神《おやがみ》の天理王命《てんりおうのみこと》の天啓を受けたあと、新しい宗教である天理教を創設、現在一六〇万人ほどの信者がいる。いわゆる新興宗教の一つで、本部は奈良県天理市にあり、傘下にある小学校から大学までの同名の学校法人には、三〇〇〇人以上の生徒・学生が通っている。

中山みきが生きていた時代、非識字率が非常に高く、女性にとって男女平等はほど遠い状態だった。みきの夫は気難しい人間で、妻が神の代弁者になることに猛反対したのだが、神がかり的な憑依状態に陥った妻をそこから脱け出させるため、結局は受け入れた。神の声は、彼女に人々を幸せにするようにと命じていた。自らの財産をすべて貧民たちに分け与えた彼女は、貧しい生活を送りながら使命をまっとうした。幕末からの弾圧で何度も勾留された彼女は、明治時代のはじめに釈放されている。

中山みきのチャネリング

マリアがいつものように三拍手をして中山みきの霊を呼び出す。

まるで目の前にいる人に挨拶するように、石橋は話しかける。

「みきさま、お久しぶりでございます。いつも私たち、勉強させてもらっています。感謝にたえません」

マリアは高齢の女性の声でチャネリングする。チャネリングは二〇一一年にさかのぼって、日本が未曾有の大震災に見舞われたことに心を痛めているが、しかし、日本人がそれに負けず立派に復興に動いているので安心している、という言葉から始まる。しかし、天災は忘れた頃にやって来るので、それを忘れてはいけないと念を押す。

みき：《私に今日は何をお話しさせていただけますかな》

石橋与志男：「ご生前、みなさまに言われた言葉を集めました。そのなかのいくつかをもっと教えてもらいたいと思います。まず『喜ぶ心は天の理に適う。適うから盛ん』という言葉です」

みき：《みなさん、天は皆さんの苦しみの声を喜ばれるとお思いか。親さまがそうお思いか、違いますなあ。親神さまは皆さまのお父さま、お母さまとおんなじでございますよ。（……）この身体、この肉を授けてくださってありがたいと思って、陽気に楽しく動くと、そのご家庭やその方は栄える。すなわち富がやって来ます。自分の身体を慈しみすぎて、人さまのことを忘れていませんか？》

与志男：「はい、次に『神は理やで、理は神やで』」

みき：《そのとおり。神さまは道理のどうりがお好きです。わがままを言うて、このことばかりを進めると、道理が引っこんでいけません》

与志男：「はい。『慎みが、慎みが台、慎みが第一の理である』」

みき：《そのとおり。欲張ってはいけません。賢すぎてもいけません。幸せすぎてもいけません。

何か足らん、何が欲しいと言うてるあいだは、何も広がっていきません》
与志男：「はい。『喜びに喜びの理がまわる』」
みき：《そうですな。幸せだなあ、楽しいなあと思うておると、お釣りの喜びがまいります、そのとおり》
与志男：「菜の花の一枚でも粗末にせぬように」
みき：《菜の花と書いてございますか？》
与志男：「菜の葉、一枚でも粗末にせぬように……」
みき：《葉っぱ一枚でも何かつくれないか。これは神さまがつくられたもの。皆さんに草の根っこを食べよと申し上げるのではございません。一つ一つのものを、もっと生かしてあげる方法はございませんかなあ》
与志男：「『世界には枕元に食べ物を山ほど積んでも、食べるに食べられず、水も喉をこさんと言うて苦しんでいる人もおる。そのことを思えば、わしらは結構じゃ。水を飲めば水の味がする。親神さまがお与えくださるということ』。これは感謝ですね」
みき：《そうですなあ。その水の味がせんようになったお方は、どなたですか。この水をありがたいと思うて飲んでおられますかなあ》

　この交流で見出すのは、私たちが肉体的、精神的に苦しむのは、復讐する神によって課されたものではなく、「親神」から送られた警告で、私たちの精神が神の考えと一致していないことを示すものだということだ。いったん神の保護を意識すれば、何らかの問題はすべて乗り越えられるものになり、私たちは人生を喜びの源として楽しめるということだろう。

ミカさん：「自分を霊能者とは思っていないけれど、人には見えないものが見えます……」

ミカさんは、私が出会ったどの女性たちとも非常に違っている。陽気で明るく、人生を思いっきり楽しんでいる。ふっくらとした体つきで、大声でよく笑い、予言できると自慢している人たちは大嫌い、とズバリ！平気で言ったりする。特別な宗教には属していないのだが、それは幼い頃に両親を亡くしたとき、いくら一生懸命に祈っても、何の救いにもならなかったからだ。神社や寺に参拝することもなく、特別な修行もしていない。それでも、彼女には自分でも説明できない才能があり、それは本当に小さい頃からで、二、三歳のときにすでに、予言めいたことを言って周囲を驚かせていたのを覚えている。

ミカさん

彼女はこの仕事でお金を受け取るのを断わっている。というのも、なんであれ現金でもらうと病気になるからだ。もらった菓子箱の下に紙幣がはさまれていることもあるのだが、しかし本当に病気になってしまうのだ。彼女は「社長」と呼ぶ協力者と一緒に小さな会社（「フィアベスコ」）を立ち上げ、食事療法のサプリメントや、パワーストーンのブレスレットをネットで販売している。ブレスレットの値段は一五九〇〇円から二、三万円のあいだ。なかには一三万三〇〇〇円で売られているペリドットのブレスレットもあり、いちばん高いのはモルダバイト（三一万五〇〇〇円）や金紅石ルチル（三五万四〇〇〇円）だ。売れ筋はペンダント（彼女が見えるという上下対称につながる白い木の複製品とともに）で、こちらの値段は一万八〇〇〇円だ。社長は、これらのブレスレットはつける人の気持ちを穏やかにし、身の安全を守ると考えている。ペンダントも含めた販売は、無料で開かれるセミナーで行なわれ、そこで「写真カウンセリング」と称するミカが、来る人すべてに「スピリチュアル・カウンセラー」を行なうと同時に、エネルギーを分け与え、参加者たちにそのエネルギーを使って自分や家族の病気の治し方を教えている。彼女のセミナーが声をかける参加者は、もっと強くなりたい人や、光のエネルギーの誘導に興味がある人たちだ。

ミカさんと私（著者）。

彼女はまた犬の考えも読むことができ、犬にも考える能力があると言う。犬もうるさい騒音には疲れ、つきっぱなしのテレビにはうんざりし、飲み水はできるだけ替えてほしいし、飼い主に部屋をもっときちんとしてほしいと思っている……そうだ。

私は見聞きしたことを伝えるメッセンジャーで、写真のカウンセラー

「私は占い師ではなくて、でも、みなさんが人生の設計図を引くのを手伝っているんです。みなさんには『写真のカウンセラー』って言ってます。ほんとに小さいときから、あるおばあちゃんの頭から蒸気が出ているのを見て、その人はもうすぐ死ぬってわかっていましたし、葬式では死んだ人が笑っているのが見えて、みんな泣いていたのに、私は手でこっそりサインなんかして笑い返していました。そんなんで叱られてばっかりでしたけど、自分ではなぜなのかわからない。それでやっと、自分には見えていたことがみんなにはまったく見えていなかったって、わかったんです。

私が目立ちはじめたのは中学校で、虫の知らせ的な夢を見たのが、三、四日後には本当になったからです。たとえば、私がクラスの女の子の腕に影が見えたとき、その子に気をつけてと言っていたら、少しして、彼女が腕を骨折したって知りました。みんなには、私がその子に呪いをかけたって責められるし、『魔女』扱いされて、『予知子《よちこ》』なんて呼ばれていました。見えたり、聞こえたりすることが、私にはいいことではまったくなかったです。『いじめ』には合いませんでしたけど、でもね、私が何か一言しゃべると、『あいつ、また予言した！』って言われて」

――その才能は重荷でしたか？

「はい、小さい頃はね。だって、目立ってしまったから。私がせっかくみんなにこれこういうことをしないように気をつけてねと言っても、みんな無視して、あとになって私のところに来て泣いちゃって……。

とにかく私が言えるのは、私は見えたり聞こえたりしますけど、でも、みんなにアドバイスしたり、こういう人と絶対に結婚してはいけないって言ったりするのは、もううんざりだということ。だって、みんなその人と結婚しようと決めたら、やっぱりしちゃうでしょ。私の忠告を無視するのはみんなの自由。でも、一年後にみんな私のところへ来て、もうダメ、うまくいかない、私の言うとおりにすればよかったって、言うんです。だから、私は将来を占ってほしいと言ってくる人は大嫌いなんです」

忠告しても、黙っていても文句を言われる

「私、虫の知らせ的な夢もたくさん見るんです。予言できるんです。飛行機が墜落するとか、火山が爆発するとか。でもね、飛行機の事故は予言できても、正確にどこで墜落するとかは言えなくて、それに言ったら言ったで、大惨事を未然に防げなかったって非難されたりして。それでも、みんなに列車の先頭の三両には乗らないように予告したことがあって、実際にその三両が脱線して、犠牲者がたくさん出たことがありました。でも、私が忠告しても、黙っていても文句を言われるんですから、イラつくんです。だから、聞いたり見たりできても、このことで何にもできないし、何の役にも立たないって考えたんです。ですから、この才能を利用しようなんて考えたこともありませんし、もともと占い師の占いが嫌いで、みんな依存症になるからよけいそうなんですね。占い師が大嫌いなのは、みんな当たりそうなことしか言わないから……。

そうですね、これまで二万人ぐらいの人が私に会いにきました。報酬はもらっていません。だって、もし仕事でお金をもらうようにしたら、みなさんにまた来てもらうように料金設定しなければならず、みなさんに楽しいことか、不安を与えることを言うような傾向になります。なかには告知しづらいこともあって、たとえば死の予告ですね、でも占い師は平気で言っちゃう。それが私はどうしても許せないんです」

せっかく予言しても、みんな聞いてくれない

「私の仕事はカウンセリングになります。みなさんが持ってきた写真を見てアドバイスするからです。

でも、さっきも言いましたけど、私がせっかくみなさんに、この女性には借金があるから、この人の母親は意地悪だから、結婚しても子どもができないから、絶対結婚しないように言っても、みんな聞いてくれません。

ある女性に、あなたの愛している男性には別の女性がいるから注意するようにと言ったことがあるんですけど、無視されて。でも彼女はそのあと、彼にはその女性とのあいだに子どもまでいることを知って、結局二人は別れました。みんなに予告しても何の役にも立たないことがわかったので、やめました」

紛失物も見つけます

「私には紛失物を見つけるという、特別な才能もあるんですよ。預金通帳とか、印鑑とか。それもとても正確に言えるんです。預金通帳はハンカチに包まれていて、仏壇の三番目の引き出しにあるとか。うちの社長がお母さんが買った家を売るために契約書を探していました。最初の契約書を提出すると税金が安くなるそうなんです。家は広かったので、社長にはどこにあるのか見当もつかなかった。私は社長に、それは玄関から入って左の部屋にある、仏壇の引き出しの四角い箱のなかにあると言いました。すると社長は実際に四角い箱を見つけて、そのなかにお父さんの卒業証書が入っていて、ふと近くを見たら、探していた契約書があったんです……。私はとくに通帳を見つけるのが得意なんです。亡くなった人に、銀行のカードがある場所と、暗証番号まで聞いたことがあって、ご家族に伝えたんですけど、とても喜ばれました！

冷蔵庫のなかに入っているものも見えるんですよ、うちの社長の冷蔵庫とかですけど、でもなんで見えるのかは聞かないでくださいね！」

ミカは、人が持ってきた写真のなかの亡くなった人とも交流する能力があると思っている。彼女が言うには、亡くなった人も生きている私たちと同じようにはっきり見え、言うこともはっきり聞こえるそうだ。なぜならそれは、生前の記憶や思い出をエネルギーとして保存しているからだと言う。彼女は亡くなった人たちの人生を「読み」、言葉の癖を聞くことができ、食べたかったものまで知っている。つまり、亡くなった人たちは彼女に対して秘密がないのである。

生と死は継続していると感じている

「私は自分を霊能者とは思っていません。これはエネルギーの問題だと思っていて、それ以上のことは言えません。私は亡くなった人たちが食べたかったものも見えます、タバコが吸いたいとか、酒が飲みたいとか、全部見えるんです。好きなものを教えてくれるんです。強いコーヒーが好みとか、白米や赤飯が好きとか。その人の生前を知っていた人たちは、こんな細かいことも、そうだったと認めてくれます。人は生きていても、死んでいても、表現の仕方は同じなんですね。ただ一つ違うのは、肉体の包みがなくなったことだけです。私は生と死は継続していると感じているんです。それが証拠に、亡くなった人たちは私にいろいろなことを、ありえないほど具体的に言ってきます。それはエネルギーの記憶が残っていたからなんですね。だから私は、過去も現在も未来も、一つの同じもので、ずーっと継続していると言いたいんです」

死は肉体を離れること、でもエネルギーは残っている

「亡くなった人の写真を私のところに持ってくる人たちは、優しいメッセージを聞きたいと期待しているんですけどね、それがそうでもなくて、普通過ぎてガックリくるものもあるんです。冷蔵庫のなかに腐りかけているものがあるから捨てるようにとか、窓の金網を替えるようにとか、孫の男の子に新しい靴を買ってあげなければいけないとか……。まるで亡くなった人が、別次元で同じ世

界に生きているようですよね。死ぬって、肉体から離れることで、でもエネルギーは残っている。だから、現在も過去も未来もない。死は終わりじゃない、エネルギーは残っているんです。死んだあと、エネルギーは卵のなかに戻って、別の人生計画を選ぶんです。というのも試練によって私たちは進化するからです。私が学んだのは、私たちはみんな宇宙から来て、私たちのエネルギーは試練の苦しみによって大きくなるということです。だから地球は修行の場、訓練するためにいるんです。

私は前世を見ることもできて、怖くなることがあります。人は死後四〇年で転生する傾向があり、同じ家族を選ぶこともできます。父親は子どもとして生まれ変わるんですけど、でも、自殺の場合は全部やり直しになりますね。だって、前世がうまく成就できなかったんですから……」

まだ受肉しない子どものメッセージ……

「一度、子どもの声で『ママ、私、目は悪いけどよろしくね！』と言うのが聞こえたことがあって。それをある独身の女性に言って、彼女には結婚する予定がなかったんですけどね、でも四歳年下の男性とのあいだに女の子が生まれるとも言ったんです。三カ月後、彼女は妊娠して、大急ぎで結婚しました。三〇歳で、生まれてくる子が目が見えないのなら中絶するつもりでいたんですけどね、でも私は、その女の子は視力は弱いけれども、ある程度は見えると言って。実際、生まれてきた子には目に蒙古斑点があって、これは珍しいことらしいんですけど、あることはあるって。ちょっと面白くないですか？　この女の子は、両親がまだ出会ってもいないときに、この地上に生まれてくる計画を話すことができたんですよ……」

その人の苦しみや、寿命もわかる……

「私は生まれてくる子どもの性別を予言できて、これが間違ったことがありませんし、そのとき会っている人が苦しんでいることも見えるんです……。

二〇一八年八月十一日に、群馬県からある男性が私のところに来て、一緒に住んでいる五十三、四歳の女性が乳ガンの末期で、余命を知りたいと言って。私はそう長くないと言いました。医者の診断はあと一カ月だったんですけど、私にはお盆は越えられないことが見えたんです。私は旅立ちの日としてお盆はとてもいい時だと言いました。だって、ちょうど亡くなった人の魂があの世から帰ってくる時期で、だから彼女は歓迎されるでしょうって。その男性はそれは気落ちしていましたけど、あとでメールが送られてきて、彼女はあれからちょうど三日後（まさにお盆）に旅立ったという報告と、私への感謝が書かれていました。私の予言のおかげで、最後の三日間を家族とともに彼女の枕元で過ごすことができたと……」

手に電流が流れるのを感じます

「私の守護霊さまは、人の身体のガンを見せてくださるんです。私の従業員の女性が白血病になりました。その人には子どもがいて、私にはいないんですけど、家を買ったばかりでした。私は内心で、私の命と引き換えてほしいと提案しました。するど、どうしてそうなったのかわからないのですが、私の手に電流が流れてきて、それもメッセージと一緒に……これからは私がこの手を患部に当てることで、病気を治すことができるという……。それからです、私は頭痛や膝の痛みを治すことができるようになったのは。それまでは、よくならないだろうというのは見えても、どうしたら人の痛みを治すことができるのかまではわからなかったんですけどね。私の手に電流が流れるのを感じるとき、金粉のようなものが見えて、それでこの受け取った金粉を頭のなかで治してほしい人に送るんです。さっきお話しした白血病になった人は、私がこれを送ったちょうどそのとき、エネルギーを感じたそうです。三日後、彼女の病気の分類はＭ５（急性単球性白血病）からＭ３（急性前骨髄球性白血病）になって、いまはすっかり元気です。

みなさん、医者に通うのに疲れて私のところに来る人が多いですね。斜視で悩んでいたある若い女性が来ました、これは珍しいケースです。私は治してあげて、彼女は演劇界で存分に力を発揮することができました。でも、ここへは週に数日しか来ないんです。だって毎日いると、みなさん依存症になって、くだらないことばっかり聞いてくるからです。今度買う車の色をどうしたらいいですか、とかね。

手に電流が流れるのを感じるようになってから、このエネルギーをある人に送ると、その人は今度は自分で治せるようになるんです。これだと自分で治せますし、それほど疲れることもない。だからいまラインで一九〇人ほどのグループがつながっていて、メンバーは北海道から沖縄までいます。

私が手にビリビリって電流が流れるのを感じると、ラインでメンバー全員に知らせます。これってセミナーで教えているときも役に立つんですよ。変な例ですけど、スイカを選ぶとき、〈ビリビリ〉ってくるからすぐにいちばん甘いのがわかるんです。

一度、テレビに出ないかと言われたことがあるんですけど、でもね、私はテレビに出るような人と関わりたくないんです、みんな何も学ぼうとしないし、成功することしか考えていないでしょ。こういう人たちと会うのはお断わり。いわゆる〈スピリチュアル〉の世界も嫌いで、占い師の言うことも信じません」

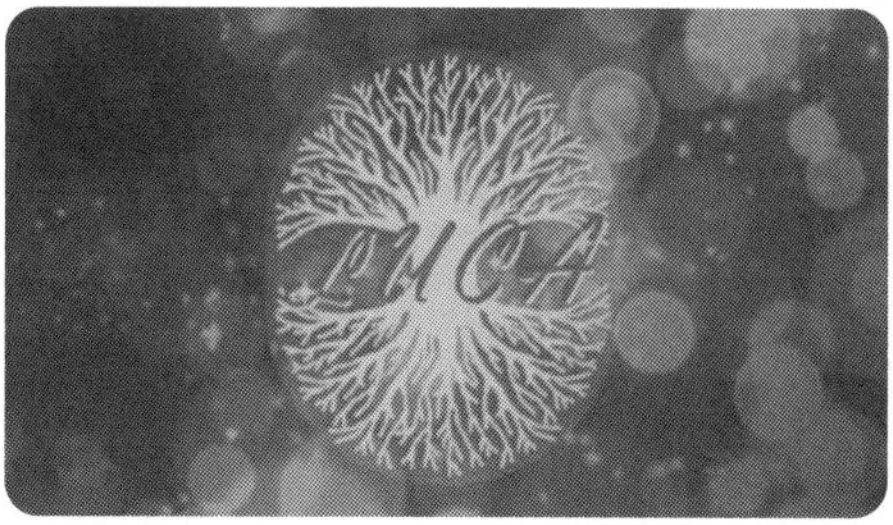
上下対称の白い木の映像。

上下対称の白い木の映像

「私は真っ白な木が、鏡を置いたように上下対称につながっている映像を見たんです。この木のそばに、白い服を着た白髪の人がいて、その人が地球でこれから起こることの情報を私に送ってくれるんです。土砂崩れについてはとても正確な情報を受け取ります。横浜の化学工場が爆発するのを『見た』んですけど、二日後に、まったく同じ映像がテレビに映っていました。

私が手に感じる電流は、この白い木から来ていることがわかりました。この木に近づくと、これが卵のなかに入っているのに気づきました。将来は、薬なんか必要じゃなくなりますよ、だって、病気を治すにはこの木から来るエネルギーで十分なんですもん。このエネルギーはいったいどこから来るのか木に聞いたら、太陽から来ると答えてくれました。太陽は赤いと思いますが、でもエネルギーは白いんですね。この上下対称の木は人間の基本に通じるもので、私たちの血管を連想させます。考えてみたら、血管は赤ですけど、人体でいちばん重要なところは白（骨、脳）ですよね。この上下対称の木は、私たちが選んだ人生の設計図でもあるんですよ」

人はこの世に来る前に人生を選んでいる

「この木が入っている卵は、私たちが送ることになる人生に通じます。すべてが前もって定められている、というのも、人はこの世に来る前に自分の人生と試練を選んでいるからです。この木を見てください、枝の量がすごいでしょ。人はここで進むべき方向を選ぶんです。もしあっちへ行ったら、あっちへ行ったようなことが起こる。もし私がこの男性と結婚したら、その人と一緒に生きていくことになる。誰かに抱く嫌悪感も、それで説明できます。だって、人間が『選んだ』んですから、それと反対の否定的な考えを抱いて当然です。飛行機事故で死んだ有名な歌手の坂本九さんですけど、搭乗するときに悪い予感があったんじゃないかな……ほかの飛行機にすることもできたんですね……。

この世に来る前に人生の設計図を選んだように、人は何の未練もなくこの世を去ります。だって、それを選んで、そうするよう決めてきたんですから。

さっきも言いましたけど、現在も過去も未来も全部同じ図面にあります。

私がみなさんに言ったことは何も覚えていないんですけど、でも、私の言ったことが当たったってい たって、わざわざ言いに来る人がいます。ある女性の方ですが、その人の息子が本当に一七歳で父親になったって。その方は、当時一二歳の息子の写真を持ってきて、どの大学に行けばいいか聞いてきたんですけど、そのとき私は、そんなに早く結婚してはいけないって答えたようなんです。実際に一七歳で、彼は両親に父親になるって報告に来た。私は彼が一二歳のときに、一七歳までの計画を見ていたことになります。

私は見たことを言っているだけなので、お金はもらっていません。映像が見えて、そのイメージや予告された災害を伝えているので、メッセンジャーと言ってもらっていいです。列車が脱線する映像を見た数分後、インドで列車が脱線したニュースが流れたこともあります。映画のように見えるの。ロサンゼルスで飛行機が墜落して、五人の犠牲者を出した映像も見ました。いろいろと見るもんですから、私の役割は、見えたことを伝えることだと気づいたんです」

苦行の意味がわからないので、したことがない

「密教といわれる仏教（天台宗）の『阿闍梨《あじゃり》』〔伝統的な修行を積んだ最高位の僧侶〕とか、千日近く歩いて修行する『千日修行』について聞いたことがありますか？　じつは私はこういう人たちに会ったことがあるんですけど（そのときは六、七人が修行していた）、でも私は仏教にも神道にもまったく興味がないんです。こんな苦行をする意味が全然わからない。私が伊勢神宮に行くとしたら、参拝には興味がないので、美味しいものを食べるためですね……」

地球の未来

「私のところにきた情報では、地球は二〇三三年に氷河期に入ることになっています。本当のことを言うと、私はそんなこと全然気にしていません。私は現在にどっぷりで、地球の未来より、今晩何食べに行こうかと考えるほうに頭がいってしまうんです」

——地球の未来には何が起こるのでしょう？

「食べ物がなくなって、残された人たちは飢えに苦しむようですね。これはすべて太陽の黒点と関係がある……。簡単に言いますと、去年の一月十五日に、山のような情報を受け取って、それを広めるように言われたので、すぐラインで拡散しました。みんなに伝えたのは、火山の爆発と暴風雨でした。私が見たのは、風で横転する車の映像で、これは大阪の橋の上で実際に起きたことで、車

が何台も強い風にあおられて横転していました。火山の爆発も見たんですけど、三日後、白根山が本当に爆発しました。二〇三三年にいろいろなことが起こるのを、みなさんに知らせるようにも言われました。台風なら簡単に予測できますし、天気予報が間違っていることも言えます。今年は、洪水の被害がとても大きくなりそう！

三年前かな、東京オリンピックは準備不足でうまくいかないだろうというのが『聞こえました』。本当のことを言うと、オリンピックも私には全然興味がないんですけどね！」

社長の証言

社長：「私はミカに母の写真を見せました。私の両親は二人とも公務員で、共働きでした。鍵っ子でしたから一人で家に帰って、親が帰るのを待っていました。一度、母の職場の職員旅行で、母が私を箱根へ連れていってくれました。ミカがこの旅行のときの写真を私に描写してくれたんです。これは私が母と一緒に撮ったたった一枚の写真で。大事にしているんですが、しかしここに持ってきたことも、ミカに見せたこともありませんでした。それなのにミカは、その写真の母の様子を正確に、私が持っていたミルキーの飴の箱まで、ちゃんと言葉で描写しました。亡くなった私の母がミカに、これが私とのいちばん楽しい思い出だったと言ったとき、私は涙を抑えることができませんでした……」

第４部　北海道

アシリ・レラ――平取《びらとり》のアイヌのシャーマン

この項は、マリアへの感謝を伝えることから始めたい。彼女なしに、私は正真正銘の北海道のアイヌ最後のシャーマン、アシリ・レラに会うことはできなかっただろう。

千歳空港に夫と一緒に私を迎えにきたあと、マリアは彼女が除霊したばかりのレストランへ昼食のために私を連れていってくれた。

アシリ・レラさんは、左目を白目にすると別の世界へ行くことができるのに対し、右目はこの世界にいるという。アイヌ模様の上着を着て。

「このレストランでは、これまで何度も、けっこう大きな事故が起きていて。女性客が一人、脚に大怪我をしたこともあったの。私はボランティアで何があったのか見に行きますと言って、ここに来て、すぐに何が問題かわかりました。レストランの庭の、オーナーが舞台をつくろうとしたところで、私が『視た』のは、アイヌの人たちが自分たちの聖地の前でバリケードをつくって立っている姿でした。私はすぐに、アイヌの人たちは自分たちの聖地が穢されることに反対していることが

レラをはさんで、私とマリア。2018年８月15日、レラが先祖の霊を供養するために主宰している「第30回アイヌモシリ１万年祭」で。

わかりました。そのメッセージをオーナーに伝えたあと、私はアイヌの人たちに聖地には決して触れないと約束してから、除霊させていただきました。その場所へ案内しますね」

そこは針葉樹に囲まれた小さな空地のようだった。「いまはもう大丈夫ですよ」と、マリアは手を合わせて祈ったあと私に言った。「もうみなさん怒っていません。この聖地が穢されないかぎり、お客さんには何も起こらないはずです」

レラは、その勇気といい、エネルギー、寛大さといい、本当に素晴らしい女性だ。彼女の人生は、アイヌ民族の人権を認めてもらうことに捧げられてきた。恐るべき女性活動家として、彼女は一五歳のときから、自分たちアイヌ民族が土地や聖地ばかりか、先祖の遺骨まで取り上げられた仕打ちに対する償いを求めて闘ってきた。二〇一五年までは、日本政府がアイヌの名前を認めなかったことから、彼女は山道康子《やまみちやすこ》という日本名で活動していた。以降、彼女は公然と、誇らしげに元の名前「アシリ・レラ」と名乗っている。下の名前のレラは「新しい風」という意味だ。

一九四六年に生まれ、一八歳で結婚、一九歳と二二歳の二人の息子がいて、二五歳で未亡人になったレラに、少なくとも言えるのは、彼女もまた人生において事故や病気から免れることはなかったということだ。

彼女は、ユネスコがアイヌ語を消滅の危機にあると宣言する前から、自らの民族の言語や伝統、文化が消滅しないために休む間もなく闘っていた。彼女の活動はそれだけではない。五〇人は下らない子どもを保護するために、一九八九年にフリースクールの「山道アイヌ語学校」を創設し、そこで日本語の読み書きを教えながら、先祖の言語を手ほどきしていた。彼女は自宅に引き取った子どもたちのうち一〇人を養子にしたことから、「ビッグママ」とも呼ばれている。「もし私が養子にしなかったら、みんなどこかの施設に移されたでしょうね。私はみんなをバラバラにするなんて、とてもできなかった」

七二歳になってもなお、彼女は四人――うち一人はトランスジェンダー――の子どもの面倒を見ている。そのなかから一組のカップルが生まれ、彼女には二三人の孫もいる。「みんながお正月に私に会いに来ると、床が重みで落ちるんじゃないかと心配！」と、彼女は笑いながら私に言う。「子どもは大好きなんですけどね、でもそろそろ疲れるようになって……いまじゃどうして五〇人も受け入れられたんだろうと思っていますよ！」

レラが住んでいるのは北海道南部、平取町の二風谷《にぶたに》で、アイヌの共同体が最も多い地区である。彼女が小学生の頃、クラスの七〇パーセントは同じアイヌの血を引いていた。レラが住まいとしているのはどこにでもあるような目立たない家で、その横にはアイヌの伝統的な茅葺《かやぶ》きの家（アイヌ語でチセ）がある。その家の内部は一部屋だけで、天井は薪を焚いたときの煤《すす》で真っ黒だ。そこで私は彼女と二時間半過ごしたのだが、私を歓迎して焚いてくれた薪の煙で目が痛くなったほどだ。それでもこの家はなんともいえず魅力的で、そこから五〇〇メートルのところにある「萱野茂《かやのしげる》 二風谷アイヌ資料館」〔萱野茂はアイヌ初の国会議員として知られる〕と比べてもなんら引けを取らない。「ここでフリースクールをやっていたんですよ」と、レラは私を中へ招きながら言った。「そう、五〇人もいたの！　あなたもいつでもここへ泊まってください……」

彼女の家は開けっ放しで、そこから二〇キロメートルのところで一週間にわたって開かれた「第三〇回アイヌモシリ一万年祭」のあいだもそうだった。レラは誰かが訪ねてくると必ず、まず最初に「何か食べてきましたか？」と聞く。いかにこの「ビッグママ」が心遣いにあふれているかわかるだろう。

「私は一九四六年二月二十日に平取で生まれました。ちょうど私が生まれたときに、家に雷が落ちたんです。両親は雷神が怖くて、一度私を外に捨てるふりをして、それから改めて東の窓（神窓と言われる）から入れて、私を人間の子として迎える儀式をしたそうです。母は一一人の子どもを授かったんですけど、生き残ったのは九人で、でも私は雷と一緒に生まれたので、この子は大変な運命を持って生まれたと思ったそうです。そのとき家の半分が焼けたので、両親は仕方なく川の反対側にある二風谷へ私を連れて避難したんです。父は教師になりたかったんですが、アイヌということでダメで、炭焼きの仕事をしていました。父の炭はよく売れました。当時は旅館などで炭で火を

レラの家の前にある古着の柵。すべて無料！

アイヌの伝統的な茅葺きの家（チセ）。内部は１部屋だけで、写真では見えないが、東側に神々の窓がある。

レラが現在、４人の子どもたちと一緒に住んでいる家。

これはレラが生まれた家ではないが、彼女にとっては大切な場所。家の前に車が３台駐車されており、一部に布団が積み込まれ、物置代わりになっている。彼女が住む隣の家の前でまず目に入るのは、リサイクルの洋服が山積みになった棚。

おこしていましたからね。

二風谷の小学校の生徒は七〇パーセントがアイヌでした。私は学校へ行くのが大嫌いで、さぼって山へ行ったり、川へ行って魚を捕ったりしていました。両親は私の服が汚れているのを見て、学校へ行っていないのがわかったようですけど、二人とも『やる気のない子どもに押しつけてもしょうがない。やる気になったらやる』という考えの持ち主で、母は私を見かねて家庭訪問に来た先生にもそう言っていました。父が口を酸っぱくして言っていたのは、人生でいちばん大変なのは『仕事ではない、食べることではない、お金を得ることでもない。人間関係がいちばん大変なんだ。これができる子になったら、世の中は怖くない』ということでした。人間関係がもつれないように、それなりの努力をしたほうがいいということです。それがアイヌの教えでした。

私が父のやり方で納得したのは、漢字を一日に一個ずつ覚えることでした。父は昔の漢字も教えてくれたので、台湾へ行ったとき意味が全部わかりました。そのことから教わったのは、何事も一日延ばしにしてはいけないということでした。一日延ばしでも積み重なると、覚えるのがどんどん難しくなりますからね。父は私のいちばんの先生でした。学校でも私の成績がよかったので、クラスの友だちにカンニングしたと言われたんですけど、私の点数（一〇〇点中九六点と九九点）とまわりの子の点数（一〇〇点中三一点と四一点）を比べて、私の罪が晴れました。母は素晴らしい記憶力と、よく響く声の持ち主でした。私が母から受け継いだのはこの記憶力で、これがまた重要なんですね。私たちの文化は口コミによる口頭伝承に基づいているからです。妹は母の声を受け継ぎました。私はアイヌの歴史を子どもたちに教えるのに、興味を持ってもらえそうな話を織り交ぜながら、先祖が味わった地獄のような生活話をしていました」

「ア、イヌが来た！」

「小学校時代は、まだ何も気にしないで過ごしました。私は元気すぎるほどの女の子で、山や川を走りまわっていたんです。世界が悪く変わったのは、中学校へ入学してからです。母と一緒に平取に買い物に行ったとき、『ア、イヌが来た！』と言われたのが聞こえたんです。それを初めて聞いたとき、私は本当に後ろに犬がいるのかと思って振り返ったのを覚えています！　平取の中学では、いじめで地獄のような毎日でした。言葉の暴力から、仲間外れまで、最初はなぜ自分が標的になるのか理解できなかったんですけど、結局、アイヌだからだとわかりました。その頃から学校が嫌いになりはじめて、だんだんと登校拒否になりました。いまでも覚えているのは、上級生たちが私を転ばせようと、下校途中の坂道に仕掛けた縄にまんまと引っかかって坂から滑り落ち、膝をすりむいて、血だらけになったことです。それでも、そのとき味わった屈辱感と、精神的な苦しみに比べたら、身体の痛みなんてなんでもなかったです。両親が全財産をはたいて私のために買ってくれたセーラー服が、泥と血で汚れてしまったのを見て、両親に知られたくなかったので、気が狂いそうでした。

たまたまその日は、学校帰りに、心臓弁膜症で入院していた父を見舞いに行くように母から言われていました。私は父に気づかれないよう、スカートの汚れた部分を後ろにまわして病室に入りました。私の前に来た人たちがメロンやスイカを持ってきたので、私はそれを美味しく食べたのですが、帰りぎわ、私のスカートの汚れを見て、父は全部わかったんですね。『そのことから逃げるなー！』と、私に叫んだんです。この一言は、諦めるな、民族の誇りを持って立ち上がれ！　という私への命令でした。それまでの私はくじけるものかと思いながらも、川や山へ行って、逃げてばかりいたことに気づいたんです。翌日、父は亡くなったので、それが最後の言葉でした。

それからは堂々とアイヌを名乗る決心をし、学校にもアイヌの鉢巻を巻いて行きました。いまでも覚えているのは卒業式の日、先生から鉢巻を外さないと卒業証書は渡さないと言われたことです。私は鉢巻を巻いたまま、先生の目の前で卒業証書を破りました！　だから私は、一五歳にして活動家になったんです。札幌へ座り込みにも行きました。右翼は私からマイクを取り上げ、日本刀で脅しました。指には足で蹴られた跡が残っています。ほらこの指、まだ変形しています……。

わかりますか、私たちは一万三〇〇〇年前からここにいるんです。縄文時代の土器の縄目の模様は、アイヌの模様なんです。一万年前は日本も大陸と陸続きで、中国人や朝鮮人も日本を通って行きました。『倭人《わじん》』が力をつける前は、みんな神の子だったから、戸籍もなかったんです。私たちは神道とは折り合いが悪く、アイヌの多くは神社の裏に埋葬されました」

死者の王国へ好きなときに行ける

「もちろん霊は見えます、どうしてかって？　私の左目は神の世界を見て（ほら、右目とどんなに違うか見て！）、右目はこの世界にいるんです。私は好きなときにあっちに行けるんです。それはまあ素晴らしい世界で、海はそれは見事な魚たちで光り輝いています。この才能（もし才能と言えるならですけどね、こういう才能を持っている人はたくさんいますから）は、臨死体験のあと突然、私に降ってきたんです。山へ山菜採りに行って、歩きやすいよう地下足袋《じかたび》を履いていたんですけどね、崖から二〇メートルも下に落ちてしまい、そのあと二日間、別の世界へ行っていました。二〇メートルも転落して生き返るなんて珍しいことで、こうして元気になれたのは奇跡です。そのときトンネルが見えたんですけど、でも、もしそこを通って行ったら、あっちの世へ行ってしまい、もうこの世には戻れないこともわかっていました。

そのとき見た光景はいまでも覚えていますよ。空に石鹸の泡のようなものがあって、それは転生の機会を待っている霊だってわかったんです。それが何万とあって、虹色のようにあらゆる色をして。霊はどれも見分けがつかなくて、きっと神さまが、今度生まれ変わるとしたら人間か、魚かって決めるんだろうなって……。

この泡の一つのなかに母が見えて、私に急いで帰りなさいって言いました。私は自分の身体を上から遺体のように見ていて、それから下に降りて中に戻りました。私を運んでくれたドクターヘリの人が、私がまだ生きていたのは奇跡だったと言いました。私の状態は、救急隊員にとって本当の挑戦でした。だって植物人間になってもおかしくなかったんですから。病院の医師たちは、私が歩くのを見て驚いて、肘をつつき合っていました。親指は曲がったままですけど、でも、それが唯一の私の武勇伝の傷跡です。頭は左を何針か縫われたんですけど、この事故のあと、左目で好きなときに死者の王国へ行けるようになったんです……」

整骨と薬草で治療ができる

「私は骨接ぎもできるんですけど、でも免許がないので開業できないんです。そのために京都まで行って、中国人の先生に整骨療法を習ったんですけどね、続けられなかったんです。いずれにしても、私のことですから、医院を開いたとしても、続けられなかったでしょう。いまは何も後悔していません。だって、おかげで自由に活動できましたからね。整骨のほかに、『蝮草《まむしぐさ》』のような薬草で膏薬もつくれます。そうなんです、薬草療法は教えてもらって学びました、でもこれはみんなできること！　これで私は自分の手首を一カ月で治しました。病院でこれを全部できる人はいませんね。

鬱病や精神障害の人に対しては、話を聞くだけで十分なんですけど、どうしても相手の苦しみがこちらに移って、もろに影響を受けてしまうから、これがきつい！　精神科医になる人は自分自身に問題を抱えている人が多いですね。だから私はいつも他人を治療する前に自分たちを治療すべきだって言いたくてたまらないんです。循環気質（躁鬱病）の人は早口で、機関銃のように話すので、私は聞きづらくてしょうがない。症状が進むと、話の内容の影響でこっちの具合も悪くなってしまうので、帰ってくださいって言うこともあります。

アイヌでは、男女平等だったので、地球を守るのは女性の使命でした。でも男性が女性の権力を横取りしてからは、一巻の終わり。男尊女卑の考えが中国や朝鮮から来て、神道や仏教はアニミズム（霊魂信仰）を徹底的にやっつけました。キリスト教徒も踏み絵を強いられて迫害されました。倭人は私たちに日本の神性を押しつけました、太陽神（天照大神）の子孫だとか言ってね。私たちは簡単にだまされて、最初は倭人を神のごとく思っていました。それで植民地化され、男社会になってしまったんです。

アイヌでは、女性の月経の二八日間の周期は、川辺の大切さと結びついていました。昔は、男の子が川辺で用を足すと、おちんちんが曲がるって言われたもんですよ。

男性は冬に狩猟をして、皮を保存しておきました。いまでも覚えているのは、熊祭りのとき、母が熊の脂がいっぱい入った瓶をもらったんです。母は大切に使おうと思っていたんですが、でも私が火事で大火傷《おおやけど》をしたとき、傷口に熊の脂を塗って包帯をしてくれました。私の顔や手の火傷がすぐに消えたので、医者はもうびっくりしていました。母は明治の女ですから、熊の脂の成分を分析したいので少し分けてくださいという医者に、逆に、よく効いたことを謝っていました。覚えておいてください。よく効く動物の脂の軟膏は、いちばんが熊の脂で、次が鹿、馬、豚、鯨の順です。ソ連（当時）のチェルノブイリの原発事故のあと、熊の脂がよく効くというので、ロシア人が探しにきたほどです。熊の脂は、皮膚病やアレルギー、湿疹にも大変よく効きます」

私は医学に本気で挑戦しています

「薬草の薬効もすごいですよ。一五年前、卵巣ガンになって、余命三カ月と言われました。私は自分で治そうと思って、梅干し――一日三個――とか、酢の物とか、酸っぱいものだけ食べて、魚もあまり食べませんでした。私が漬けた梅干しを食べてみてください！（これがとても美味しかった）。私は医学に本気で挑戦しているんです。余命三カ月と言った医者は、私が一五年経ってもまだ生きているのを見てビックリしていますよ。本当に、私は苦いものと酸っぱいものを食べて治った、それだけです！　樹皮が薬になる木も、一〇〇〇本に一本はあります。苦木《にがき》という木の葉っぱは、引きつけや痛みならなんでも治せます。薬草については父が私を、一緒に摘みに連れていって教えてくれました。なかには舌がしびれるほど苦いものもあるんですけど、昔はガンなんていう病気はここにはなかったんですよ、これ本当です」

大企業は金儲けでしか動かない

「私は沙流川《さるがわ》の二つのダム建設には絶対反対でした。まず二風谷ダムができて、これは反対の声が届かなかったんですけど、平取ダムも再検討もされずに現在建設に向けて調査中です。公式発表では洪水調節のためとなっていますけど、でも私はダムが逆に洪水を引き起こしたと確信しているんです。だって洪水は続いているし、以前よりひどくなっています。ダムは私たちの聖地を穢すだけでなく、生態系もめちゃくちゃにしています。それが証拠に、これまで産卵のために川を上ってきていたシシャモが、もう上ってこなくなっています。沙流川と鵡川《むかわ》の二つの川がシシャモのおもな産卵地なんですけど……。

木の板にスローガンを書くのは禁止されていますけど、布についてては何も言われていないので、私はシーツに『ダム建設、絶対反対！』って書きました。工事を請け負う大企業はお金になることしか考えていません。当然ですけど、地方当局を含めた行政からも圧力がありましたよ。公聴会には参加できましたけど、でもわざと専門用語を使って、私たちが理解できないようにしているんです」

北海道のインフラの裏側……

「北海道が近代化したのは、アイヌ人の労働者だけでなく、中国人や朝鮮人のおかげなんですよ。中国人や朝鮮人で逃げようとした人たちは、生き埋めにされていました。はい、本当に『生き埋め』です、仲間に見せしめにされたんです！　父は何人か助け、馬ゾリのなかにかくまっていました。もちろん、命がけでした。まずその人たちに古着と食べる物をあげて、これ以上のことができなくて申し訳ないとか言っていました。それからその人たちは、熊除けに犬を連れて山のなかへ避難していきました。父は誰が逃がしてくれたか絶対に言わないように頼んでいました。それで中国人や朝鮮人は私たちのなかに溶け込んだんです。妹の一人はそのなかの一人と結婚しました。父はあまりに早く五六歳で亡くなりましたけど、二〇〇人は助けたはずだと言っていましたね。しつこいですけど、逃げようとした人は生き埋めにされたんですよ。中国から遺骨を探しに来た人もいます……」

科学の名による墓荒らし

「私たちの墓は荒らされただけじゃないんです、穢されたんです。遺骨は——全身のものも——盗まれました。研究したいという大学とグルです。あの人たちはいずれ返すからいいだろうぐらいに思っていますけど、返しやしない！　そのくせ、平気で私たちを攻撃して自分たちの方向にもっていこうとしているんです。私を脅して健康保険まで取り上げようとしたんですよ、理解できます？　私たちを分裂させようとあの手この手を使っています。まあ簡単に言うと、それで私はわずかな土地に借地代を払って、三〇年前から、そこで生き埋めにされた人たちのために供養の儀式をしているんです（沙流郡平取町貫気別旭《ぬきべつあさひ》）」

犠牲者に謝罪を求める

「あの人たちのやり方はひどいですよ！　お盆に、私たちにアイヌの伝統的な服を着て盆踊りをするよう奨励するんです。私たちの文化に取ってつけたように関心を向けられたって、中身が伴っていません。趣味の悪いエキゾチズムです。あなたを生き埋めが行なわれていた場所に案内したかったんですけどね。このテーマを研究している苫小牧駒澤大学の石純姫《ソクスニ》さんと一緒に行ったとき、ソクさんは無意識のうちに心霊写真をたくさん撮っていて、身体が消えて、足と頭だけが写っていたんです。これらの写真ほど意味深いものはありません。ソクさんがハングル語で霊に語りかけたので、霊は嬉しくて、そうやって気持ちを知らせたんでしょうね。そのあと私はアイヌ語で、私たちのせいではないけれども、強制労働をさせてしまってお許しくださいと謝罪しました。そのとき雨が降っていたんですが、私は雨にあたらず、濡れなかったことを覚えています。これはきっと霊たちがあの世へ戻る前に私を守ってくれたんだと思います。撮った写真はみんな心霊写真でした。ほら、白い柱が全部空に上って、雲のようになっています」

つい最近、侵入者を追い払うのに竜巻を起こしました

「私たちは神さまと会話をしますけど、これはみんなできます。二〇一八年八月十六日のことでした。お祭りの最後を飾る祈りが行なわれる前の日、私は本当に怒っていたので、竜巻を起こしました。だってまるで関係のない人たちが来ていたんですよ。それは花火のようでしたけど、三倍は強かったですね。私の邪魔をした不届き者たちはその場を去らざるをえなかった。だって、テントが全部飛んでしまったからです。私は神さまにお任せしたんですけど、そのあと静かになってくださいとお願いしました……。でもやっぱりどう考えても、侵入者のテントだけが飛んだのは不思議で

すね。私は雨がやむようにもお願いしました。今日は昨日までの雨が嘘のように晴れています！　儀式の次の日は、滝のような雨が降って、川があふれていたんですけどね。これが一日違えば、供養の祈りもできませんでした……」

私のところに、保育園や親に見放された問題児を連れてくる

「私が面倒を見た子どもたちのことですか？　私はシングルマザー（二五歳で未亡人に）だったんですけど、みんな私のところへ問題児を連れてきたんです。四歳でまだパンツを濡らすとか、ほかの子どもから仲間外れにされるとか、保育園では面倒が見きれないという子たちですね。親が別れたとか、仕事で遠方に行かなきゃならないとか、親が世話できない子たちも任されました。子どもを四人連れてきて、自分はやり直したいのでよろしくという父親もいました。私にどうしろって言うんですかね？　なかには暴れる子や、停学になった子、喘息の子もいました。私は一〇人、養子にしました。みんな大事に目にかけてほしい子ばかりなのに、もし私が世話をしなかったら、別の施設に行かされると思うと、胸が張り裂けそうだったんです。

それで私はフリースクールを立ち上げ、そこでみんなにアイヌの歌や踊りを教えました。アイヌの伝統は口承だったので、私はそれを伝えるのに必死でした。当時、アイヌ語の学校は認められておらず、それが変わったのは政府が私たちの文化保存に動きだしてからです。フリースクールも同じです、いまは札幌にも一校ありますけどね。

私たちは子どもと大人を含めて五〇人でした。みんなを食べさせるために、私は農家で働いて、野菜をもらっていたんですけど、へとへとに疲れて、泣きたくなったこともあります。雑草も取りましたよ……泣きながら、なんで私がこんなに働かなきゃいけないのか、なんでこんな重荷を背負わなきゃいけないのかって思いながら……。援助も求めたんですけど、行政はそんなことをしてほしいと頼んだことはないと、取り合ってもくれませんでした。それどころか、オウムのような宗教団体をつくったって私を非難したんです、とんでもないですよ！　私は嫌がらせを受け、石を投げられたこともありました。

私はあらゆることを言われましたけど、でも五〇人を食べさせるのに月に六〇キロの米がいったんですよ！　女の子は手伝ってくれましたけど、男の子は出されるのを待っているだけで……。なんの頼りにもなりませんでした」

人間は自然の神（カムイ）にはかなわない

「アイヌはつねに自然を最大限に尊重し、何をするにも自然と交渉してきました。木を切りたいときは、家を建てるのに必要だからと説明して、まず許しを請うてから切りました。そのあと『あなたの命をいただきます』と言って、感謝して受け取るんです。代わりに、自然の『きょうだい』も大切にしますと約束するんです。だから自然が私たちに恨みを抱くことはありません。当然ですけど、木々にも魂がありますから、大切に扱わなければいけません。動物も同じです。優しく話しかければ理解してもらえます。野生動物だって、鈴やラジオの音を聞いたら、人間を襲ってくることはありません……。

私たちは偶像崇拝をしません。でも自然の神《カムイ》にはかないません。天地、太陽や月、森、火山の火、水……自然のあらゆるものにカムイがいます。何をしたって、人間は神に勝てませんし、ましてや支配するなんてできません。

人生の意味と、地球の未来はどうなるかですか？

私は終わりに近づいていると思います。気候温暖化から始まって、洪水があちこちで猛威をふるっています。ニュースを見てください！　これは世界中です！　火山の爆発も増えていますし、富士山が目覚めることは大いに考えられます。

私たちが肉体的、精神的に生き残るには、精神力をつけるのがいちばんだと思います。大審判が近づいています。恐ろしいことがいくつか起きて、すべて持っていかれるでしょう。でも過剰に心配することはありません。人間は生まれ変わりますからね。でも、あちこちで起きていることを見るだけで、異変がすでに始まっていることがわかります。この洪水の多さ！　どの大陸を見てもそうです。大地を邪険に扱った人間は吹き飛ばされるでしょう。もう二〇年もないでしょう、少数しか生き残らないでしょう。祖母はいつも私に、生きているものはすべて審判されると言っていました。男性中心主義がすべてを変えてしまったんです、いまこそこの男性中心の社会を消滅させる時です。金持ちになることしか考えない人には立ち向かわないといけません、とくにお金を受け取ってはいけません、自由ではなくなります。地球にはいずれ二万人の人しか残らず、それを選ぶのは神だと言われています。地球を大事にする人だけが生き残るんです。異変は一五年前から始まっていて、二年後には大火山が目覚めます。もちろん富士山でしょう……」

レラの闘い

それぞれが本質的に結びついているとはいえ、レラの闘いは次の三つで要約できるだろう。アイヌの文化遺産を守ることと、生態系を破壊し聖地を穢す沙流川のダム建設への反対運動、そして、研究の名のもとに先祖の墓を穢して奪われた遺骨の返還である。

消滅の危機にあるアイヌの言語と文化、現代生活に逆らう生活様式の伝統を守る

レラや、アイヌで初めて国会議員になった萱野茂、そしてほかの多くのアイヌによると、アイヌ民族の終焉が告げられたのは明治時代（一八六八〜一九一二年）、北海道の植民地化と開拓政策によってである。レラが告発するのは土地を収用されたことと、おもにアイヌと朝鮮人（中国人も）の労働者が搾取されたことで、彼らは道路やトンネル、橋などを建設するために犠牲になっていた。多くの資料や口頭による証言を元に、前述の石純姫は、アイヌや朝鮮人の労働は強制労働と同じである――レラも同意見――と説明している。

名前が蝦夷《えぞ》から北海道に変わったことで象徴される――二〇一八年八月に札幌で一五〇周年記念式典――北海道の併合（占領？）は、一つの民族を犠牲にして行なわれたもので、アイヌ民族の数

は減りつづけ、二〇一七年現在一万三〇〇〇人しかいない（アイヌ生活実態調査より）。同化政策は功を奏したようで、純粋のアイヌは非常に少なく、多くは『風の子レラ』の著者、ＡＫＩＲＡのようにアイヌの血を四分の一しか受け継いでいない。しかし彼はレラと同じように、すべての日本人にはアイヌの血が流れていると強調する。

「日本人の体にはアイヌの血が四分の一も流れているのに、ぼくたちは自分たちのルーツを知らされていない。学校教育はもちろん新聞やテレビでも本当の歴史は教えてくれないし、日本でもインディアンの本はたくさん出ているのに、自分たちのルーツであるアイヌに関する本はわずかだ。それもユーカラや昔話がほとんどで、現在のアイヌについて書かれたものは数少ない」（『風の子レラ』より。青山出版社、二〇〇一年）

なかには出自を旗のように掲げる人もいるが、多くは差別を避けて中立的立場に逃げている。どこでもそうだが、差別を表立って感じさせるのは結婚や就職の機会で──いずれも「社会的な統合」に関連する重要な瞬間だ。同化政策では、日本語の名前を使うことと、子どもを日本語学校に通わせることが義務化された。こうしてアシリ・レラは──二〇〇六年まで──日本名の山道康子で働いていた。したがって、前述の人口調査は大まかな数字でしかなく、関連する人の多くは、社会で出世するために自分たちの出自を「忘れる」ようにしていたのである。先のＡＫＩＲＡは、レラの人生に触発されたあるエッセイで、彼自身がクラスの友だち──教師はいうまでもなく──からさまざまな屈辱感を味わわされ、辛い思いをしたことに言及している。『風の子レラ』は、東京に住んでいたある少女の物語で、母親が亡くなったあと、父と祖母のいる北海道に移住した彼女が、アイヌの知恵に触れることで自らの出自に気づき、これまでにない生きる力を見出す小説だ。

レラは私に、「学校にアイヌの鉢巻を巻いて行こうと決めたとき、反抗期真っただ中でした」と言っていた。実際、レラのように勇気を奮い立たせて出自を誇示するより、倭人で通そうとするほうが楽だった。博学だった彼女の父は、中学の教師になる夢は幻想だったとわかり、一二人の家族が生き残るために、炭を焼いて売ることしかできなかった。父と同じように、レラは独学だ。というのも彼女は中学までの義務教育しか受けていないからだ。小学校時代は、学校が嫌でサボることはあったが、「引きこもり」などではなかったのは、山や川へ行ってエネルギーを発散していたからだ。それでも、一九八九年に彼女が設立した「山道フリースクール」または「山道アイヌ語学校」は、子どもたちが学校で受ける残酷な行為が——彼女が最前線で体験した——、その犠牲になって行き場を失った子どもたちのために、心を癒す薬を必要としていたことの証拠である。

アイヌの子どもの脆弱さは、学校で弁当を開けるときからすでに明らかだった。子どもたち自身、倭人の弁当を見て驚いていた。自分たちの弁当は麦ご飯か豆ご飯に梅干し一個だったのに、白米におかずがついていたからだ。小学校を出てから働きだした（朝の五時半から夕方の五時半まで）前述の萱野茂は、食事はご飯と味噌汁一杯しか与えられず、サケ漁が禁止になったあとは、結核が猛威をふるったと説明している。サケ漁で大家族を養っていた彼の父親は、禁止されていた漁をしたことで刑務所に入れられた……。

非常に優れた教育者として、レラが子どもたち——問題児（放棄された子、登校拒否など）が多かった——に教えたことは、私には理想の教育の真髄のように思えた。

「子どもたちに最初に教えたことは、死なないこと、自分を殺さないこと、自分に負けないこと。自分一人の命ではなく、悲しむ人がいるということ。悲しむ親や兄弟がいなくても、この私が悲しむということです……。機会を見つけては、父が繰り返し私に言っていた言葉も必ず子どもたちに伝えました。仕事ではない、お金を得ることではない、人間関係がいちばん大変なんだ……と」

この言葉に私がよけいに衝撃を受けたのは、就職して社会へ出たばかりの教え子たちが、私に繰り返し言っていたことと一語一句同じだったからだ……。現在、子どもたちがますます親の愛は学校の成績に比例すると思うようになっていることを思うと、私も子どもたちに人生が一度しかないことや、自分も他人も殺してはいけないことを、大人はきちんと教えていないと思うのだ。

子どもを養子にするのは、アイヌの長い伝統

現在、女性たちが二人目の子どもをためらうのは、仕事と家庭の両立が難しいことと、あるいは単に、子育てと教育にお金かかかり過ぎるからだ。そう考えると、一〇人も養子にするなど――おまけに自分の子どもが二人もいて――、とても理解しがたいことである。そんな私が、養子はアイヌの長い伝統に通じることだとわかったのは、アーカンソー大学の社会学者、伊藤琴子《きんこ》の二本のドキュメンタリーを観てからである。以下は、彼女が聞き取ったアイヌのある高齢者の言葉である。

「私たちは産児制限をしなかったので、子どもがたくさんいました。三人、五人、一〇人という人もいました。しかし倭人がやって来ると、いわゆる邪魔だからと、自分たちの子どもを捨てること

がありました。アイヌはそんな子たちが可哀想で、自分たちはすでに子沢山でも、迎え入れました。（……）その子たちは倭人でも、私たちの子と差別なく育てられました。身体つきは倭人でも、アイヌ語を流暢《りゅうちょう》にしゃべっていました……」

ドキュメンタリーの第二部では、別のアイヌがこう語っている。

「その人たちは倭人に見えましたが、私たちの言語と習慣には完全に同化していて、『シャモ』（倭人の蔑称）の血は流れていても、みんな自分はアイヌだと言っていました。シャモになりたいという者は一人もいませんでした……」

倭人が自分たちの子どもを捨てる理由については、彼らも非常に貧しく、生活が苦しかったからだと説明している。「シャモも生き残るのに精いっぱいで、でも子どもを殺すことができなかったから、アイヌが養子にしました」。厳しい冬の寒さに慣れていなかった倭人は、事実上、口減らしをしていたのだ。伊藤はこのことと、第二次世界大戦のあと、日本人が満州から逃避するときに自分たちの子どもを捨てていった「中国残留孤児」との比較も忘れていない。

平取の状況

レラは沙流川の二つのダム建設には絶対反対だった。最初の二風谷ダムが、完成まで一〇年かかった（一九九七年）のは、反対運動のおかげ――おそらくそれが理由――である。レラは「沙流川を守る会」の代表だった。北海道の南部に位置する平取は、すでに述べたように、いまもなおアイヌが最も多い地区である。同化政策が実を結んだにもかかわらず、最新の人口調査では、二風谷の人口（三九五人）の七〇から八〇パーセントはアイヌだ。山と海にはさまれたこの地域は、降雪がほかより少ない小さなオアシスで、そこでアイヌは冬は熊や鹿、野ウサギの狩猟に行き、雪解けのあとは山菜や薬草を採取していた。産卵のために沙流川を上ってくるサケは食料の基盤で、サケの皮が三枚もあれば長靴を一足つくることができた。また服の上に着れば、厳しい寒さも防ぐことができた。

前述の萱野茂によると、一八八〇年代の資源保護を口実としたサケ漁禁止は、アイヌにとっては死活問題。サケは食料の基盤だったうえ、とくに冬場は外にぶらさげておくだけで自然に冷凍保存ができた。サケ漁はモリを使って行なわれたが、しかしアイヌは産卵のために沙流川に上ってくるのを待ってから捕っていた。資源環境を守るため、必要とする以上は捕獲しなかった。ところが、ダム建設はサケが産卵のために川を上るのを妨害することになる。

国の政策に反対できなかった漁師の多くは、アルコールに溺れていった。「アル中で死んだ者がたくさんいます」と、先のアイヌ高齢者は伊藤に語っている。「それがみんなにとって唯一の楽しみだった。倭人はこの悪い癖を逆手にとって、みんなに過剰に飲ませ、飲み代を水増しして請求しました。みんなが払えないと言うと、代わりに土地を要求しました。土地がないときは、山を手放すこともありました……」

ダム建設反対運動の勝敗は？

反対派は国を相手に裁判に訴えて闘ったのだが、訴訟の結末はいかにも日本的だった。というのも札幌地方裁判所は、聖地を穢すことについてはもっと深く調査すべきで、アイヌには自分たちの文化を守る権利があるとし、文化や宗教を考慮せずに土地を強制収用してダムを建設するのは違法と認めた。同時に、裁判史上初めて、それまで少数民族と見られていたアイヌを「先住民族」と認めたのだ。しかし――ここが弱みなのだが――、その判決が出た一九九七年にはダムはすでに完成しており、取り壊しは社会的な混乱が生じるとして、国はダムの撤去も土地の返還も求められなかった。勝敗はどちらなのだろう？　日本には「海老で鯛を釣る」という有名な諺があり、アイヌもその手に乗らされたと思っている。というのも、この裁判で新たな展開があったにもかかわらず、沙流川の支流の額平川《ぬかびらがわ》に、別のダム（平取ダム）が建設中なのである。レラは先頭に立って、これはさらに川の合流地にある三つの聖地を犠牲にするものだと主張している。

反対派が正しかった

二〇〇六年、川が氾濫して、地滑りによる大量の流木がダムに押し寄せたときは、原告側の主張が正しかったことがわかる。住民はダムが洪水問題を解決するどころか、逆に被害を深刻化させたことを確認したのである。

大学が保管するアイヌ遺骨の返還問題

もう一つ、アイヌと倭人のあいだで解決されていない大きな問題が、墓地を冒瀆されて奪われた先祖の遺骨の返還である。「全身の骨や頭蓋骨が研究目的で持ち去られ、各大学に保管されています。私たちはこれらの霊を供養したいので、強奪された遺骨を全部、返還してほしいと要求しています……」

一九三〇年から一九六五年のあいだ、アイヌの遺骨は研究者たちによって墓地で掘り起こされ、戦利品は一二の大学で分配された。北海道大学は最大の「コレクション」を保有しており、二〇一七年現在、個人が特定された遺骨一六七六体のうち、一〇一五体がある。また一二の博物館が七六体の遺骨箱を所有し、うち二七体は個人が特定されていない。いっぽうアイヌが要求する中心問題である遺骨の返還は、ほぼ目的を達成し、一九八五年から徐々に返還されている。

レラは、墓地が穢されたのは明治時代以来の北海道の植民地化の結果だと確信している。国の担当部署は、その責任を認めながらも、明治時代の民法で定められた文言——遺骨は故人の家族に返還されるべき——を基に、曖昧な態度を示しているのだが、ついでに言うと、そのような習慣はアイヌにはないものだ。いずれにしろ、アイヌの支援協会は、遺骨全体の返還を要求し、各故人の生まれ故郷の村に取り戻すことを願っている。

ちなみに、北海道大学で保管されていた遺骨納骨堂の当初の正式名称は「北海道大学医学部標本保存庫」で、それから察するに動物や化石の標本と同じ条件で扱われていたことになる。また一九三五年に発表された考古学系雑誌の記事で、解剖学者の小金井良精《こがねいよしきよ》は、墓掘りは夜間に決行され、遺体が完全に分解されていないときは、骨にまだついていた皮膚を取り除かなければならなかったとまで語っている。北海道大学の解剖学者、児玉作左衛門《こだまさくざえもん》（一八九五〜一九七〇年）は、悲しいかな膨大な「児玉コレクション」で有名で、アイヌの骨や頭蓋骨を棚に置いて飾っていた。児玉はまた埋葬品もコレクションし、自分の研究室に保管していたのだが、支援協会はこれについても返還を要求している。

苫小牧駒澤大学教授の植木哲也は、多くを語るタイトルの本二冊で（『学問の暴力——アイヌ墓地はなぜあばかれたか』〔春風社、二〇〇八年〕と『植民学の記憶——アイヌ差別と学問の責任』〔緑風出版、二〇一五年〕）で、科学の名で行なわれる暴力を非難し、これらの要求を支援している。

一八七九年、アイヌの頭蓋骨一個が、一人のドイツ人観光客に夜盗された。その後「ベルリン人類学・民俗学・先史学協会」に保管されていたこの頭蓋骨は、国連による先住民族の権利宣言に従って、一三八年後に返還された。

希望のヒント？

アイヌ語を話す人はもう誰もいないとしても——教える側も含めての告白——、若者のあいだでアイヌ語を学ぶことへの興味が復活しているのが確認できる。二〇〇六年、アイヌ民族舞踏家の酒井美直《さかいみな》を中心に、一〇人の歌手や音楽家によって結成された若者グループ「AINU REBELS（アイ

アイヌモシリ１万年祭の儀式の始まり。

主宰する儀式で、アイヌの模様を刺繡した鉢巻と上着を着たレラ。写真右は、彼女の手伝いをしていた養女の長い三つ編み。

ヌ・レブルズ）」は、自分たちの血筋を誇らしげに訴えた。伝統的な衣装に鉢巻を巻き、アイヌ語による歌と踊り、日本語によるラップで、自分たちの民族が犠牲になった圧力や差別を表現したのだ。酒井美直自身の告白によると、彼女は自分の出自を恥ずかしいと思っていたのだが、カナダで誇らしげにふるまう先住民と接触したことが、一種の啓示になったという。彼女はアイヌの伝統的な衣装と儀式で結婚し、アイヌの女性の伝統的な刺青《いれずみ》を連想して、唇のまわりまで黒くした。このグループが二〇一〇年、活動を停止したのは本当に残念である。

一九九七年、浜田隆史《たかし》によって創刊された『アイヌ・タイムズ』は、唯一のアイヌ語による季刊新聞で、ネット上でも読むことができる。本文は、伝承言語のアイヌ語を仮名表記とローマ字に書き直しているのだが、もしこれがなかったら、誰が読めるだろう？　一九九八年からは、アイヌ語講座がラジオからも発信されている。

「北海道アイヌ協会」の統計によると、アイヌの子どもたちの高校への進学率は目に見えて向上している。一九七二年は四一・六パーセント（全国平均は七八・二パーセント）だったのが、二〇一三年には九二・六パーセントを超え、全国平均の九八パーセントに近づいている。それでも大学への進学率には開きがあり、二〇一三年は全国平均が四三パーセントなのに対し、アイヌは二五・八パーセントである。

同協会の統計では、社会福祉に依存するアイヌの数は大きく減っているものの、それでも北海道のほかの住民の受給率の一・六倍であることも明らかになっている。

結論　最後のシャーマンを称えて

完全に消滅する前に

私は本書のサブタイトルを「もしそれが本当だったら？」にすることもできただろう。いずれにせよ、私がこの本を心から書きたいと思ったのは、なによりシャーマンがいなくなると、日本人の魂の一部も消えることになると思ったからだ。今後しばらくは奄美大島や沖縄では生き延びるだろう、需要はいまも非常に多いからだ。しかしシャーマンは東北（青森県の八戸、恐山）でも、同じく北海道でも消滅の危機に瀕している。北海道ではレラが最後のアイヌのシャーマンで、東北でも、中村タケはこの地方で正真正銘最後のイタコと言って間違いないだろう。

なによりも私の心を打ったのは、彼女たちの熱い心と、社会の底辺にいるのを自覚しながらも自信にあふれていたことだ。彼女たちは自分たちの使命の重要さを一瞬たりとも疑っていなかった。それは人生につきまとう苦難への答えを求めて彼女たちのところに来る人たちを助け、苦痛を和らげ、その人生に意味を与えることである。私は幸運にも素晴らしい女性たちに接することができ、そのうちの何人かとは本当の友人になった。それだけで、この仕事に費やした私の努力が報われると思っている。

トランス状態になる人はほぼいない

私がよく聞かれる一つの質問に答えるなら、これらの女性たち——私から見てシャーマンと思った人たち——からは、とくにトランス状態になったという印象は受けなかった。例外はたぶん、八戸のイタコの中村タケさんで、故人に「降りてください」と言って呼び出し、あの世の人と交流したときの声に、私は凍りついた。しかも彼女は私たちに、そのとき何を言ったか覚えていないと言ったからなおさらだ。

「序文」でも書いたのだが、私は東京の都心で、瞬時にトランス状態になって身体をひねって顔をゆがめ、そのあとで相談者の質問に答えるシャーマンに会った。しかし最近の情報では、彼女はそのあと気が狂った……ということだった。

精神科医の限界

本書で紹介したイタコの松田広子がはっきりと書いているように、これらの女性はカウンセリングの役も果たしている。話を親身に聞いて、アドバイスする——これは日本の精神科医が滅多に取らない時間で、彼らは患者の悩みや鬱病を抗不安剤や抗鬱剤などの薬で防ぐ方法を選んでいるようだ。沖縄の精神科医、稲田隆司によると、ユタはさまざまな試練を体験していることから、感情移入の能力があるという。さらに、「私も苦しいことを乗り越えてきたから、何とかなる、あなたも頑張って生きなさい」（『AERA（アエラ）』二〇一七年十月二日号より）と見本の役もしている。こうして沖縄や奄美の精神科医とユタのあいだには、一種の共犯関係があり、ユタが生き残る理由になっている。というのも沖縄の精神科医は謙虚で、一部の状況を管理するにはユタのほうに素質があると認めているからだ。しかしこの相互依存関係は必ずしもうまくいっているわけではない。肥後さんが体験したように、精神科医は彼女の助けを求めながら、そのくせ彼女とは距離を置き、まったく関係ないようにふるまっているからだ。医師たちは自分たちの態度の曖昧さ――さらには無礼さ――に気づいているのだろうか？

実験科学に対して経験のブリコラージュ（寄せ集め）

フランスの哲学者ミシェル・オンフレは、オーストリア出身の哲学者でアナーキスト認識論者（科学に否定的な考え）といわれるポール・ファイヤアーベントを引用して、シャーマンや魔術師、占い師や催眠術師のところへ行くようにと言ってはばからない。というのも「すべての真実はやってみる価値があり、うまくいけばすべてよし」だからである。これはドイツの心理療法士バート・ヘリンガーがズールー族からヒントを得て、彼独自のファミリー・コンステレーション（家族の布置）（人間の意識に無意識に影響を及ぼす家族の隠れた力動を顕著化させる手法）を考案したのにも少し通じる。また、臨床心理学者で『野の医者は笑う――心の治療とは何か？』（誠信書房、二〇一五年）の著者でもある東畑開人《とうはたかいと》が、心の治療（おそらく魂の）を調査するのに、沖縄で六カ月以上、想像しうるかぎり怪しい治療をすべて体験した姿勢でもある。

野の医者のドアを押しながら、彼は魔女のデトックスやリンパマッサージなどを受け、ついでにアドバイスやあらゆる種類の警告を録音した。これらすべてで彼が確認するに至ったのは、沖縄にこれだけ豊かな種類の治療法があるのは、みんながここで「ブリコラージュ」を実践していたということだった。彼がここで引用したブリコラージュは、フランスの人類学者クロード・レヴィ＝ストロースが考案した概念である。使用されている言葉は現代風になっているものの（オーラソーマ〔カラーセラピーのこと〕、リンパマッサージ、マインド・ブロック・バスター〔潜在意識のブロックを外すこと〕）、「カミンチュ・カウンセラー」と名乗るいかさま治療師など、いずれもわかりやすいことはわかりやすい。

そうしながらも彼は、一部の治療効果には困惑することも認めるに至っている。たとえば、西洋ではＡＤＨＤ（注意欠陥・多動性障害）の子どもにはメチルフェニデート（精神刺激薬）を投与するのだが、沖縄の人は「マブイを落とした」と言う傾向が強い。「マブイ」とはすでに述べたように「魂」のことで、私たちの魂が実際、交通事故や精神的ショック、あるいは先祖を大事にしないと肉体から落ちるということだ。魂のない肉体はバラバラになり、衰弱したり、変な行動に出たりする。落ちたマブイを元に戻す儀式「マブイグミ」は、ユタによって魂が落ちた場所か、待っていると思われるところで行なわれる……。

これらのいかさま医師を探している客は、なぜ彼らが突然、次から次と不幸に見舞われたのかを探ろうとしていることが多い。マッサージ師になったユタに会った東畑が最後に出会ったのが、ユタになった臨床心理士で、その臨床心理士は家族関係を立て直すのにいちばんいい治療法は、先祖の霊を供養して祈ることだと思っている……。

新たに取得した知識に力を得て、東畑は再び職務を果たすために東京へ戻っていく。

フランスの民間療法で、火傷を治す能力のある治療師があらわれたのは病院だった。これはつまり、科学で理由は説明できなくても、一部の能力を認めていることだ。これとレラの火傷を治した態の脂を同じと見ることができるだろう。後者も北海道の医師が理由はわからずとも効果を認めていた……。

精神科医の限界も推しはかることができる。彼らは鶴見さんやユタの肥後さんに依存して、憑き物なのか精神病なのかを判断してもらっているからだ……。肥後さんが話した女子高生のケースは、精神科医の負の面を示すもので、一部の人は他人には見えないものが見えるというだけで精神病院に収容されている。

ここで思い出すのが映画『シックス・センス』だ。死者が見えることで苦しむ主人公の少年コールが、自分が死んだことを知らない死者によって救われて治る……という内容だ。やはり苦しむ霊が見えると言う知人の日系オーストラリア人の女性は、死者たちは血まみれではないと言っていたが、少なくともこの映画は、他人が見えないものが見える人たちの苦しみや孤独を明らかにしたことで価値があったと言えるだろう……。

魂が上るのを助けるというテーマは、多くの証言で繰り返し述べられている。コスモライトの石橋もそうなら、肥後さんやマリア（彼女は呼び出した霊を上げるのを助ける）、そしてレラはアイヌと北海道で強制労働の犠牲になった人々（倭人も含む）の霊を行くべきところ、つまり「あの世」へ行くのを助けている。

もし、すでに見たように、シャーマンが警察の捜査にも貢献しているとしたら（当然ながら厳重な秘密裏で！）、ここで思い出すのは、アメリカの連続テレビドラマで大ヒットした、霊能者アリソン・デュボアの実話を元にした『ミディアム』だろう。

いくつかの確認——白羽の矢が当たるように、それはあなたに突然「降りてくる」

ここで、私が出会った人たちを二つの部類に分けてみよう。一つは子どもの頃から直感や、自分はどこか「変」で（とくにミカや肥後さんのケース）、人とは違うと思っていた人たちだ。もう一つは、白羽の矢が当たったように、突然（レラや鶴見さんのように臨死体験をしたあとや、石橋マリアやサダエさんのケース）、天から才能が「降りてきた」人たちだ。天から指名された人たちも、待ち受ける仕事の大きさに不安を抱いて呼びかけを断わると昏睡状態に陥り、使命を受け入れることで脱出できている（サダエさんのケース）。

否定できず説明もできない自己回復力

出会ったシャーマンのうち二人は、自分たち自身でガンを治していた。卵巣ガンになったレラは、余命三カ月と言われていたのに、一五年後に私が出会ったときは元気いっぱいだった。甲状腺ガンになったマリアも、医者からは一年以内に再発すると診断されていたのに、一〇年後には自分で治ったと思っている。

私も個人的に、サダエさんと肥後さんにそれぞれ違う健康問題に注意するよう言われ、そのときは元気だったので無視していたのだが、その後、彼女たちの指摘が身体の部位まで正確に一致していたことがわかった。そしてマリアが私の骨格をレントゲンのように見て、腰部が不均衡になっていると注意したことを、どう言えばいいのだろう?

後継者問題には不熱心

もう一つ、たえず繰り返されたのは、時間も献身的行為も軽く見られることの多いこの役割を、誰一人もう背負いたくないと思っていることだ。なかには、自分の子どもたちに後を継ぐ熱意が欠けていることを嘆いている人もいるが(サチコさん、肥後さん)、ほかの人たちは、サダエさんのように、もうその話題については聞きたくも話したくもないと思っている。この仕事特有の犠牲的行為の大きさがわかっているからだ。「私は二四時間カミンチュだから、のんびりすることはまずない!」とサダエさんは言っていた。

松田広子も著書で、収入が不安定なのでクレジットカードをつくることができないと説明している。

くとも後悔はなくなるだろう。

永遠の質問――なぜ私たちはこの地上にいるのか？

「顧客」から問いかけられるテーマは、私には今日的に見える。みんなそれぞれが味わった試練の意味を見出そうとしているからだ。ここで仏教の概念である「定命《じょうみょう》」が提唱されると、人はもう寿命という言葉を考えず、人生はあらかじめ定められていると考える……。子どもを亡くすのは辛いことだが、しかし人生の長さは前もって定められていると考えれば、苦しみは消えなくても、少なくとも後悔はなくなるだろう。

西洋との比較と一致点

私が集めた証言は「エキゾチック」に見えるかもしれないが、西洋と比較してみたい思いにたえず駆られていた。

エドガー・ケイシー

まずエドガー・ケイシー（一八七七～一九四五年）のケースを見てみよう。「眠れる予言者」または「奇跡の人」という異名を持つ彼は、いまもなおアメリカで史上最高の霊能師として知られている。まさに科学への挑戦者でもあった彼は、二三歳のとき、急性喉頭炎で声が出なくなるのだが、そのさいに受けた催眠療法中に、どうすればこの症状を治せるかを自ら事細かに語り、そのとおりにすれば実際に治ったと言われている。これがいわゆるケイシーの「リーディング」と呼ばれるものである。敬虔《けいけん》なプロテスタントで、信仰心も篤く、しかしあまり教育を受けていなかった彼だが、催眠のトランス状態で指示する治療法は悪魔の力によるものではないかと、自身は恐怖心を抱いていた。しかし、いったんリーディングをやめると、病気になるかまた失声症になり、再開すると治ったことから、天から選ばれた者であることが明らかになった。代替医療の先駆者として、彼はユタと同じように、自然を支配する目に見えない霊を尊重するように呼びかけた。妻子を養うため、人生の一部をお金を追いかけて過ごした彼だったが、援助を頼まれたときは報酬をいっさい受け取らなかったという。

アメリカのヴァージニア・ビーチにあるエドガー・ケイシーの「研究啓発協会」（一九三一年にケイシー自身が創設）には、生前の彼のリーディングがすべて保存されている。ケイシー・センターは世界中にあり、日本も例外ではない。「日本エドガー・ケイシー・センター」には信奉者がたくさんいて、そこでエッセンシャルオイルによる治療法を教えている。私自身も一人の女性からその施術を体験し、彼女とは友人になったのだが、その女性は入院しても病気がよくならないので、自分で治そうとケイシー式のマッサージの手ほどきを受け、いったん治ってから、頼まれた人にボランティアでマッサージをしているということだった。

あとになってわかるのは、ケイシー自身は自ら実践した施術の手順に専念するあまり、自分自身の健康を害したということだ。

「道具を使っての」口寄せ──「ＩＴＣの法王」と言われるブリューヌ神父

来世と交流する専門家、フランソワ・ブリューヌ神父──著名な神学者で、多くの著書がある彼は、二〇一九年に八八歳で亡くなったばかり──は、勇気を持ってＩＴＣ（インストルメンタル・トランスコミュニケーション：レコーダーなどの電子機器によって死後の世界と交信すること）に人生の一部を捧げた神父である。ベストセラーとなり、七カ国後に翻訳された著書『死者は私たちに話しかける』（一九八八年）のまえがきで、彼はこう書いている。

「最も許しがたいのは、現代において最も素晴らしく、異議の余地のない発見に対して、科学界や教会が沈黙して軽蔑し、さらには検閲で禁止していることだ。死後は存在する。そして私たちは『死者』と呼ぶ人たちと交信することができるのである。

私がこの本を書いたのは、とくに西洋の知識層で高まっている、これらの沈黙と無理解と追放の厚い壁を打ち破りたいと思ったからである。彼らにとって、永遠について議論するのはまだ許容できる。人は永遠に生きることができるかどうかは議論可能になったが、死者と交信できると断言することは、受け入れがたいとみなされている」

あるインタビューで、彼はこうつけ加えている。

「この本を書くにあたっていくつか発見したことがある。私たちが向こう側に渡り、来世に着くと、エレベーターや吸引器具のように、すぐに神に吸い上げられるのではないということだ。実際に着いたのは死のヴェールのこちら側で、私たちがいるのはちょうどその前になる。そして来世に行くには多くの段階を通して、精神を進化させつづけなければならないだろう……ということだ」

この言葉はマリアの言ったことと呼応する。彼女が天体に旅したとき、低いレベルで義母に会ったのに、見て見ぬふりをされたときの体験だ。「義母はそんなところにいたのが見つかって、恥ずかしかったのでしょう……」

エジプトのパピルスにも書かれている魂の重みについては、魂関連の著書が多いフランスのレイモン・ラフィユも、地上での浄化によって、魂はさまざま異なる段階に向かうことがあると言及している。天体の低いところにいる魂は、自分たちがまだ生きていると思い、やるべきことに従事している。苦しむ霊がいるのはまさにそこで、物に執着し、いろいろな場所に出没して、どこへ行ったらいいかわからないのである。

世代間の伝達vs世代間療法

いっぽう奄美のユタが「世代間の伝達」について語っていることと、フランスの心理学者アンヌ・アンスラン・シュツェンベルガーが、著書『痛っ、私の祖先!』のなかで語っている「文脈的精神医学的世代間療法」は、とくに呼応するようだ。後者が強調するのは、「私たちは世代を結ぶ鎖の一環で、時に、奇妙なことに、祖先の過去の負債を払わなければならないことがある」ということだ。いっぽう祖先崇拝は、沖縄の信仰の基本で、祖先を供養することの大切さを説き、おろそかにすると祟りがあるというものだ。

レイモンド・ムーディ、エベン・アレグザンダー、ジャン＝ジャック・シャルボニエ、そして救急医学の矢作直樹《やはぎなおき》

ますます多くの医師が、信頼を保つには踏み込んではいけない分野に、勇気を持って身を投じるようになっている。アメリカの医師で心理学者、臨死体験の研究で有名なレイモンド・ムーディはそのパイオニアだろう。五〇年近く前に出版され、ベストセラーになった著書『かいまみた死後の世界』（中山善之訳、評論社、一九八九年）は、医学界の大半から批判され、無視されたのだが、世界で一三〇〇万部以上売れ、一二カ国語に翻訳された。

著名なアメリカの脳神経外科医エベン・アレグザンダーもそのあとを追った。急性髄膜炎に襲われた彼は、一週間の昏睡状態に陥り、蘇生するチャンスがほとんどないときに、臨死体験をしたことで見方が一八〇度変わった。著書に『プルーフ・オブ・ヘヴン』（白川貴子訳、早川書房、二〇一三年）などがある。

口寄せと催眠によるトランスコミュニケーション

多くの本を読んでいるうちに私は、東北のイタコと、フランスの麻酔科医シャルボニエが開発して普及させたトランスコミュニケーションが同系列であることに思い至った。後者は催眠によって死者と交流して死を悼むメソッドだ。すでに見たように、第二世代のシャーマンを自認するマリアは、客がトラウマを克服するために催眠術を実施していたが、しかし死者を哀悼するのにも使っている。それが理由で彼女はグリーフケアを勉強したのだが、それは生きている人を助けるのにすべ

ての道はよいと考えているからでもある。

「科学的未確認物」と形容されるシャルボニエ医師は、死後の世界や見えないものとの交流は、科学的に証明する必要がないと考えている。フランスのジャーナリスト、ピエール・バルネリアスが制作した臨死体験のドキュメンタリー『タナトス、最後の一節』で、シャルボニエはこう語っている。「困惑したのは、文化や宗教、哲学いかんにかかわらず、人は同じ体験をしていることがわかったことだ」。私が個人的に集めた日本の臨死体験の証言が、彼の言葉を裏づける。

来世に情熱を燃やした作家・立花隆の日本的見方

フリーランスのジャーナリストで作家の立花隆(二〇二一年四月死去)は、二三年以上にわたって生と死の神秘を追求した。東大のフランス文学科を卒業後、文藝春秋勤務を経て再度、東大の哲学科に学士入学したのだが、東大紛争の学費支払いで大学と対立、大学を中退した彼はその後、一〇〇冊以上の本を出版し、そのなかに二巻の『臨死体験』(文藝春秋、一九九四年)と、その続編二冊、『証言・臨死体験』(同、一九九六年)と『生、死、神秘体験』(書籍情報社、一九九四年)がある。『証言・臨死体験』で彼は、日本人の体験者から集めた二三例の証言を紹介、『生、死、神秘体験』では、心理学者の河合隼雄や作家の遠藤周作など、一〇人の知識人と対話している。立花のおもな問いかけは、生と死後の意味についてと、うまく「あの世」に行くことができるのかについてである。つまり、私たちが覚悟すべきは、最後の息を引き取ったあとは――元検事総長で、盲腸ガンで亡くなった伊藤栄樹《しげき》の著書『人は死ねばごみになる』(新潮社、一九八八年)のように

――完全な無で、生物学的に腐敗した単なるゴミにしかならないのだろうか？

高校時代と大学時代を通して、立花は何度も自殺を考えたと言い、人は誰もこのジレンマから逃れられないと考えている。彼は安楽死の権利を要求しているのだが、しかし議論を呼んだ鶴見済《わたる》の本（一二〇万部を売上げたベストセラー）『完全自殺マニュアル』（太田出版、一九九三年）のような立場は取っていない。これは絶対に失敗しない自殺の仕方を詳細に完全に紹介したものだ。フランスではクロード・ギヨンとイヴ・ル・ボニエックの本『自殺――もっとも安楽に死ねる方法』（五十嵐邦夫訳、徳間書店、一九八三年）が発売禁止になったのとは逆に、鶴見の本は自殺を扇動していないとみられたことから、発禁にはならなかった。

ＮＨＫのルポ番組で、立花は世界を巡り、偉大な来世の開拓者たち（レイモンド・ムーディ、エベン・アレグザンダー、ブリュ－ヌ神父、エリザベス・キューブラー＝ロスなど）と会っている。著書『死はこわくない』（文藝春秋、二〇一五年）で立花は、自分がこのテーマで何千ページも本を書いたのは、一、二時間もかけたインタビューが編集で数分間に短縮されたことにフラストレーションを抱いていたからだと説明している。

現代は、人から信用してもらうには無宗教と言わなければならないようで、実際、立花もそうなのだが、それでも彼は苦しんでいた。なぜなら人生の大半を、生きる意味を求めて過ごしていたからだ。彼の提起する問題は二言三言に尽きる、世界は神々《こうごう》しいのか、それとも不条理なのか？

『バーバラ・ハリスの「臨死体験」』（バーバラ・ハリス／ライオネル・バスコム共著、立花隆訳、講談社、一九九三年）――バーバラが体験した二度の臨死体験と、それによって彼女の人生が劇的に変化したことを語る内容――を読んで、翻訳までした立花は、臨死体験について二巻からなる本（前述）の執筆を始めた。その本には日本人の臨死体験が多く紹介されており、そのなかで私が文化的に興味を持ったのが、戦争中に死にそうになった二人の男性の証言だ。一人は、実際、ある川の向こう側に、四年前に亡くなった父親が手招きをしているのが見え、必死で近づこうとしたのだが、どうしても近づけなかった。その川は三途の川だったのだろうと思っている。それでも死生観はまったく変わらなかったのだが、三〇年後、社員旅行で長野県に行ったとき、梓川《あずさがわ》を見てあのときに見た三途の川と同じだったので驚いてしまった。それまで梓川は写真でも、絵でも見たことがなかったのだ……この「デジャヴュ」感はどう説明したらいいのだろう？

もう一人は戦場ではなく空襲時の体験で、暗闇のなかに色とりどりの花が咲き乱れる花園が見えた。まばゆい光のなかで、僧侶のような人が手招きをしている。彼はなんとかその花園へ行こうとするのだが、そのたびに足元が暗黒の淵に変わり、どうしてもその淵を渡れない。一方の淵はみんな平気で渡っているのに、彼だけはたどり着けなかった。そのとき大きな声で自分が呼ばれているのに気づき、意識が戻ったという。その後、彼は二回も大手術をしたのだが（胃ガンと心臓）、周囲の人が不思議に思うほど、死を怖いと思わなくなったと言っている。

アメリカの臨死体験と比較するため、立花は彼のところに寄せられた二四三件の体験例をもとに、体験要素別に分類してみた。以下はその抜粋である。

・体外離脱――五九件

・トンネル体験――五四件（うちトンネルは三〇件、闇・暗がりは二四件）
・花畑――一〇二件
・光の体験――四五件（うちトンネル体験のあとは一六件、それ以外は二九件）
・出会い――一五三件（うち肉親や知人などの故人は四五件）
・境界――八二件（うち川は七〇件、海・湖は六件、門・壁は六件）
・人生回顧――六件
・戻るきっかけ――七二件（うち自分の意思は一二件、他者の命令は二三件、現実界からの呼びかけは三七件）
・気分――七三件（幸福感は三二件、安らぎは三二件、恐怖感は九件）

（『臨死体験』上巻より）

観察された共通点は、みんなもう死を怖く思っていないことで、立花自身も、彼の晩年の著書のタイトル『死はこわくない』からもわかるように、七〇歳を過ぎてから死が近づいているのを感じはじめたと言ってはいるものの、もう怖いとは思わなくなっている。

日本と西洋の臨死体験を比較分析した中部大学教授・バージニア大学客員教授の大門正幸《おおかどまさゆき》とバージニア大学教授ブルース・グレイソンの記事では、臨死体験の文化的な違いや、いくつかの開きが説明されている。この比較は主として前述の立花が作成した表をベースにしているのだが、たとえば日本人はアメリカ人と同じ光を見ても、特定の個人には当てはめていない。日本人から見ると、光を神や愛と結びつけるのは、キリスト教や外国の伝統になるようだ。もう一つの違いは天国のイメージで、日本人の想像の世界では花畑になることが多い。また、この世とあの世を分ける川（三途の川）の存在も違いの一つで、アメリカ人の臨死体験には見られないものだ。最後は、人生全体を見直すような臨死体験がほとんどないことで、これは日本人には最後の審判の概念がないからだろうと解釈されている。

ＮＨＫのドキュメンタリー番組で、来世の比較研究を専門にしているカール・ベッカー（京都大学特任教授）が立花に、京都府宇治市の平等院にある、阿弥陀如来が霊を迎え入れる一枚の絵を見せている。そのなかには間引きの絵が数多くあり、そこに殺されている小さな魂を迎えにくる地蔵もいることがわかる。

『証言・臨死体験』で、立花は自らが聞き取った臨死体験の証言を二三件紹介している。立花はインタビューのさいにスケッチブックを持参、体験者にそのとき見た光景を絵にしてもらっている。以下は、私がとくに感動し、さらには衝撃を受けたいくつかの証言の抜粋である。

・「死というものは、こんなに甘美なものかと思いました。これなら死ぬのもいいと易《やす》しという感じだなと思うようになりました」（女優・北林谷栄、脳内出血で二週間意識不明）

・「そこ（あの世）に足を踏み入れると、なんかすごーく幸せな気持ちになりました」（元プロレスラー・大仁田厚、敗血症と急性腎不全を併発したとき）

・「人は死ぬと別の世界に行く。その世界がどういうものかはわからないけれど、ほんの少しだ

けそこが覗けてわかったような気がしました」（大学教授・佐藤正弥、六四歳。四歳のとき、彼もまた花畑を見ていた）

・「死ぬというのは、先に死んだ親しかった人たちの仲間入りをすることだと思うのよ。だから、死ぬのが怖いとはちっとも思いません」（主婦・奥津浩美、五七歳。十七、八歳の頃、冬、コタツでうたた寝して一酸化中毒に）

・「ポカポカして気分がよく、ここで死ねるなら、それでもいいと思いました」（ワープロ技術者・山本江里子、二七歳。一六歳のとき、交通事故で頭部に瀕死の重症。三カ月間意識不明。回復したとき、三途の川を見たことを思い出した）

・「気がついてみると、まばゆいばかりの光が輝く白一色の美しい世界にいました。（……）あの体験の光が地獄なのか、極楽なのかわかりませんが、いずれにしろ怖いものじゃない……」（紀和交通大阪支局長・石田雅祥、六一歳。胃のなかに大きな静脈瘤。病院で意識を失って倒れる）

・「ああ、死んでるな、私の遺体がそこにある、と思いました。（……）死んでも魂は残って、苦しみがない世界で自由に生きていける」（『ふたたび愛をありがとう』の著者・中村のり子、四七歳。九歳で腎臓病になり、長期人工透析。悪化して尿毒症になり危篤状態に）

・「川の向こうで、おいでおいでをされてるから、そっちに行きたいんです。川を渡りたいんです。だけど、なぜかどうしても渡れない」（機械設計技師・佐藤国男、脳腫瘍で倒れたとき、九日間意識不明）

（『証言・臨死体験』より）

最後に、私がとくに心を打たれた臨死体験を一つ紹介しよう。一九七六年生まれの演歌歌手、古《こ》口樹美《ぐちじゅみ》が、一カ月で六〇キロ痩せたあとにした体験だ。彼女の食欲はものすごく（一日に七食）、体重が九〇キロにまでなった二五歳のとき、人から許しがたいほどひどいことを言われたのが心に刺さり、突然、痩せる決心をした。彼女のダイエットは一言で言える、食べるのをやめる——これで一カ月で六〇キロ痩せたのだ。彼女は四〇キロ痩せたところでもういいと思ったのだが、身体が食べ物をいっさい受けつけず、体重はどんどん減っていく。三五キロになったときは死ぬかもしれないと感じた……。

「身体が浮いて、雲の上に乗っているようにフワフワした感じでした。天国にいるみたいにいい気持ちでした。天国がこんなに気持ちいいなら、このまま死んじゃってもいいなと思ったんです。そう思ったとたんに、真っ黒な大きな穴のなかに突き落とされて、私はそのへリのところに必死でしがみついていました。しかし、下のほうから黒い影のようなものが私の足を引っ張っているんです。私は必死でよじのぼろうとして（……）そしてへリのところからちょっと顔が出て向こうが見えたら、そこは一面のお花畑でした。私はそのお花畑のなかに立って、歌いたいと思いました。（……）これ以上痩せたら死ぬぞという警告の臨死体験だったんじゃないでしょうか。（……）この体験で、命の大切さというのがすごくよくわかったんです。いまは生きるのが楽しくて、仕事が楽しくて仕方がありません」（『証言・臨死体験』より）

シスター鈴木秀子

多くの著書で知られるシスター鈴木秀子（一九三二年生まれ）もまた、自らの臨死体験について書いている（『臨死体験　生命《いのち》の響き』大和書房、二〇〇五年）。一夜を過ごした奈良の修道院の階段から落ちた彼女は、五時間、意識を失っていた。しかしそのときの臨死体験は鮮明に覚えていて、足のまわりが蓮の花びらにおおわれていたそうだ。それが四七歳のときで、彼女は愛がすべてだと理解しただけでなく、わずらっていた膠原病《こうげんびょう》も奇跡的に治ってしまった――なぜ治ったのか、医師は説明できないそうだ。

フランスの魂の導き人とお祓い師

フランスでよく話題になるのが「魂の導き人」で、これはほかでもない、自分が死んだことを知らずに意識レベルでさまよっている死者が昇天するのを助ける人たちのことだ。死者が行くべきところ、つまり光に向かって送り出すことである。ブリューヌ神父が引用するのは、アメリカの女性心理学者エディス・フィオーレの研究で、それによると恐怖症や鬱病、性格障害や強迫障害（過食症、アルコール中毒、麻薬など）は、霊が身体に取り憑《つ》き、生霊となってその人に飲ませ、食べさせ、乱用させ、さらには人を殺させるという。一九九五年にアメリカで出版された彼女の本（『取り憑く霊――精神療法医が憑きものを治す』など）は、フランスで翻訳出版されるまで一五年も待たなければならなかった。このテーマがフランスでいまもなおいかにタブーで、とくに殺人に関しては、人間の自由意志と罪に対する責任は、あくまでも良心の問題とされているかがわかるだろう。

「パトリシア・ダレ」という名のフランスのユタ

フランスで霊媒師として人気のパトリシア・ダレは、多くの講演や著書で、彼女に自動筆記（自分の意思とは無関係に筆記すること）や霊聴の能力がついたのは、息子が誕生したあと突然「上から降りてきた」と説明している。統合失調症になったのではないかと恐ろしくなった彼女が、ある精神科医のところに駆けつけたところ、医師から言われたのは……あなたは霊媒師だということだった。以来彼女は、死者と生者の仲介役として身を置いている。

彼女にとっても、苦しむ霊はさまよっている。なぜなら自分たちが死んだことを知らないからで、それは事故などで突然死んだ人に多い。彼女がニューヨークの「グラウンド・ゼロ」に行ったとき、あまりに多くのさまよう霊に助けを求められ、耐えきれずに逃げてしまったと言っている。コスモライトの石橋も、パリの凱旋門で似たような体験をし、戦艦大和が沈没した場所では、半世紀以上も前に自分たちの戦艦が撃沈されたことを乗組員たちは理解していないようだった……。このことからも、東北で、二〇一一年三月十一日の大震災で行方不明になったまま、供養もされていない多くの人たちが出没していることを知って、驚く人はいないだろう？

本書の序文で私が触れたのは、東北でよく聞く話で、タクシーが震災で壊滅した場所へ行ってほしいという「人たち」を乗せ、その人たちは途中で消えてしまい、自分がこの世にはもういないことを知らなかったという話だ。ジャーナリストの奥野修司の著書『魂でもいいから、そばにいて——3・11後の霊体験を聞く』（新潮社、二〇一七年）でも、日本人の特徴の一つとして（立花隆も認める）、死者ときわめて身近にいる例を示している。この本で紹介されている死者との「接触」

のなかには、たとえば死者本人が家族に自分が亡くなったことを知らせに来たり、あるいは夢や、さらには家族の携帯にメッセージを伝えたりしている……。

日本人はまた、さまざまな理由であの世に行けずに迷える霊を、きちんと送り出す必要性についても語っている。時間の概念が比較できないので、なかには何年間も、さらには何世紀も、出口が見つからずに一カ所にとどまっている霊もある。

奄美の肥後ケイ子が、それまで誰も近づけなかった呪われた地を「除霊」したケースをみると、私たちはそこで何かが起きたと思わざるをえなくなる。というのも以降、呪われた地は整備されて「お奨めの」観光地となり、奄美のパンフレットに必ず載るようになったからだ。


戦艦大和の船上で撃たれて死んだ前世を覚えている日本人の少年と、太平洋戦争で撃墜された戦闘機に乗っていたことを覚えているアメリカ人の少年

石橋マリアは、戦艦大和の乗組員のチャネリングに関連する証言を集めていたとき、別の和解をしなければならなくなった。「撃沈された戦艦のなかに、まだ乗組員がいるのを感じた主人は、その人たちの行くべきところへ上っていけるよう祈りました」と彼女は言っていた。これらの霊は、アメリカ人の霊も含めて、五〇年以上も閉じ込められていたようだ。しかし、不思議なことはそれだけではなかった。というのも、マリアが話したのは、ある小学生の少年が一〇曲の軍歌を覚えていて、戦艦の上で頭に銃撃を受けて死んだと言っていたことだった。その少年はまた、スパイ対策として暗記させられたこともすべて覚えていた。

ここで比較せざるをえないのが、繰り返し見る悪夢に苦しんだアメリカ人の少年ジェームズ・ライニンガーのケースだ。ジェームズ少年は四歳のとき、一九四五年に太平洋戦争の激戦地だった硫《い》黄島《おうとう》の上空で、自分が操縦していた戦闘機が撃墜されたことをきわめて詳細に思い出したのだ。このケースは、子どもの精神科医ジム・タッカーによって報告されたもので、タッカーは生まれ変わり現象の研究者イアン・スティーヴンソンの後を継いで、前世の思い出を記憶している子どもたちの証言を集めていた。ジェームズ少年の証言をきっかけに、彼の両親が行なった調査は、一冊の本『ソウル・サバイバー――前世の記憶を持って生まれてきた子とともに』（ブルース＆アンドレア・ライニンガー／ケン・グロス共著、早川麻百合訳、ＰＨＰ研究所、二〇〇九年）となって出版された。少年が前世でも「ジェームズ」と呼ばれており、名前まで一致した事実に、両親はことさら「動揺」した。というのも、彼らは敬虔なキリスト教徒で、生まれ変わりの概念に向き合う心の準備ができていなかったからだ。

矢作直樹、シャルボニエ博士の日本版

私はほかにも臨死の研究をしているコネチカット大学のケネス・リングや、フランスのジャーナリストのパトリス・エルセル、同じくステファン・アリックスについても引きつづき紹介できるのだが、しかしここでは日本人の緊急医、矢作直樹のケースを取り上げたいと思う。シャルボニエと同じように、彼は人生は死後も続くと考えている。それにはちゃんとした理由がある。彼は何度も死にそうな目に遭い、うち二回は登山のときなのだが、最後に死にかけた登山で、どこからともなく「もう山には来るな」という声が聞こえた……。そうして彼は結論づける。「寿命が来れば肉体は朽ちる、という意味で『人は死ぬ』が、霊魂は生きつづける、という意味で『人は死なない』。私は、そのように考えています」（『人は死なない』バジリコ、二〇一一年より）

『人は死なない』で彼は、西欧でも多くの人が観察したこと（とくにキューブラー＝ロス）を観察している。あの世に魂を「返す」準備のできた人は、受け入れてくれる世界に導かれて旅立つ瞬間、穏やかな表情になるということだ。

『病院で死ぬということ』（主婦の友社、一九九〇年）の著者で知られる山崎章郎《ふみお》医師も（私は日本のキューブラー＝ロスに拙著『オモ・ジャポニクス』の取材でインタビューする機会に恵まれた）、二〇年前すでに、一〇〇〇人以上の死にゆく人に付き添っていた。彼は旅立つ瞬間の患者たちの崇高さを確認していた。

「お迎え現象」または死者の霊を導く人

シャルボニエ博士と同じように、矢作直樹もシャーマンとの対話をいとわない。人気スピリチュアリスト江原啓之《ひろゆき》との対談で、彼は人が亡くなるときに、エネルギー体としての魂を感じることがあり、それを魂の「お迎え現象」と名づけ、こう語っている。

「ある患者さんがお迎え現象に遭遇したさい、近くにいる家族だけでなく、ずっと離れた家族もお迎えの現象を共有する事例があるのだそうです」（『週刊現代』二〇一四年九月二十日号より）。彼はまた、緩和ケアの現場で、数日のあいだに何人かまとまって亡くなる現象についても語っている。

「これは推測になりますが、（……）お迎えのさいに魂が肉体から外れかけると、他の魂とエネルギーを共有するようなことがあるのではないか。それで緩和ケア病棟でも、すでに仲良くなっている患者さん同士の魂が共鳴して、『じゃあ、そろそろ行こうか』と、一緒に逝かれるのではないか……」

このような現象を観察することの多い彼は、その瞬間、それまで意識のなかった人が急に目を開けて、表情があらわれ、そのとき真正面を向いて、ビックリしたような顔をする人が多いと語っている。

「日本ホスピス・在宅ケア研究会」が遺族三六六人を対象に行なった調査によると、四二パーセントのケースで、故人が亡くなる前に迎えに来た亡き家族や、導き人に呼びかけていた。前述のジャーナリストで、末期ガンの患者から二〇〇〇件以上の証言を集めていた緩和ケアの医師の伝記（『看取り先生の遺言――がんで安らかな最期を迎えるために』文藝春秋、二〇一三年）を書いた奥野修司は、終戦までは人は自宅で死に、自然死だったと語っている。そのうえで関西出身の奥野は、一九五〇年代、葬式があると誰からともなく「お迎えがあったのか？」と聞くのが習慣だったことを思い出し、それほどこのお迎え現象は自然だったとも語る。そして、人が病院で死ぬようになって以来、この現象を証言するのは看護師になったのだが、しかし、自宅介護の場合はまた観察できることも認めている。

矢作医師の口寄せ

一人住まいだった母親が自宅の風呂場で亡くなったあと、二年後に、矢作はある霊能者に母親の魂と交流してもらい——まさに口寄せ！——、やっと喪失感を癒すことができたと語っている。そのとき母親は彼に、一人住まいを望んだのは自分で、何の不自由もなかったと言った。それだけではない、死の数日前に結婚指輪を外した理由も彼に説明したのだが、このことは彼以外知らないことでもあった。「私は自分が死んだ母と会話をしているという確信を持つにいたりました」（『週刊現代』二〇一四年九月二十日号より）

矢作は、たとえ私たちが別々の面にいても、お互い身近なままでいるとも考えている。「私は小学校に上がる前から、人間が生まれて死ぬというのは、世界の面がいくつもあるなかの一つの面の出来事で、死ぬことはその面の出口から出て、別の面に行くようなものではないかという感じを、直感として持っていました。そして、こっちの世界とあっちの世界は合わせ鏡のようになっているのでは、と考えていました」（鎌田實《みのる》医師との対談より）

矢作はまた、二〇一一年三月十一日の大震災は、私たちに「メメント・モリ」〔ラテン語で「死を忘れるなかれ」の意味〕の教訓を教えるいい機会で、私たちはすべていつかは死に、死はいつでも訪れることを思い出させたと考えている。彼のメッセージを要約すると、「人は必ず死ぬのは確かだけれど、人間にとって死は終わりではなく、魂は永遠に生きつづける」ということだろう。

別の著書『「あの世」と「この世」をつなぐお別れの作法』（ダイヤモンド社、二〇一三年）で矢作は、三〇年以上、蘇生医として死と向き合う現場に身を置き、魂と「あの世」の存在を認めるようになったと説明している。

人生は奇跡であることを、あまりにも多くの日本人は忘れている

矢作は、日本人は霊的能力を失ったと考えているのに対し、江原はその原因を物質主義的な消費社会にあるとし、金や物、肩書きや学歴ばかりが強調され、そうして祈ることまで忘れてしまったと嘆いている。

「家に人が住まなくなるとすぐに崩壊してしまうように、魂を入れる器だけになった私たちの肉体にも、同じことが起きています」。矢作は臨死体験の証言を数多く受け取ったのだが、そのなかで最も印象的だったのは、ある五〇代の男性の話だ。その男性は妹を助手席に乗せて運転していた車で交通事故に遭ったあと、上から妹と一緒に惨めな状態になった自分の車を眺めていると、突然、妹から早く逃げるように言われた……。その瞬間、彼は自分の身体に戻ったのだが、妹は事故の衝撃で息を引き取るところだった……。矢作は霊そのものは見えないと言っているが、それでもエネルギー体としての魂の存在は感じるそうだ。ちなみにシャルボニエも同じ印象を語っている。

矢作はまた、他者の霊に取り憑かれたある女性患者のケースについて言及し、周囲に理解する人が誰もいなかった彼女は、彼にしか心を開くことができなかったと言っていたそうだ。

矢作はまた、ある同僚医師が、担当する患者が最後に息を引き取るまさにその瞬間、夢にあらわれて自分の死を告げることが多いと言ったことにも心を打たれていた。この現象はよくあって、そ

う珍しいことではなく、看護師もこの種の夢について話すことが多いとも言っている。そうして矢作は、これは魂がいったん肉体から離れると、生者とより交流できるようになる証拠と、結論づけている。

魂と精神の違い

ここで中国出身のフランス人小説家で詩人のフランソワ・チェンの言葉をそのまま紹介しよう。彼は、魂とは私たちの肉体に生気を与える実体であると定義する、なぜなら、その原点は生者の世界を活気づける「気」と結びついているからだ。「魂は、各個人にとって最も内面的で、神秘的で、置き換えられないものからなっている。（……）これは私たちのあいだでの各個人の単独性の印である」

さらにフランソワ・チェンは「魂」と「精神」をはっきりと区別し、精神は欠如し破壊できるものなのに対し、魂は――不可分で、断固たるもの――各自に生まれる前から備わっているものと見ている。

フランス人神学者で古生物学者のテイヤール・ド・シャルダン（一八八一～一九五五年）もまた、私たちは人間の冒険をするためにこの世に来たスピリチュアルな存在だと言っていた。魂や超自然現象に興味を抱くジャーナリストのフランソワ・ド・ウィットにも引用された彼は、魂は私たち人間の最も基本の構成要素で、人はある人生計画を持ってこの世に生まれ、意味のある偶然によってその計画に向かっていくとみなしている。ド・ウィットは、心理学者にはスピリチュアルな信念が欠けており、脳や精神の研究はしても、魂のことはよくわからないという理由で無視していると嘆いている。前述の臨床心理士・東畑開人も、沖縄で「落ちた」魂を「元に戻して」治療するやり方を実際に見たことから、この意見に反対はしないだろう。というのも彼は、「ほかの」治療法を観察するために沖縄へ行ったからだ。ド・ウィットはまた、人はつねに批判する前に軽蔑し、最後は受け入れるとも訴えている。

さらにド・ウィットは、意識が生きているものすべて、植物や動物、鉱物にも注入されているという考えも排除しない……。太陽の当たるところに置いてほしいと頼んだ、サチコの石にも意識があったのだろうか?

私はジャーナリストのステファン・アリックスの視点に全面的に賛同する。シャーマンの調査で世界を飛びまわったあとで彼がたどり着いた結論は、霊能者たちは従来の方法では得られない方法で情報を得ているということだった。彼はまた、自分は分析的な脳で話を聞いていたが、しかし、彼らが言ったことで自分が変えられたとも言っている……。

「シャーマンの問題は、一つの真実がないということだが、しかしそれぞれが体験した経験があり、そこからそれぞれ自身が情報を引き出している……。結局のところ、私は何一つ確信していない……量子力学を例にするとよくわかるが、確実とされていたのは、本当は、はっきりしない仮説だったということだ。(……)私の仕事は、その世界にどっぷり浸っている人たちの現実をできるだけ忠実に書き写すことだ」

これがまさに私のやってきたことだった。

メメント・モリ

ある僧侶が寺のサイトに書いていたように、私たちが死ぬ確率は一〇〇パーセントである。シャルボニエはパトリシア・ダレに呼応して、私たちがあの世から問われる質問は二つだと言っている。

あなたは人生で何をしたか？　と、他人をどのように愛したか？

最後に、河瀬直美映画監督の作品『2つ目の窓』（二〇一四年）に、本人役で出演した栄サダエさんが、亡くなった母親を前に「もう、ぬくもりは感じられない」という主人公の杏子《きょうこ》に語りかけた癒しの言葉を紹介しよう。

「そう、ぬくもりはなくても
心のぬくもりがあるの……」

謝辞

まず最初に、本書のフランスの出版元であるヴェガ社のソフィー・ジロに感謝したいと思っている。彼女は、この本が企画の形でしかなかった段階で、私を信頼してくれ、出版を受け入れてくれた。

取材ではマリアにいちばんに感謝したい。彼女の優しさ、その熱狂ぶり、心の広さ、私の取材旅行に同行してもらってどんなに楽しかったことか。こうして私たちは奄美と北海道、東北で、一緒に、その地方で本当に最後のシャーマンに会った。八戸の中村タケさんの家で、彼女同席のもと、口寄せをしてもらったときのことは、いつまでも忘れられないだろう。というのも、自分自身シャーマンであるマリアは、呼び出した死者が降りてくるのを見た……のだから。

また、いまでは大切な友人になった鶴見明世さん、そして面倒をいとわず私につきあってくれた石橋マリアさんと、夫の石橋与志男さんにも心からのお礼を伝えたい。

それから、私の取材を快く受け入れてくれたほかのすべてのシャーマンたちにも。とくに、正真正銘の最後の「イタコ」と言える中村タケさん、北海道の最後のアイヌのシャーマンであるアシリ・レラさん、そして奄美で出会った三人の「ユタ」たち、栄サダエさんと肥後ケイ子さん、本書で取材した唯一の男性「ユタ」新納《にいろ》和文《かずふみ》さん、そして座間味のサチコさんにも感謝したい。

そしてまた、法政大学の研究員で「海神祭」（ウンジャミ）を専門とするバーバラ・カーズにも心から感謝したい。彼女にはいろいろなことを教えてもらい、とくに海の神は「神々」と複数にしたほうがいいことがわかった……。

また、「海神祭」で出会った「ハンズナ」たち、とくに九六歳と高齢ながらも矍鑠《かくしゃく》としていたスミさん、若いエリナさん、新城正枝さんにもお礼を伝えたい。さらに私たちを田名《だな》へ案内してくれたうえ、灼熱の太陽のもと島を一周させてくれ、スミさんを紹介してくれた伊平屋島《いへやじま》観光協会の金城洋子さん、また私のために貴重な時間をさいてくれた伊平屋村立歴史民俗資料館の細越《ほそこし》さんにも、心からのお礼を。

さらに東京のミカさん、久高島のサワさんにも感謝したい。また映画作家のダニエル・ロペスが、親切にも那覇の首里にある彼のアパートメントを私たちに使わせてくれたことも忘れられない。

それと、私のために仲介役をしてくれた於保《おほ》好美《よしみ》さん、栗原さん、ショータくん……など、ほかの多くの人たちにも感謝しなければ。

最後に、本になる前の私の原稿を二回も読み直してくれたジャン・バルテレミーと、一部を再読してくれたカタリーナ・ブロムバーグにもお礼を伝えたい。

最後にもう一つ。本書を翻訳出版してくれた草思社編集部の碇高明さん、編集作業をしてくれた編集室カナールの片桐克博さん、そして四〇〇ページ以上の本を日本の読者向けに翻訳してくれた鳥取絹子さんにも、この場を借りて心からの感謝を伝えたい。

二〇二二年十一月

ミュリエル・ジョリヴェ

・「アイヌ語のラジオ講座」(STVラジオ)

津波後の霊魂

・Jolivet Muriel, *Chroniques d'un Japon ordinaire*, Elytis, 2019.
・Lloyd Parry Richard, *Ghosts of the Tsunami*, Jonathan Cape, 2017. [リチャード・ロイド・パリー著『津波の霊たち――3・11死と生の物語』濱野大道訳、早川書房、2018年]
・奥野修司著『魂でもいいから、そばにいて――3・11後の霊体験を聞く』(新潮社、2017年)
・金菱清ゼミナール編『呼び覚まされる霊性の震災学――3.11 生と死のはざまで』(東北学院大学震災の記録プロジェクト、新曜社、2016年)
・佐々木格著『風の電話――大震災から6年、風の電話を通して見えること』(風間書房、2017年)

日本の臨死体験と死後の世界

・Becker Carl, « Breaking the Circle : Death and the Afterlife » in *Buddhism*, Southern Illinois University Press, 1993.
・Ohkado Masayuki (大門正幸), Greyson Bruce, « A Comparative Analysis of Japanese and Western NDEs », *Journal of Near-Death Studies*, été 2014, vol. 32, n°4.
・立花隆著『臨死体験』〈上・下〉(文藝春秋、1994年)
・立花隆著『証言・臨死体験』(文藝春秋、1996年)
・立花隆著『生、死、神秘体験』(講談社、1994年)
・立花隆著『死はこわくない』(文藝春秋、2015年)
・野堀拓路/カール・ベッカー著『「死ぬ瞬間」のメッセージ――ある少年の臨死体験』(読売新聞社、1992年)
・ベッカー, カール著『死の体験――臨死現象の探究』〈日本語〉(法蔵館、1992年)
・矢作直樹著『人は死なない――ある臨床医による摂理と霊性をめぐる思索』(バジリコ、2011年)
・矢作直樹著『「あの世」と「この世」をつなぐお別れの作法』(ダイヤモンド社、2013年)
・矢作直樹/坂本政道著『死ぬことが怖くなくなるたったひとつの方法――「あの世」をめぐる対話』(徳間書店、2012年)

・Toccoli Vincent-Paul, (鯰) *Namazu ou l'insubmersible Permanence,* Éditions Amalthée, coll. Japon d'hier, d'aujourd'hui et de demain, 2012.
・Tsushima Yûko (津島佑子編), *Tombent, tombent les gouttes d'argent : Chants du peuple aïnou,* Gallimard, L'aube des peuples, 1996.
・青木愛子（述）『アイヌお産ばあちゃんのウパシクマ——伝承の知恵の記録』(樹心社、1998年)
・AKIRA著『風の子レラ』(青山出版社、2001年)
・宇井眞紀子写真集『Asir Rera : Ainu Spirits』(新風舎、2004年)
・植木哲也著『学問の暴力——アイヌ墓地はなぜあばかれたか』(春風社、2008年)
・植木哲也著『植民学の記憶——アイヌ差別と学問の責任』(緑風出版、2015年)
・鵜飼秀徳著『霊魂を探して』(前掲書)
・萱野茂著『アイヌの碑』(朝日新聞社、1990年)
・ゴッドフロア，ノエミ著「明治時代におけるアイヌ同化政策とアカルチュレーション」〈アルザス日欧知的交流事業日本研究セミナー「明治」報告書〉2010年９月。
・石純姫（ソクスニ）著『朝鮮人とアイヌ民族の歴史的つながり——帝国の先住民・植民地支配の重層性』(寿郎社、2017年)
・中本ムツ子（語り）／片山龍峯編／西山史真子（絵）『アイヌの知恵・ウパクシマ』〈１・２〉(片山言語文化研究所、2001年)

ドキュメンタリー（アイヌ）

・Itô Kinko (伊藤琴子), *Have You Heard About the Ainu ? Elders of Japan's Indigenous People Speak,* 2012／2014.
・*Japan's indigenous people assert ethnic pride,* 2008年７月。
・Kayano Shigeru (萱野茂), discours au Foreign Correspondent Club (en langue aïnou) ainsi que de très nombreux documentaires sur sa vie et sur ses activités pour préserver la langue et la culture de son peuple, ainsi que sur sa visite sur les pas du médecin écossais Neil Gordon Munro.
・「アシリ・レラ　語り」(アイヌ口承伝) 2011年11月29日。
・「アシリ・レラ　ムックリ」(口琴) 2011年11月29日。
・「Message from Asiri Lela (アシリ・レラさんからのメッセージ)」2012年11月９日。
・「アイヌモシリ　〜アイヌ民族の誇り〜」(札幌映像プロダクション制作、2007年)
・「AINU REBELS (アイヌレブルズ)」(音楽バンド、2006〜2010年)

- Ito Kinko（伊藤琴子）, An Elderly Ainu Man's Story : Ethnography, *Japanese Studies Review,* 2014, vol. 13.
- Kayano Shigeru（萱野茂）, *The Ainu A Story of Japan's Original People,* Tuttle, 2004 (text from Kayano Shigeru, 1989).
- Kayano, *et al.,* « v. Hokkaido Expropriation Committee (The Nibutani Dam Decision) Action seeking reversal of a ruling confiscation rights, etc. Judgment of the Sapporo District Court », *Civil Division,* mars 1997, n° 3.
- Leroi-Gourhan Arlette, André, *Un voyage chez les Aïnous : Hokkaïdo 1938,* Albin Michel, 1989.
- Low Morris, « Physical Anthropology in Japan The Ainu and the Search for the Origins of the Japanese », *Current Anthropology,* avril 2012, vol. 53, suppl. 5.
- Maruyama Hiroshi（丸山博）, « Ainu Landowners' Struggle for Justice and the Illegitimacy of the Nibutani Dam Project in Hokkaido Japan », *International Community Law,* 2012, vol. 14.
- Maruyama Hiroshi（丸山博）, « Threats to Human Security Imposed on the Ainu in Biratori, Hokkaido, Japan », in *Understanding the Many Faces of Human Security Perspectives of Northern Indigenous Peoples,* ed by Kamrul Hossain & Anna Petrétei, Martinus Nijhoff, 2016.
- Matsumoto Masumi（松本ますみ）, « Is it Possible to Hear the Voices of Ainu Women ? Silence and Empowerment », in *Understanding the Many Faces of Human Security Perspectives of Northern Indigenous Peoples,* ed by Kamrul Hossain & Anna Petrétei, Martinus Nijhoff, 2016.
- Ohnuki-Tierney Emiko, *Illness and Healing Among the Sakhalin Ainu : a Symbolic Interpretation,* Cambridge University Press, 1981.
- Sjöberg Katarina, *The Return of the Ainu : Cultural mobilization and the practice of ethnicity in Japan*（Studies in Anthropology and History）, Routledge, 1993.
- Strong Sarah M, *Ainu Spirits Singing : The Living World of Chiri Yukie's Ainu Shin'yōshū,* University of Hawaii Press, 2011.
- Tanaka Sakurako（田中桜子）, « Ainu Shamanism : A Forbidden Path to Universal Knowledge », *Cultural Survival Quarterly Magazine,* June, 2003.
- Tanaka Sakurako（田中桜子）, *The Ainu of Tsugaru：The indigenous history and shamanism of northern Japan*（thèse）, University of British Columbia, 2000.

・下野敏見著「ノロの衣装と祭具——奄美の龍繍胴衣、他」『比較民俗研究』〈特集：琉球弧の民俗世界——奄美と八重山〉比較民俗研究会、2005年10月。
・高梨一美著『沖縄の「かみんちゅ」たち——女性祭司の世界』（岩田書院、2009年）
・津田直写真集『IHEYA・IZENA』（LimArt、2016年）
・東畑開人著『野の医者は笑う——心の治療とは何か？』（誠信書房、2015年）
・西村仁美著『「ユタ」の黄金言葉（くがにくぅとぅば）——沖縄・奄美のシャーマンがおろす神の声』（東邦出版、2007年）
・比嘉康雄著『主婦が神になる刻　イザイホー〔久高島〕』〈神々の古層〉（ニライ社、1990年）
・比嘉康雄著『女が男を守るクニ　久高島の年中行事〔Ⅱ〕』〈神々の古層〉（ニライ社、1990年）
・比嘉康雄著『日本人の魂の原郷　沖縄久高島』（集英社、2000年）
・宮里千里制作『琉球弧の祭祀——久高島 イザイホー：Songs and Prayers from the Izaiho Ritual Kudaka Island』〈CD〉2016年。

ドキュメンタリー（沖縄のシャーマン）
・『奄美のノロのまつり』（民族文化映像研究所製作、1988年）
・『イザイホウ』（野村岳也監督、1966年）
・『沖縄 久高島のイザイホー〈Ⅰ・Ⅱ〉』（伝統文化財記録保存会／財団法人下中記念財団／東京シネマ新社製作、1979年）
・『カタブイ—沖縄に生きる—』（ダニエル・ロペス監督、2015年）
・『スケッチ・オブ・ミャーク』〈DVD〉（大西功一監督、2011年）

映画
・『２つ目の窓』（河瀬直美監督、2014年）

アイヌと北海道のシャーマン
・Cotterill Simon, « Ainu Success : the Political and Cultural Achievements of Japan's Indigenous Minority », *The Asia-Pacific Journal,* mars 2011, vol. 9, n° 12/2.
・Cotterill Simon, « Documenting Urban Indigeneity : TOKYO Ainu and the 2011 survey on the living conditions of Ainu outside Hokkaido », *The Asia-Pacific Journal,* novembre 2011, vol. 9, n° 45/2.
・Irimoto Takashi（煎本孝）, *The Ainu Bear Festival,* 北海道大学出版会, 2014年。

・藤田真一著『お産革命』（朝日新聞社、1988年）
・三浦道明著『愛-もし生まれていたら』（文化創作出版、1981年）

第2部　沖縄

・Casu Barbara, *Festival for the Visiting Deities in the Cultural Area of Amami and Okinawa : Focussing on the Unjami Festival Held in Dana, Iheya Island (master),* 法政大学，人文科学研究科国際日本学インスティテュート，2016.
・Herbert Jean, *La Religion d'Okinawa,* Dervy, 1980.
・Kerr George, *Okinawa : The History of An Island People,* Charles E. Tuttle, 1958.
・Lebra William P., *The Okinawan Shaman,* Ryukuan Culture and Society, 1964 : A Survey, A. H. Smith, University of Hawaii Press, Honolulu.
・Lebra William P., *Okinawan Religion : Belief, Ritual, and Social Structure,* University of Hawaii Press, 1966.［W・P・リーブラ著『沖縄の宗教と社会構造』崎原貢・崎原正子訳、弘文堂、1974年］
・Shiotsuki Ryôko（塩月亮子）, *A society accepting of spirit possession : mental health and shamanism in Okinawa, in, Religion and Psychotherapy in Modern Japan,* edited by Christopher Harding, Iwata Fumiaki（岩田文昭）and Yoshinaga Shin'ichi（吉永進一）, Routledge, 2015.
・鵜飼秀徳著『「霊魂」を探して』（前掲書）
・片本恵利著「『ノロ』と『ユタ』の祈りに関する一考察」『沖縄国際大学総合学術研究紀要』〈第10巻１号〉2006年12月。
・片本恵利著「沖縄の『癒しのシステム』におけるユタの機能に関する一考察――ユタのハンジと巡礼の体験を通じて」『沖縄国際大学人間福祉研究』〈第７巻１号〉2009年８月。
・桜井満編『久高島の祭りと伝承』〈古典と民俗学叢書〉（桜楓社、1991年）
・佐藤壮広著「沖縄のシャーマニズムと精神世界の交錯：ユタとセラピストの出会いから」『沖縄民俗研究』〈19号〉、沖縄民俗学会、1999年。
・佐藤壮広著「宗教的人間論ノート――現代沖縄と民間巫者『ユタ』」『キリスト教学』〈46号〉立教大学キリスト教学会、2004年12月。
・塩月亮子／名嘉幸一著「『肯定的狂気』としてのカミダーリ症候群――心理臨床家を訪れたクライアントのケース分析」『日本橋学館大学紀要』〈１巻〉2002年。
・塩月亮子著『沖縄シャーマニズムの近代――聖なる狂気のゆくえ』（森話社、2012年）

映画

- 『瞽女GOZE』（瀧澤正治監督、2021年）
- 『竹山ひとり旅』（新藤兼人監督、1977年）
- 『はなれ瞽女おりん』（篠田正浩監督、1977年）

間引きと水子

- Hardacre Helen, *Marketing the Menacing Fetus in Japan,* University of California Press, 1997.［ヘレン・ハーデカー著『水子供養――商品としての儀式』猪瀬優理・前川健一訳、明石書店、2017年］
- Jolivet Muriel, Derrière les représentations de l'infanticide ou *mabiki ema*（間引き絵馬）, *Ebisu,* Études japonaises #33, Maison franco-japonaise, automne-hiver 2004.
- Jolivet Muriel, *Un pays en mal d'enfants,* La Découverte, 1993.［ミュリエル・ジョリヴェ著『子供不足に悩む国、ニッポン――なぜ日本の女性は子供を産まなくなったのか』鳥取絹子訳、大和書房、1997年］
- Jolivet Muriel, « Ema : Representation of Infanticide and Abortion », in *Consumption and Material Culture in Contemporary Japan,* Kegan Paul International, 2000.
- Lafleur William R., *Liquid Life : Abortion and Buddhism in Japan,* Princeton University Press, 1992.［ウィリアム・R・ラフルーア著『水子――〈中絶〉をめぐる日本文化の底流』森下直貴ほか訳、青木書店、2006年］
- Moskowitz Marc, *The Haunting Fetus : Abortion, Sexuality, and the Spirit World in Taiwan,* University of Hawaii Press, 2001.
- Saitô Osamu（斎藤修）, « Infanticide, fertility and 'population Stagnation' : The State of Tokugawa Historical Demography », *Japan Forum,* 1992, vol. 4.
- Wan-Ha Chow Marianne, « Coping With Silence : Comparative analysis on post-abortion grief » in *Japan & the United States,* Tufts University, thesis, 2003.
- Werblowsky R. J. Zwi, « Mizuko kuyō : Notulae on the Most Important "New Religion" of Japan », *Japanese Journal of Religious Studies,* déc. 1991, vol. 18, n°4.
- Wilson Jeff, *Mourning the Unborn Dead : A Buddhist Ritual Comes to America,* Oxford University Press, 2009.
- 千葉徳爾／大津忠男著『間引きと水子』〈人間選書〉（農山漁村文化協会、1983年）

映画

・『遠野物語』（村野鐵太郎監督、1982年）
・『死国』（長崎俊一監督、1999年）

第１部　イタコ

・Blacker Carmen, *The Catalpa Bow : A Study of Shamanistic Practices in Japan,* London George Allen & Unwin Ltd, 1975.［カーメン・ブラッカー著『あずさ弓――日本におけるシャーマン的行為』秋山さと子訳、岩波書店、1979年］
・Fairchild William P., « Shamanism in Japan », *Folklore studies,* 南山大学, 1962, vol. 21.
・Naumann Nelly, *The itako of North Eastern Japan and Their Chants,* Universität, 1992, *NOAG* 152 (1993).
・Sakurai Tokutarô（桜井徳太郎）, *Dieu pour les Japonais, suivi de La Connaissance de l'âme et le dialogue des morts.*
・Schiffer Wilhelm S.J., « Necromancers in the Tôhoku », *Contemporary Religions in Japan,* juin 1967, vol. 8, n°2.
・鵜飼秀徳著『「霊魂」を探して』（前掲書）
・塩月亮子著「社会的危機とシャーマニズム：東日本大震災後の八戸総合観光プラザでのイタコの口寄せ体験事業から」『Atomi観光マネジメント学科紀要』〈第４号〉2014年３月。
・松田広子著『最後のイタコ』（扶桑社、2013年）
・「霊魂遊ぶ恐山」『あおもり草子』〈119号〉1999年７月20日発行。

瞽女と盲目の旅芸人

・Groemer Gerald, *Goze : Women, Musical performance, and visual disability in traditional Japan,* Oxford University Press, 2016.
・桐生清次著『次の世は虫になっても――最後の瞽女小林ハル口伝』（柏樹社、1981年）
・下重暁子著『鋼の女――最後の瞽女・小林ハル』（集英社、2003年）
・高橋竹山著『自伝　津軽三味線ひとり旅』〈新装版〉（新書館、1997年）

ドキュメンタリー

・「ごぜ　盲目の女旅芸人」（大島渚監督、1972年）

connaissance de l'âme et le dialogue des morts, Hermann, 2015.
・鵜飼秀徳著『「霊魂」を探して』(KADOKAWA、2018年)
・藤田庄市著『修行と信仰』(岩波書店、2016年)
・三浦清宏著『イギリスの霧の中へ——心霊体験紀行』(南雲堂、1983年)
・村上晶著『巫者のいる日常——津軽のカミサマから都心のスピリチュアルセラピストまで』(春風社、2017年)

日本の幽霊と妖怪

・Davisson Zack, *Yurei : the Japanese Ghost,* Chin Music Press, 2015.
・Hearn Lafcadio, *Kwaidan : Stories and Studies of Strange Things* (histoires de revenants), Boston and New York Houghton Mifflin company, 1904. [ラフカディオ・ハーン著『新編・日本の怪談』〈I・II〉池田雅之訳、角川書店、2005年]
・Hearn Lafcadio, *In Ghostly Japan,* Tuttle, 1971 (1e ed 1899). [小泉八雲著『霊の日本・明暗・日本雑記』〈小泉八雲作品集・第9巻〉平井呈一訳、恒文社、1964年]
・Lévy Clément, « Les monstres du Japon ancien devant les lumières de l'Occident : les kaidan de Lafcadio Hearn et David B. », *Cahiers du CELEC,* Université Jean Monnet – Saint-Étienne, Centre d'études sur les littératures étrangères et comparées, 2010.
・Lowell Percival, *Occult Japan : Shinto, Shamanism and the Way of the Gods, Rochester,* Vt. : Inner Traditions International, 1990 (première édition en 1894).
・Ross Catrien, *Japanese Ghost Stories : Spirits, Hauntings and Paranormal Phenomena,* Tuttle Shokai Inc, 2010.
・Ross Catrien, *Supernatural and Mysterious Japan : Spirits, Hauntings, and Paranormal Phenomena,* Yenbooks, 1996.
・Yoda Hiroko (依田寛子), Alt Matt, *Yurei Attack! The Japanese Ghost Survival Guide,* Tuttle, 2012.
・Yoda Hiroko (依田寛子), Alt Matt, *Yokai Attack! The Japanese Monster Survival Guide,* 講談社インターナショナル, 2008.
・河合祥一郎編『幽霊学入門』(新書館、2010年)
・小松和彦著『妖怪文化入門』(角川学芸出版、2012年)
・柳田国男著『遠野物語』(角川学芸出版、2004年)

◆参考文献◆

シャーマン／総論

・Ambros Barbara, *Women in Japanese Religions,* New York University Press, 2015.

・Bargen Doris G., *A Woman's Weapon : Spirit Possession in the Tale of Genji,* University of Hawai'i Press, 1997.

・Blacker Carmen, *The Catalpa Bow : A Study of Shamanistic Practices in Japan,* London George Allen & Unwin Ltd, 1975.

・Blacker Carmen, *Deux types de chamanes au Japon : le médium et l'ascète,* in *Anthologie du chamanisme,* présentée et rassemblée par Jérémy Narby et Francis Huxley, Albin Michel 2002.

・Bouchy Anne, *Les Oracles de Shirataka,* Picquier, 1992.

・Bunce William, *Religions in Japan : Buddhism, Shinto, Christianity,* Tuttle, 1955.

・Fairchild William P., « Shamanism in Japan », *Folklore studies,* 南山大学, 1962, vol. 21.

・Harding Christopher (edited by), Iwata Fumiaki（岩田文昭）and Yoshinaga Shin'ichi（吉永進一）, *Religion and Psychotherapy in Modern Japan,* Routledge, 2015.

・Hori Ichiro（堀一郎）, Shamanism in Japan, *Japanese Journal of Religious Studies,* 南山大学, Déc. 1975, vol. 2, n° 4.

・Hori Ichiro（堀一郎）,（edited by）*et al., Japanese religion : A Survey by the Agency for Cultural Affairs,* 文化庁, 講談社インターナショナル, 1972.

・Kobayashi Naoko（小林奈央子）, « Sacred Mountains and Women in Japan : Fighting a Romanticized Image of Female Ascetic Practitioners », *Japanese Journal of Religious Studies,* 南山大学, 2017, vol. 44.

・Kornicki P.F.（sous la direction de）and McMullen, *Religion in Japan : Arrows to Heaven and Earth,* Cambridge University Press, 1996.

・Kûban Guintard Sylvain, *Shugendô : les mystérieux moines bouddhistes des montagnes,* Éditions de l'éveil, 2016.

・Sakurai Tokutarô（桜井徳太郎）, *Japanese festivals : annual rites and observances,* International Society for Educational Information Press, 1970.

・Sakurai Tokutarô（桜井徳太郎）, *Dieu pour les Japonais : suivi de la*

編集協力——片桐克博（編集室カナール）

著者略歴――――
ミュリエル・ジョリヴェ Muriel Jolivet
ベルギー生まれの日本学者、1973年から日本在住。早稲田大学と東京大学で社会学を勉強、東洋学博士。上智大学外国学部フランス語学科の教授を34年間務めたあと、2017年から名誉教授。日本社会に関する著書多数。うち邦訳は『子供不足に悩む国、ニッポン』（大和書房）、『ニッポンの男たち』（筑摩書房）、日本向け書き下ろしに『フランス新・男と女』（平凡社新書）、『移民と現代フランス――フランスは「住めば都」か』（集英社新書）などがある。

訳者略歴――――
鳥取絹子 とっとり・きぬこ
翻訳家、ジャーナリスト。主な著書に『「星の王子さま」隠された物語』（ベストセラーズ）など。訳書に『崩壊学』『感染症の虚像と実像』（以上、草思社）、『私はガス室の「特殊任務」をしていた』『ウクライナ現代史――独立後30年とロシア侵攻』（以上、河出書房新社）、『巨大化する現代アートビジネス』（紀伊國屋書店）、『地図で見るアメリカハンドブック』『地図で見る東南アジア』（以上、原書房）などがある。

日本最後のシャーマンたち

2023年2月16日 第1刷発行

著　者 ミュリエル・ジョリヴェ
訳　者 鳥取絹子
装幀者 大野リサ
発行者 藤田　博
発行所 株式会社 草思社
〒160-0022 東京都新宿区新宿1-10-1
電話 営業 03(4580)7676 編集 03(4580)7680

本文組版 有限会社 一企画
印刷所 中央精版印刷 株式会社
製本所 大口製本印刷 株式会社

ISBN978-4-7942-2626-6 Printed in Japan 検印省略